掲示、プレゼン、おたよりが一体になった3D指導!

食育 西遊記&水戸黄門

スーパー資料ブック

三嶋裕子 監修
石井よしき 大橋慶子 絵

健学社

もくじ

食育水戸黄門

給食・食育だより

付属CD-ROMの使い方

付属CD-ROMには、本書カラーページの「食育西遊記」と「食育水戸黄門」の「壁新聞ポスター」のPDFデータ、壁新聞ポスターから加工した、パワーポイントの「プレゼン資料」、壁新聞ポスターの一部写真を自校の子どもたちなどの写真に置き換えてポスターを製作できる「なりきり壁新聞」のパワーポイントデータ（.pptx）、そして各月の壁新聞ポスターと連動した「給食だより・食育だより」（ルビつき・ルビなし2バージョン）のワードデータ（.docx）が収録されています。パワーポイントとワードデータは、写真やイラスト、文章を一部変更したり、さしかえたりすることができます。

壁新聞ポスター（PDF）

プレゼン資料（.pptx）

なりきり壁新聞（.pptx）

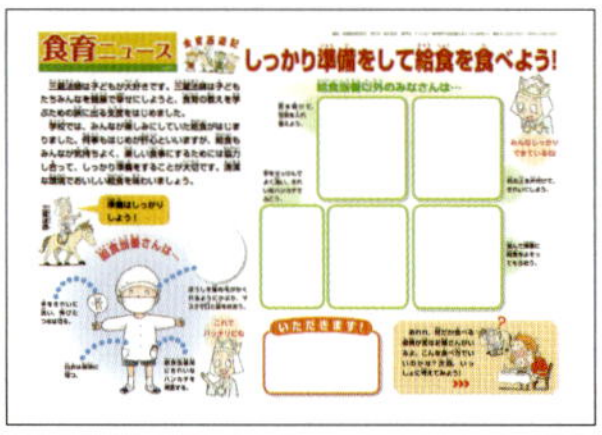

給食・食育だより（.docx）

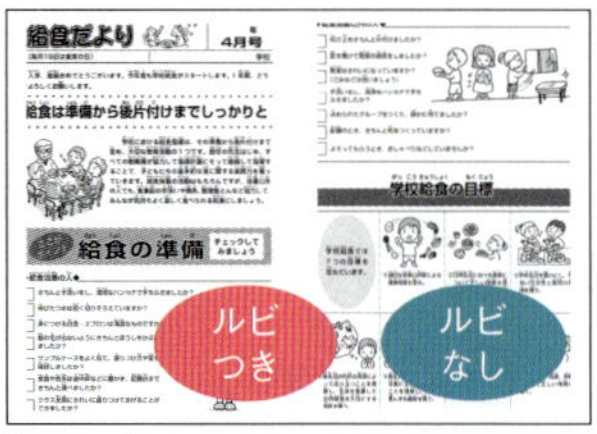

パワポ「プレゼン資料」「なりきり壁新聞」の使い方と活用法

本書のパワポ教材の「プレゼン資料」「なりきり壁新聞」のページで○で囲まれているが、さしかえ可能ポイントです。さしかえたい写真は「画像を変更する」で置き換えできます（写真サイズの調整は必要）。「なりきり壁新聞」などの空枠では、さしかえたい写真を上に置き、サイズを調整してから「背面に送る」の操作をすると枠内に収まります。さしかえ可能ポイント以外でも、写真を「最前面に置く」ことで、オリジナリティーに富むスライドや印刷物を製作できます。

プレゼン資料

なりきり壁新聞

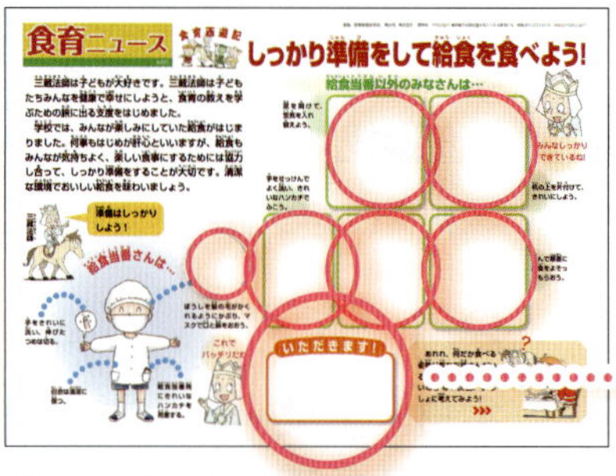

○は写真を挿入できる空枠やさしかえが可能な写真・イラスト

「背面に送る」を使ったさしかえ例

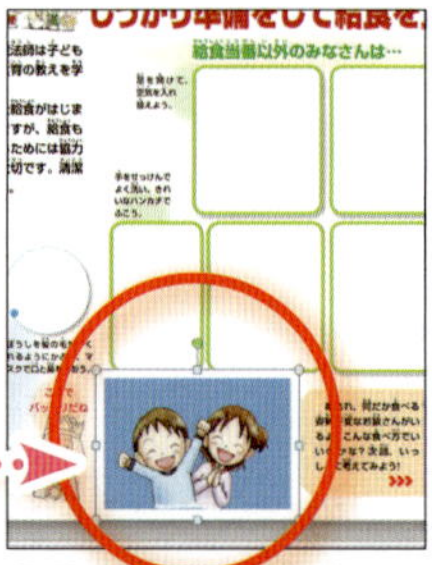

①「図の挿入」で使用したい写真を空枠の上に置く

②「図ツール」の「配置」で「最背面に移動」を選ぶ

③完成！大きさは拡大・縮小で調整

「給食・食育だより」の使い方

「給食・食育だより」のページはワードで作っています。「給食・食育だより」の部分や学校名、最初のあいさつ文などは、ワード上で修正ができます。なお文章の一部には画像データとしてワード上に貼り付いているものがあるため、修正ができない場合もあります。文章を変えたい場合は、背景を白にしたテキストボックスを作り、上に重ねることである程度修正ができます。なおワードデータは「ルビつき」と「ルビなし」の両方を用意しています。

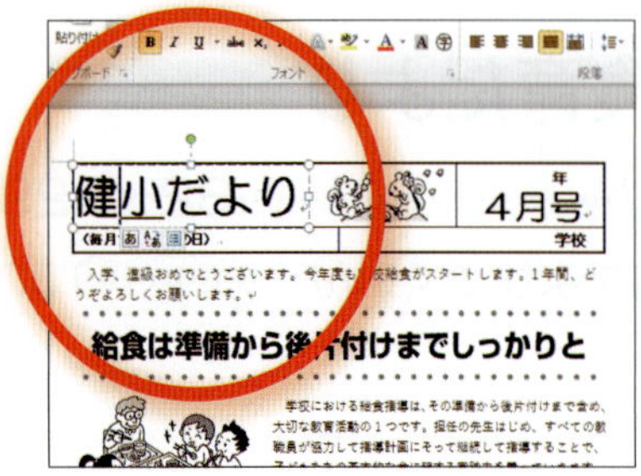

テキストデータ部分は修正ができます

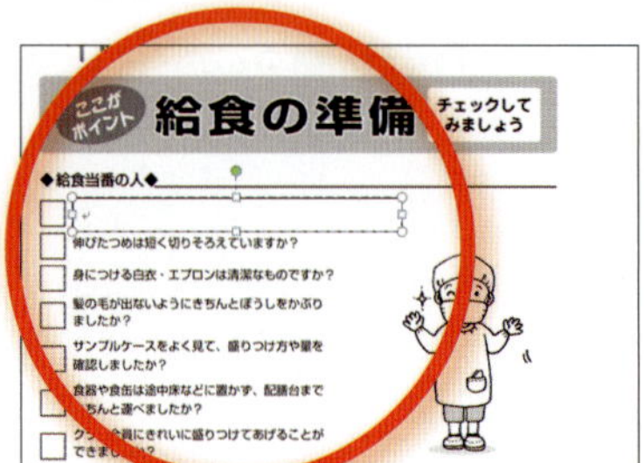

画像データになっている文字の修正は、上に背景が白色のテキストボックスを作ることで、ある程度可能です

Tips! 先生や子どもたちを登場させる

服や髪、肌の色と異なる布や模造紙をバックに、さまざまなポーズをとった先生や子どもたちの写真を撮影します。パワーポイント上に貼り付けて、「背景の削除」をすることで背景を透明にできます（PowerPoint2010以降）。一度作ったデータは、コピペで他のワード文書やパワポ資料にも利用できます。

①青など、髪や肌、衣服と異なる色を背景に撮影

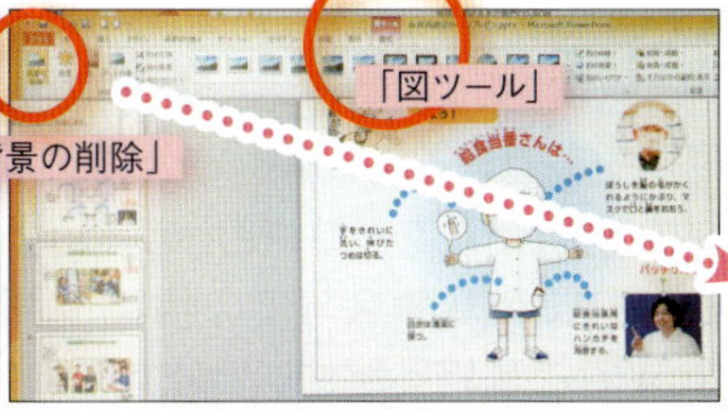

②「図の挿入」でスライドに取り込む

③「図ツール」から「背景の削除」をクリック

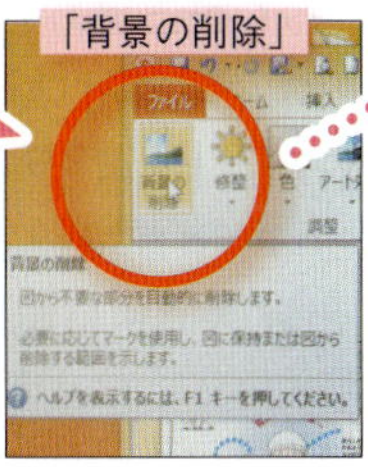

③切り抜きたい写真の範囲を調整。紫色が透明になる部分

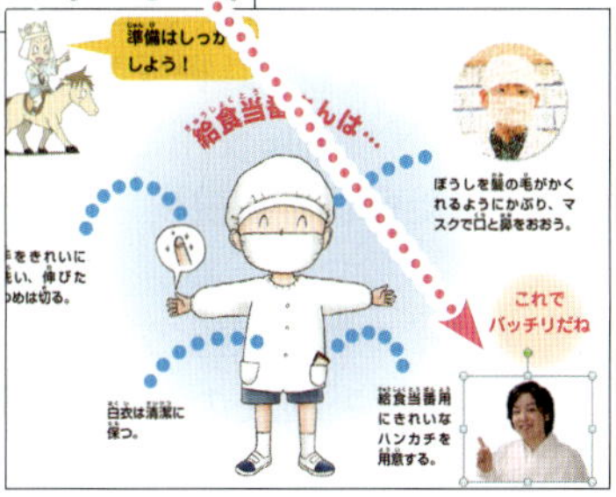

大きさや位置を調整して完成！

Tips! パワーポイントのカラーイラストをモノクロの「給食・食育だより」に登場させる

壁新聞のキャラクターたちが、給食・食育だよりなどにも登場できたら楽しいですね。カラーのままコピペして白黒印刷でもよいですが、ひと手間かけるとよりきれいにできます。パワポのイラストをワードに貼り付けた後、ワードの「色の彩度を調整」で彩度を落とします。モノクロイメージに近くしてから白黒印刷することでよりきれいに仕上がります。

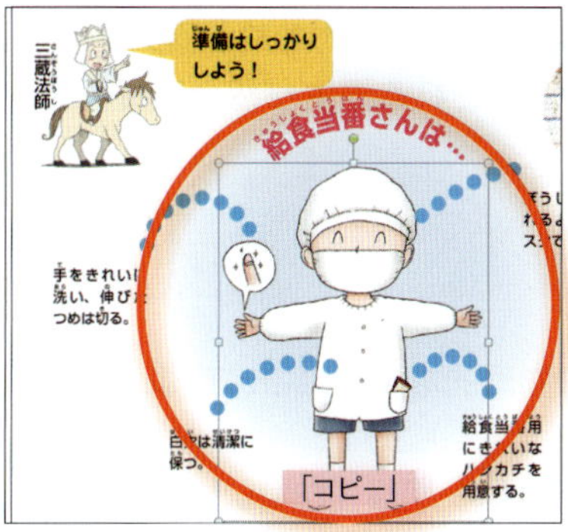

①パワポ教材から使いたいカラーイラストを選択して「コピー」

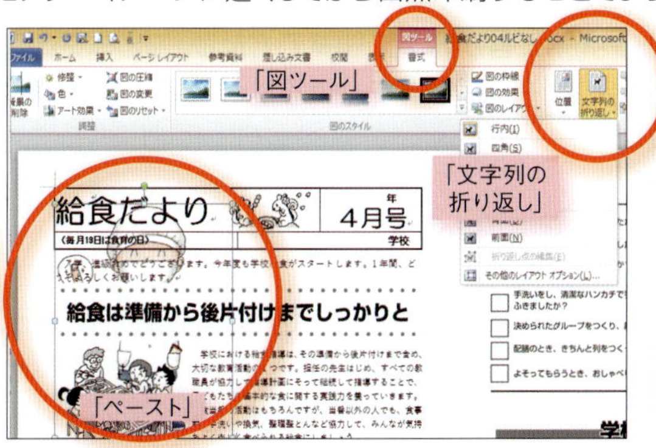

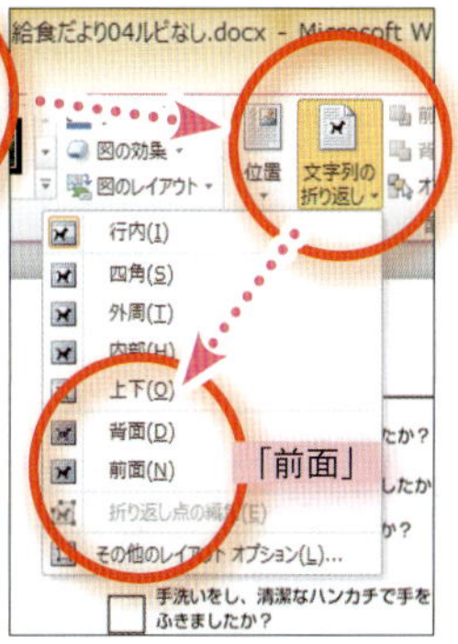

②「給食だより」のWordデータを開き「ペースト」。「図ツール」から「文字列の折り返し」を選び、「前面」を選択する

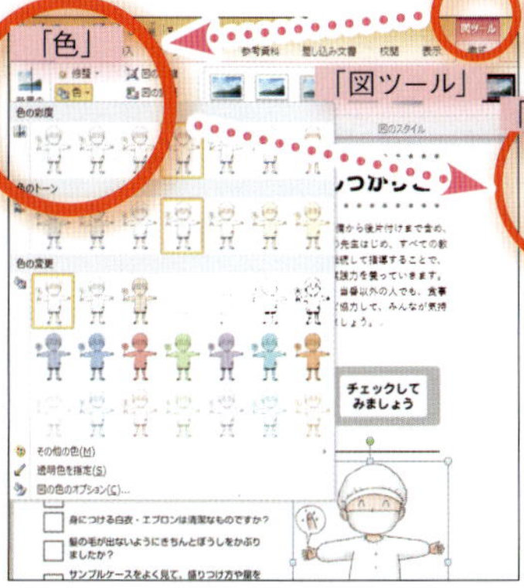

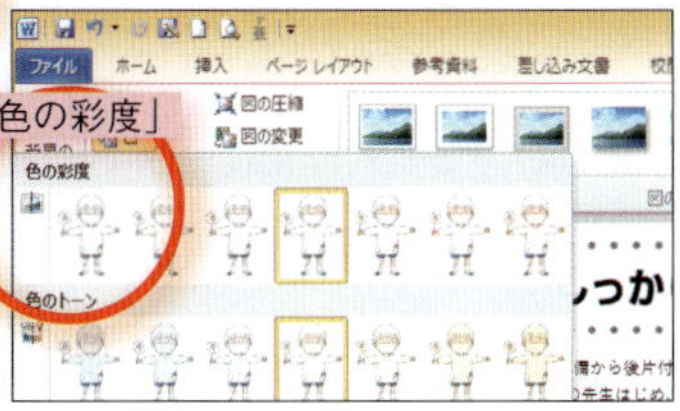

③さらに「図ツール」から「色」を選択し、「色の彩度」を落としてモノクロ化する

④大きさや位置を調整して完成！

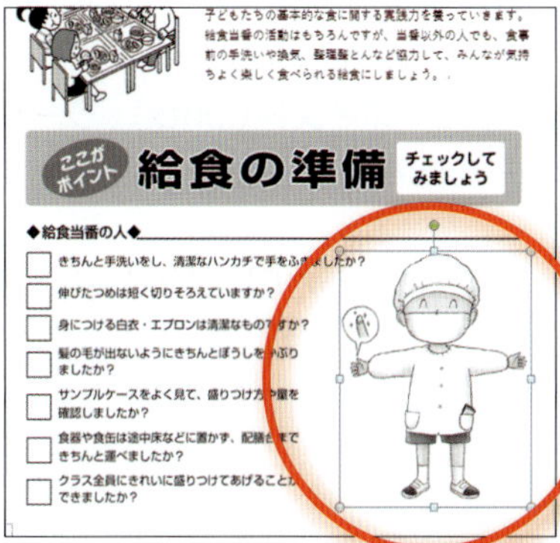

Tips! 「プレゼン教材」に動きをつける

パワーポイント教材では、イラスト等がかなり細かく分かれて貼り付けられています。スライドに登場する順番や方法にアニメーション効果を設定することができます。詳細はパワーポイントの専門書籍をご参照ください。

「図ツール」から「アニメーション」を選択し、設定

◎ 付属CD-ROMのご使用にあたって

本書付属CD-ROM（以下、本製品）に収録された写真・画像データは、いわゆる“フリー素材”ではありません。著作権は株式会社 健学社と各イラストレーターが有します。本製品のデータは著作権法の例外規定に基づき、学校など教育機関等での使用等を念頭に購入された先生方等の利便性を図って提供するものです。それ以外の二次使用はしないでください。また収録データの販売、頒布、貸与、別の資料データに複製、加工しての配布、インターネット等を介して第三者が容易に複製できるような形で公開することも固くお断りいたします。悪質な違反が見受けられた場合、弊社は法的な対抗措置をとり、使用の差し止めを要求します。

なお地域や公共機関等で、収録された写真・画像資料を、地域集会等での食育・保健指導用の配布資料、また広報紙等に使用されたい場合は、事前に健学社までご連絡ください。公共の福祉に利する目的であるか、また会合等の規模やコピー配布数等により個別に使用条件や使用許可を判断いたします。

なお、本製品収録の「なりきり壁新聞」等のパワーポイント（.pptx）、ワード（.docx）データを用いて校内の先生方や子どもたちの写真にさしかえて使用されるときは、以下のことにもご注意ください。

・公序良俗に反する目的での使用や、名誉毀損、その他の法律に反する使用はできません。
・さしかえ写真の被写体になる先生や子どもたちへの許諾は、使用される方ご自身で責任をもっておとりください。本製品を使って生じたトラブルや事故に健学社は一切責任を負いません。
・さしかえて作ったデータを第三者が容易に閲覧できたり、コピーできる環境に置くと、思わぬトラブルを引き起こす原因になります。パスワードをかけるなど、データの管理は使用される先生が個々に責任をもって行ってください。

本製品について、健学社は下記事項も免責といたします。

・弊社は、本製品についていかなる保証も行いません。本製品の製造上の物理的な欠陥については、良品との交換以外の要求には応じられません。
・本製品を使用した場合に発生したいかなる障害および事故等について弊社は一切責任を負いません。

本製品の動作は以下の環境で確認しています。

・OS:Windows7以降
・パワーポイント（.pptx）、ワード（.docx）データ:Microsoft PowerPoint, Word(Office2010以降)
・PDF:Adobe Reader DC

本製品の入ったCD-ROM袋を開封いたしますと、上記内容を了解、承諾したものと判断いたします。

スーパー資料ブック

食育西遊記

食育ニュース
自分のからだは自分で守る!
食育西遊記
小さなからだに大きな力、日本人の知恵で大活躍!
「鬼は外、福は内」。節分にはいった大豆をまきますね。この大豆、見た目は小さな豆ですが、その中には「畑の肉」ともよばれるほどのたんぱく質、そして脂質やカルシウム、ビタミン類、食物せんいなど、たくさんの栄養がぎっしり詰まっています。
昔から日本ではこの大豆を利用して、さまざまな大豆製品をつくり、食生活を豊かにしてきました。
大豆
おから
豆乳
ゆば
豆腐
油揚げ
厚揚げ
焼き豆腐
凍り豆腐
(高野豆腐)
もやし
大豆油
いり豆
蒸し豆
煮豆
枝豆
完熟した大豆
きな粉
納豆
みそ
しょうゆ

物語と一緒に進める食育

孫悟空、三蔵法師、猪八戒、沙悟浄といった、誰もが知っている「西遊記」のキャラクターで進める食育です。4月号から7月号までは、三蔵法師の「食育天竺」への旅に悟空たちが次々に参加していくエピソードに平行して、「給食準備」「食事中のマナー」「手洗いの大切さ」「おやつの食べ方」を学んでいきます。夏休み前には8月号で「生活リズム」の大切さにも触れます。

9月号からはいよいよ食べ物や食べ方の各論に入ります。「栄養バランス」「朝食の大切さ」「咀しゃくの大切さ」「寒さに負けない食生活」「感謝して食べる」と1月号まで流れていき、2月号では発表当時から評判の高かった「大豆の大変身」の壁新聞が登場します。そして最終ゴールは「バイキング給食」。主食・主菜・副菜等をそろえて、自らの力で選んで食事できるようになる姿を目指します。

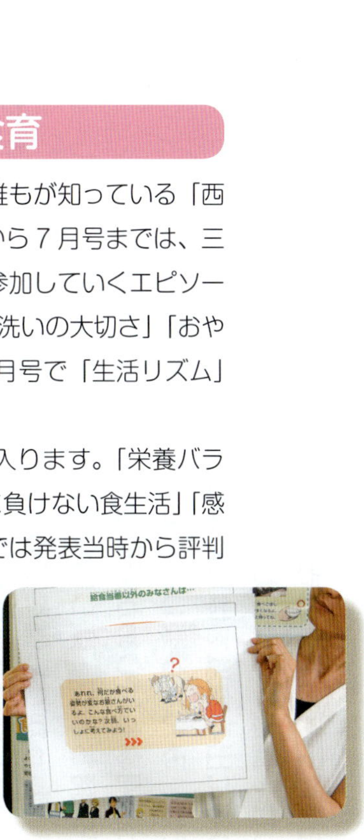

給食当番以外のみなさんは…

「プレゼン資料」は大きくプリントして紙芝居としても活用できます。

編集・健康教育研究会　発行所・株式会社　健学社　〒102-0071 東京都千代田区富士見1-5-8 大新京ビル　電話 03 (3222) 0557　FAX 03 (3262) 2615

食育ニュース

4月号

食育西遊記

しっかり準備《じゅんび》をして給食《きゅうしょく》を食《た》べよう!

三蔵法師《さんぞうほうし》は子《こ》どもが大好《だいす》きです。三蔵法師《さんぞうほうし》は子《こ》どもたちみんなを健康《けんこう》で幸《しあわ》せにしようと、食育《しょくいく》の教《おし》えを学《まな》ぶための旅《たび》に出《で》る支度《したく》をはじめました。

学校《がっこう》では、みんなが楽《たの》しみにしていた給食《きゅうしょく》がはじまりました。何事《なにごと》もはじめが肝心《かんじん》といいますが、給食《きゅうしょく》もみんなが気持《きも》ちよく、楽《たの》しい食事《しょくじ》にするためには協力《きょうりょく》し合《あ》って、しっかり準備《じゅんび》をすることが大切《たいせつ》です。清潔《せいけつ》な環境《かんきょう》でおいしい給食《きゅうしょく》を味《あじ》わいましょう。

三蔵法師《さんぞうほうし》
準備《じゅんび》はしっかりしよう！

給食当番《きゅうしょくとうばん》さんは…

ぼうしを髪《かみ》の毛《け》がかくれるようにかぶり、マスクで口《くち》と鼻《はな》をおおう。

手《て》をきれいに洗《あら》い、伸《の》びたつめは切《き》る。

白衣《はくい》は清潔《せいけつ》に保《たも》つ。

給食当番用《きゅうしょくとうばんよう》にきれいなハンカチを用意《ようい》する。

これでバッチリだね

給食当番以外《きゅうしょくとうばんいがい》のみなさんは…

窓《まど》を開《あ》けて、空気《くうき》を入《い》れ替《か》えよう。

机《つくえ》の上《うえ》を片付《かたづ》けて、きれいにしよう。

みんなしっかりできているね!

手《て》をせっけんでよく洗《あら》い、きれいなハンカチでふこう。

並《なら》んで順番《じゅんばん》に給食《きゅうしょく》をよそってもらおう。

いただきます!

あれれ、何《なん》だか食《た》べる姿勢《しせい》が変《へん》なお猿《さる》さんがいるよ。こんな食《た》べ方《かた》でいいのかな？次回《じかい》、いっしょに考《かんが》えてみよう!

パワポ「プレゼン資料」

＊パワポスライドの子どもたちの写真には画像処理をかけています。さしかえが可能です。

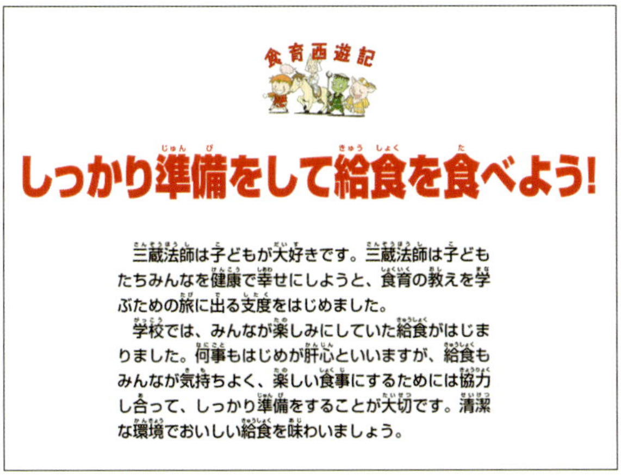
食育西遊記
しっかり準備《じゅんび》をして給食《きゅうしょく》を食《た》べよう!
三蔵法師《さんぞうほうし》は子《こ》どもが大好《だいす》きです。三蔵法師《さんぞうほうし》は子《こ》どもたちみんなを健康《けんこう》で幸《しあわ》せにしようと、食育《しょくいく》の教《おし》えを学《まな》ぶための旅《たび》に出《で》る支度《したく》をはじめました。
学校《がっこう》では、みんなが楽《たの》しみにしていた給食《きゅうしょく》がはじまりました。何事《なにごと》もはじめが肝心《かんじん》といいますが、給食《きゅうしょく》もみんなが気持《きも》ちよく、楽《たの》しい食事《しょくじ》にするためには協力《きょうりょく》し合《あ》って、しっかり準備《じゅんび》をすることが大切《たいせつ》です。清潔《せいけつ》な環境《かんきょう》でおいしい給食《きゅうしょく》を味《あじ》わいましょう。

①

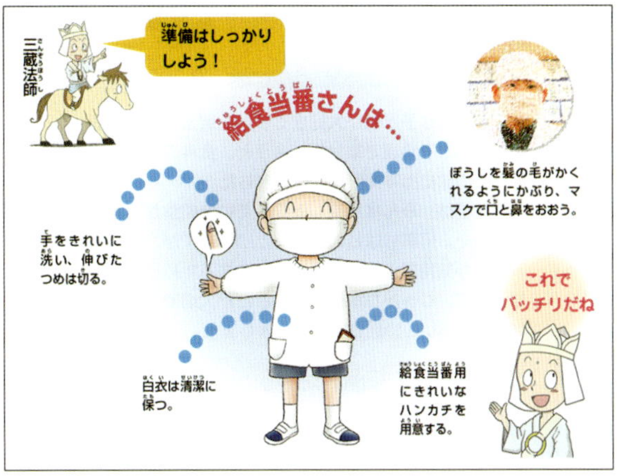
三蔵法師《さんぞうほうし》
準備《じゅんび》はしっかりしよう!
給食当番《きゅうしょくとうばん》さんは…
ぼうしを髪《かみ》の毛《け》がかくれるようにかぶり、マスクで口《くち》と鼻《はな》をおおう。
手《て》をきれいに洗《あら》い、伸《の》びたつめは切《き》る。
白衣《はくい》は清潔《せいけつ》に保《たも》つ。
給食当番用《きゅうしょくとうばんよう》にきれいなハンカチを用意《ようい》する。
これでバッチリだね

②

給食当番以外《きゅうしょくとうばんいがい》のみなさんは…
窓《まど》を開《あ》けて、空気《くうき》を入《い》れ替《か》えよう。
机《つくえ》の上《うえ》を片付《かたづ》けて、きれいにしよう。
みんなしっかりできているね!

③

給食当番以外《きゅうしょくとうばんいがい》のみなさんは…
手《て》をせっけんでよく洗《あら》い、きれいなハンカチでふこう。
並《なら》んで順番《じゅんばん》に給食《きゅうしょく》をよそってもらおう。

④

いただきます!

⑤

あれれ、何《なん》だか食《た》べる姿勢《しせい》が変《へん》なお猿《さる》さんがいるよ。こんな食《た》べ方《かた》でいいのかな? 次回《じかい》、いっしょに考《かんが》えてみよう!

⑥

は写真を挿入できる空枠やさしかえが可能な写真・イラスト

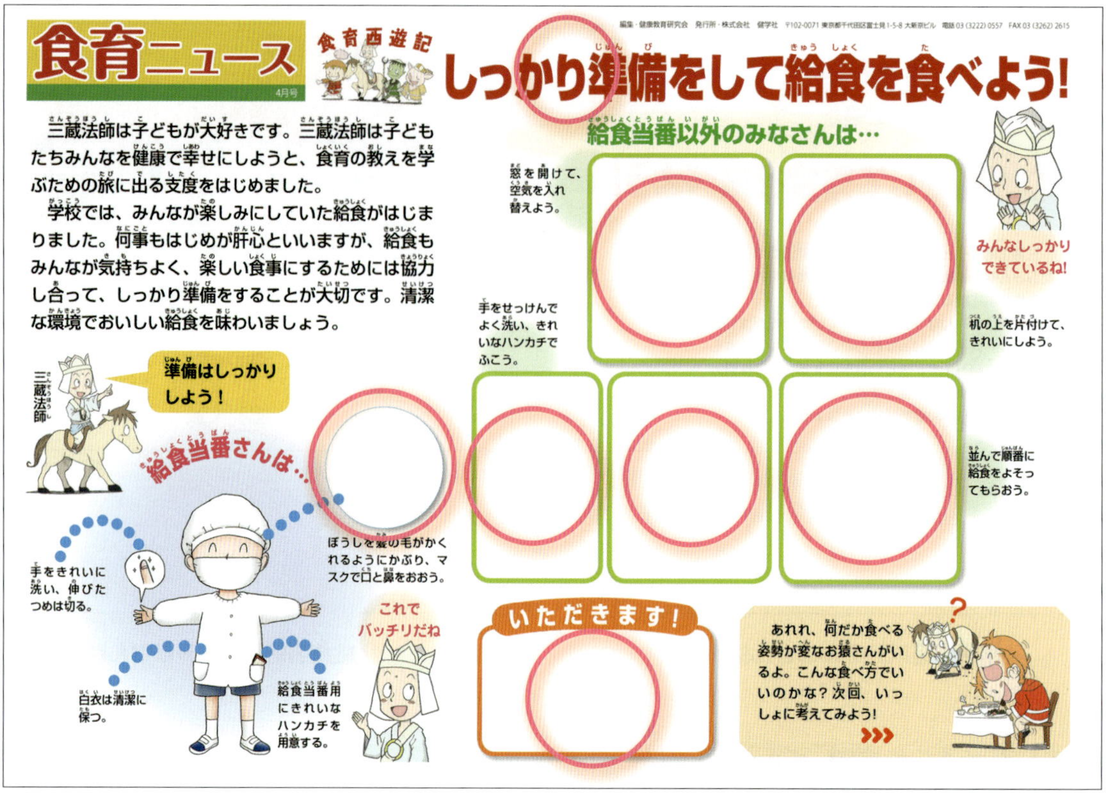

食育ニュース
4月号
食育西遊記
編集・健康教育研究会　発行所・株式会社　健学社　〒102-0071 東京都千代田区富士見1-5-8 大新京ビル　電話03（3222）0557　FAX 03（3262）2615
しっかり準備《じゅんび》をして給食《きゅうしょく》を食《た》べよう!
三蔵法師《さんぞうほうし》は子《こ》どもが大好《だいす》きです。三蔵法師《さんぞうほうし》は子《こ》どもたちみんなを健康《けんこう》で幸《しあわ》せにしようと、食育《しょくいく》の教《おし》えを学《まな》ぶための旅《たび》に出《で》る支度《したく》をはじめました。
学校《がっこう》では、みんなが楽《たの》しみにしていた給食《きゅうしょく》がはじまりました。何事《なにごと》もはじめが肝心《かんじん》といいますが、給食《きゅうしょく》もみんなが気持《きも》ちよく、楽《たの》しい食事《しょくじ》にするためには協力《きょうりょく》し合《あ》って、しっかり準備《じゅんび》をすることが大切《たいせつ》です。清潔《せいけつ》な環境《かんきょう》でおいしい給食《きゅうしょく》を味《あじ》わいましょう。
三蔵法師《さんぞうほうし》
準備《じゅんび》はしっかりしよう!
給食当番《きゅうしょくとうばん》さんは…
手《て》をきれいに洗《あら》い、伸《の》びたつめは切《き》る。
ぼうしを髪の毛がかくれるようにかぶり、マスクで口《くち》と鼻《はな》をおおう。
白衣《はくい》は清潔《せいけつ》に保《たも》つ。
給食当番用《きゅうしょくとうばんよう》にきれいなハンカチを用意《ようい》する。
これでバッチリだね
給食当番以外《きゅうしょくとうばんいがい》のみなさんは…
窓《まど》を開《あ》けて、空気《くうき》を入《い》れ替《か》えよう。
手《て》をせっけんでよく洗《あら》い、きれいなハンカチでふこう。
机《つくえ》の上《うえ》を片付《かたづ》けて、きれいにしよう。
並《なら》んで順番《じゅんばん》に給食《きゅうしょく》をよそってもらおう。
みんなしっかりできているね!
いただきます!
あれれ、何《なん》だか食《た》べる姿勢《しせい》が変《へん》なお猿《さる》さんがいるよ。こんな食《た》べ方《かた》でいいのかな? 次回《じかい》、いっしょに考《かんが》えてみよう!

「食育ニュース」を含めたタイトル部分は変更できます。
子どもたちにたくさん登場してもらいましょう。

編集・健康教育研究会　発行所・株式会社　健学社　〒102-0071 東京都千代田区富士見1-5-8 大新京ビル　電話 03 (3222) 0557　FAX 03 (3262) 2615

食育ニュース

5月号

食育西遊記

マナーを守《まも》って給食《きゅうしょく》を食《た》べよう!

食育《しょくいく》の旅《たび》に出《で》た三蔵法師《さんぞうほうし》は、変《へん》な食《た》べ方《かた》をしている猿《さる》の悟空《ごくう》に出会《であ》いました。悟空《ごくう》は口《くち》にものを入《い》れながら大声《おおごえ》で話《はな》し、周《まわ》りの人《ひと》に迷惑《めいわく》をかけています。

給食時間《きゅうしょくじかん》は楽《たの》しいものですが、だからといって好《す》き勝手《かって》なことをして食《た》べると、みんなが気持《きも》ちよく食《た》べられません。マナーの基本《きほん》は周《まわ》りの人《ひと》の気持《きも》ちになって考《かんが》えてみることです。だれが見《み》ても、気持《きも》ちのよい食《た》べ方《かた》をすることが大切《たいせつ》です。

マナーを守《まも》って食《た》べることはとても大切《たいせつ》なことですよ

三蔵法師《さんぞうほうし》と悟空《ごくう》

こんな食《た》べ方《かた》はなぜいけない?

~マナーのひみつ~

そうだったのか

悪《わる》い姿勢《しせい》で食《た》べると、はしやスプーンが正《ただ》しく使《つか》えません。見《み》た目《め》も悪《わる》く、周《まわ》りの人《ひと》を不愉快《ふゆかい》にします。また内臓《ないぞう》が圧迫《あっぱく》されるので、消化《しょうか》・吸収《きゅうしゅう》のはたらきが悪《わる》くなります。

ご飯《はん》、汁物《しるもの》、おかずを正《ただ》しく並《なら》べて食《た》べる。

背筋《せすじ》を伸《の》ばし、両足《りょうあし》をしっかり床《ゆか》につけて食《た》べる。足《あし》を組《く》んだりしない。

みんなをよく見習《みなら》って!

だれが見《み》ても気持《きも》ちのよい食《た》べ方《かた》をしよう!

茶《ちゃ》わんは手《て》に持《も》ち、はしを正《ただ》しく使《つか》って食《た》べる。

後片付《あとかたづ》けは決《き》まりを守《まも》って、きちんと行《おこな》う。

わかりました。でもマナーが身《み》につくまで、この輪《わ》を頭《あたま》にはめていなさい。
ぼくも食育《しょくいく》の旅《たび》に連《つ》れて行《い》ってください。

こうして三蔵法師《さんぞうほうし》と悟空《ごくう》は一緒《いっしょ》に食育《しょくいく》の旅《たび》に出《で》かけました。あれっ、洗《あら》った手《て》を服《ふく》や頭《あたま》でふいているカッパがいます。何《なん》だか顔色《かおいろ》も悪《わる》く、元気《げんき》もありません。そのわけは…。次回《じかい》をお楽《たの》しみに!

パワポ「プレゼン資料」

＊パワポスライドの子どもたちの写真には画像処理をかけています。さしかえが可能です。

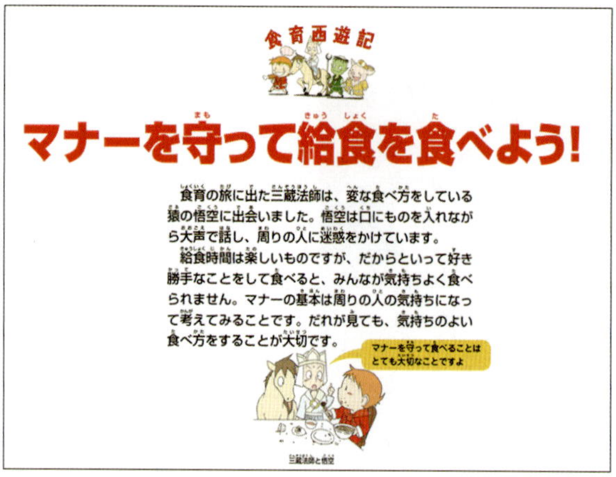
食育西遊記
マーナーを守《まも》って給《きゅう》食《しょく》を食《た》べよう！
食育《しょくいく》の旅《たび》に出《で》た三蔵法師《さんぞうほうし》は、変《へん》な食《た》べ方《かた》をしている猿《さる》の悟空《ごくう》に出会《であ》いました。悟空《ごくう》は口《くち》にものを入《い》れながら大声《おおごえ》で話《はな》し、周《まわ》りの人《ひと》に迷惑《めいわく》をかけています。
給食時間《きゅうしょくじかん》は楽《たの》しいものですが、だからといって好《す》き勝手《かって》なことをして食《た》べると、みんなが気持《きも》ちよく食《た》べられません。マナーの基本《きほん》は周《まわ》りの人《ひと》の気持《きも》ちになって考《かんが》えてみることです。だれが見《み》ても、気持《きも》ちのよい食《た》べ方《かた》をすることが大切《たいせつ》です。
マナーを守《まも》って食《た》べることはとても大切《たいせつ》なことですよ
三蔵法師《さんぞうほうし》と悟空《ごくう》

①

こんな食《た》べ方《かた》は
なぜいけない？
～マナーのひみつ～
悪《わる》い姿勢《しせい》で食《た》べると、はしやスプーンが正《ただ》しく使《つか》えません。見《み》た目《め》も悪《わる》く、周《まわ》りの人《ひと》を不愉快《ふゆかい》にします。また内臓《ないぞう》が圧迫《あっぱく》されるので、消化《しょうか》・吸収《きゅうしゅう》のはたらきが悪《わる》くなります。
そうだったのか

②

だれが見《み》ても気持《きも》ちのよい食《た》べ方《かた》をしよう！
ご飯《はん》、汁物《しるもの》、おかずを
正《ただ》しく並《なら》べて食《た》べる。

③

だれが見《み》ても気持《きも》ちのよい食《た》べ方《かた》をしよう！
みんなをよく見習《みなら》って！
背筋《せすじ》を伸《の》ばし、両足《りょうあし》をしっかり床《ゆか》につけて食《た》べる。
足《あし》を組《く》んだりしない。

④

だれが見《み》ても気持《きも》ちのよい食《た》べ方《かた》をしよう！
茶《ちゃ》わんは手《て》に持《も》ち、
はしを正《ただ》しく使《つか》って
食《た》べる。

⑤

だれが見《み》ても気持《きも》ちのよい食《た》べ方《かた》をしよう！
後片付《あとかたづ》けは決《き》まりを
守《まも》って、きちんと行《おこな》う。

⑥

⑦

⑧

パワポ「なりきり壁新聞」

○は写真を挿入できる空枠やさしかえが可能な写真・イラスト

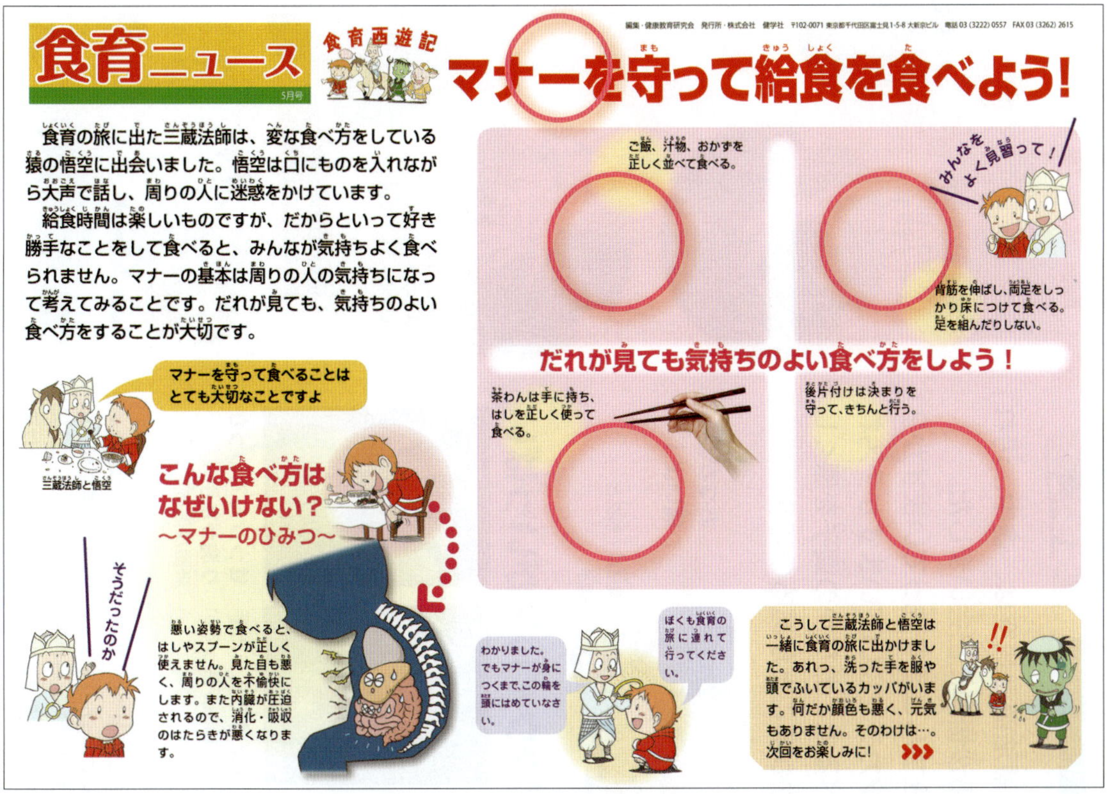
食育ニュース
5月号
食育西遊記

編集・健康教育研究会　発行所・株式会社　健学社　〒102-0071 東京都千代田区富士見1-5-8 大新京ビル　電話 03 (3222) 0557　FAX 03 (3262) 2615

マナーを守《まも》って給食《きゅうしょく》を食《た》べよう!

食育《しょくいく》の旅《たび》に出《で》た三蔵法師《さんぞうほうし》は、変《へん》な食《た》べ方《かた》をしている猿《さる》の悟空《ごくう》に出会《であ》いました。悟空《ごくう》は口《くち》にものを入《い》れながら大声《おおごえ》で話《はな》し、周《まわ》りの人《ひと》に迷惑《めいわく》をかけています。

給食時間《きゅうしょくじかん》は楽《たの》しいものですが、だからといって好《す》き勝手《かって》なことをして食《た》べると、みんなが気持《きも》ちよく食《た》べられません。マナーの基本《きほん》は周《まわ》りの人《ひと》の気持《きも》ちになって考《かんが》えてみることです。だれが見《み》ても、気持《きも》ちのよい食《た》べ方《かた》をすることが大切《たいせつ》です。

マナーを守《まも》って食《た》べることはとても大切《たいせつ》なことですよ

三蔵法師《さんぞうほうし》と悟空《ごくう》

こんな食《た》べ方《かた》はなぜいけない？
～マナーのひみつ～

そうだったのか

悪《わる》い姿勢《しせい》で食《た》べると、はしやスプーンが正《ただ》しく使《つか》えません。見《み》た目《め》も悪《わる》く、周《まわ》りの人《ひと》を不愉快《ふゆかい》にします。また内臓《ないぞう》が圧迫《あっぱく》されるので、消化《しょうか》・吸収《きゅうしゅう》のはたらきが悪《わる》くなります。

ご飯《はん》、汁物《しるもの》、おかずを正《ただ》しく並《なら》べて食《た》べる。

みんなをよく見習《みなら》って!

背筋《せすじ》を伸《の》ばし、両足《りょうあし》をしっかり床《ゆか》につけて食《た》べる。足《あし》を組《く》んだりしない。

だれが見《み》ても気持《きも》ちのよい食《た》べ方《かた》をしよう！

茶《ちゃ》わんは手《て》に持《も》ち、はしを正《ただ》しく使《つか》って食《た》べる。

後片付《あとかたづ》けは決《き》まりを守《まも》って、きちんと行《おこな》う。

わかりました。でもマナーが身《み》につくまで、この輪《わ》を頭《あたま》にはめていなさい。

ぼくも食育《しょくいく》の旅《たび》に連《つ》れて行《い》ってください。

こうして三蔵法師《さんぞうほうし》と悟空《ごくう》は一緒《いっしょ》に食育《しょくいく》の旅《たび》に出《で》かけました。あれっ、洗《あら》った手《て》を服《ふく》や頭《あたま》でふいているカッパがいます。何《なん》だか顔色《かおいろ》も悪《わる》く、元気《げんき》もありません。そのわけは…。次回《じかい》をお楽《たの》しみに!

「食育ニュース」を含めたタイトル部分は変更できます。
よい食べ方をしている子どもたちにどんどん登場してもらいましょう。

編集・健康教育研究会　発行所・株式会社　健学社　〒102-0071 東京都千代田区富士見1-5-8 大新京ビル　電話 03 (3222) 0557　FAX 03 (3262) 2615

食育ニュース

6月号

食育西遊記

手《て》をきれいに洗《あら》ってから食《た》べよう！

写真提供／日研生物医学研究所

食育《しょくいく》の旅《たび》に出《で》ている三蔵法師《さんぞうほうし》と悟空《ごくう》は、途中《とちゅう》、汚《よご》れた手《て》で食《た》べ物《もの》を食《た》べている沙悟浄《さごじょう》に出会《であ》いました。

みなさんは食事《しょくじ》の前《まえ》にきちんと手《て》を洗《あら》っていますか？またその手《て》をきれいなハンカチでふいていますか？汚《よご》れた手《て》のままで食《た》べ物《もの》を食《た》べると、おなかの調子《ちょうし》を悪《わる》くしたり、かぜなどの病気《びょうき》にかかることがあるのです。

汚《よご》れた手《て》で食事《しょくじ》をしたことが、原因《げんいん》かもしれませんよ。
おなかが痛《いた》いよ！

三蔵法師《さんぞうほうし》・悟空《ごくう》と沙悟浄《さごじょう》

手《て》には見《み》えない細菌《さいきん》やウイルスがいっぱい

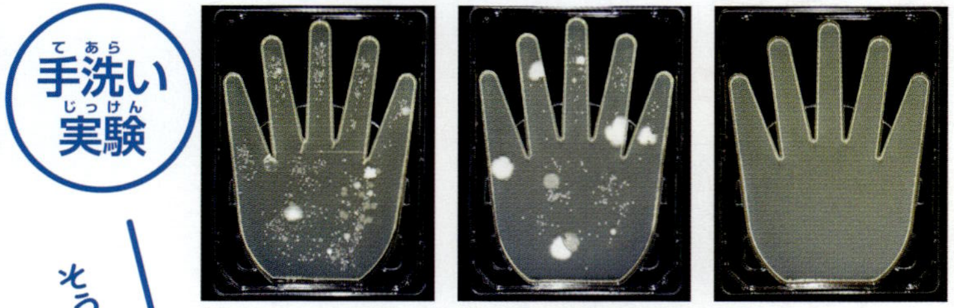
手洗《てあら》い実験《じっけん》

洗《あら》っていない手《て》
手《て》にはたくさんの細菌《さいきん》がついている。

水《みず》だけで洗《あら》った手《て》
まだ細菌《さいきん》が残《のこ》っている。

せっけんでしっかり洗《あら》った手《て》
細菌《さいきん》が落《お》ちている。

そうだったのか

目《め》に見《み》えない細菌《さいきん》やウイルスを体内《たいない》に入《い》れないために、せっけんでしっかり手《て》を洗《あら》いましょう。またせっかくきれいに洗《あら》った手《て》も、服《ふく》や汚《よご》れたものでふいては元《もと》も子《こ》もありません。清潔《せいけつ》なハンカチをいつも身《み》につけましょう。

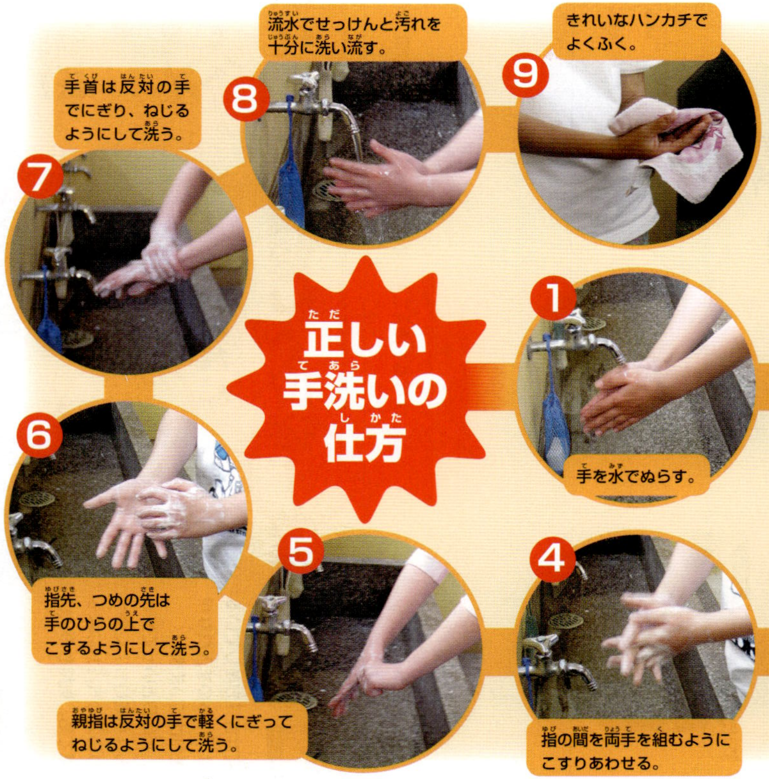
正《ただ》しい手洗《てあら》いの仕方《しかた》
1 手《て》を水《みず》でぬらす。
2 せっけんをつけ、泡立《あわだ》てる。
3 手《て》のひらと甲《こう》をこする。
4 指《ゆび》の間《あいだ》を両手《りょうて》を組《く》むようにこすりあわせる。
5 親指《おやゆび》は反対《はんたい》の手《て》で軽《かる》くにぎってねじるようにして洗《あら》う。
6 指先《ゆびさき》、つめの先《さき》は手《て》のひらの上《うえ》でこするようにして洗《あら》う。
7 手首《てくび》は反対《はんたい》の手《て》でにぎり、ねじるようにして洗《あら》う。
8 流水《りゅうすい》でせっけんと汚《よご》れを十分《じゅうぶん》に洗《あら》い流《なが》す。
9 きれいなハンカチでよくふく。

しっかり覚《おぼ》えよう！

わかりました。これからは暑《あつ》い日《ひ》も寒《さむ》い日《ひ》も、食《た》べる前《まえ》は手《て》をしっかり洗《あら》ってきれいなハンカチでふくのですよ。
もっといろいろ知《し》りたいです。ぜひお供《とも》をさせてください。

こうして3人《にん》となった三蔵《さんぞう》法師一行《ほうしいっこう》は、途中《とちゅう》、お菓子《かし》とジュースばかり飲《の》んでいる豚《ぶた》に出会《であ》いました。体《からだ》はまるまる太《ふと》っていますが、元気《げんき》がなく、すぐ疲《つか》れてしまうようです。そのわけは…。次回《じかい》をお楽《たの》しみに！

パワポ「プレゼン資料」

＊パワポスライドの手洗い写真はさしかえが可能です。

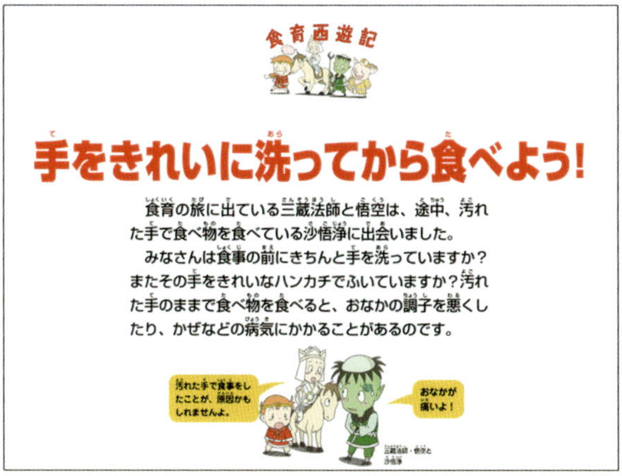

食育西遊記
手《て》をきれいに洗《あら》ってから食《た》べよう!
食育《しょくいく》の旅《たび》に出《で》ている三蔵法師《さんぞうほうし》と悟空《ごくう》は、途中《とちゅう》、汚《よご》れた手《て》で食《た》べ物《もの》を食《た》べている沙悟浄《さごじょう》に出会《であ》いました。
みなさんは食事《しょくじ》の前《まえ》にきちんと手《て》を洗《あら》っていますか？またその手《て》をきれいなハンカチでふいていますか？汚《よご》れた手《て》のままで食《た》べ物《もの》を食《た》べると、おなかの調子《ちょうし》を悪《わる》くしたり、かぜなどの病気《びょうき》にかかることがあるのです。
汚れた手で食事をしたことが、原因かもしれませんよ。
おなかが痛いよ！
三蔵法師・悟空と沙悟浄

①

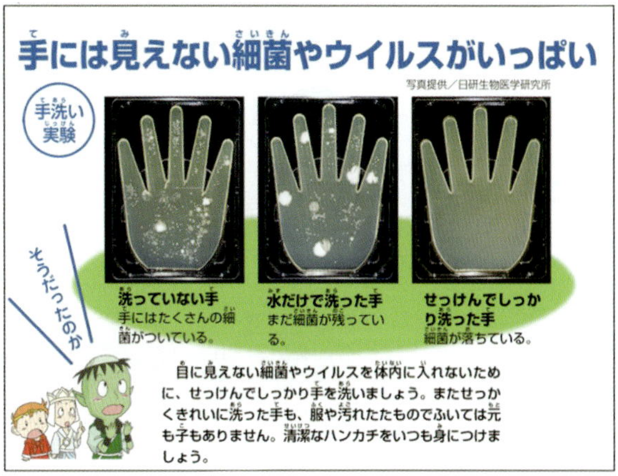

手《て》には見《み》えない細菌《さいきん》やウイルスがいっぱい
写真提供／日研生物医学研究所
手洗《てあら》い実験《じっけん》
洗《あら》っていない手《て》
手《て》にはたくさんの細《さい》菌《きん》がついている。
水《みず》だけで洗《あら》った手《て》
まだ細菌《さいきん》が残《のこ》っている。
せっけんでしっかり洗《あら》った手《て》
細菌《さいきん》が落《お》ちている。
そうだったのか
目《め》に見《み》えない細菌《さいきん》やウイルスを体内《たいない》に入《い》れないために、せっけんでしっかり手《て》を洗《あら》いましょう。またせっかくきれいに洗《あら》った手《て》も、服《ふく》や汚《よご》れたたものでふいては元《もと》も子《こ》もありません。清潔《せいけつ》なハンカチをいつも身《み》につけましょう。

②

しっかり覚《おぼ》えよう!
正《ただ》しい手洗《てあら》いの仕方《しかた》
1
手《て》を水《みず》でぬらす。
2
せっけんをつけ、泡立《あわだ》てる。

③

正《ただ》しい手洗《てあら》いの仕方《しかた》
3
手《て》のひらと甲《こう》をこする。
4
指《ゆび》の間《あいだ》を両手《りょうて》を組《く》むようにこすりあわせる。

④

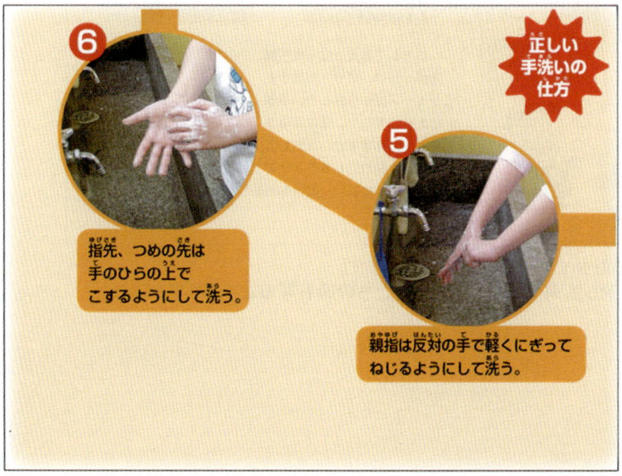

正《ただ》しい手洗《てあら》いの仕方《しかた》
5
親指《おやゆび》は反対《はんたい》の手《て》で軽《かる》くにぎってねじるようにして洗《あら》う。
6
指先《ゆびさき》、つめの先《さき》は手《て》のひらの上《うえ》でこするようにして洗《あら》う。

⑤

正《ただ》しい手洗《てあら》いの仕方《しかた》
7
手首《てくび》は反対《はんたい》の手《て》でにぎり、ねじるようにして洗《あら》う。
8
流水《りゅうすい》でせっけんと汚《よご》れを十分《じゅうぶん》に洗《あら》い流《なが》す。
9
きれいなハンカチでよくふく。

⑥

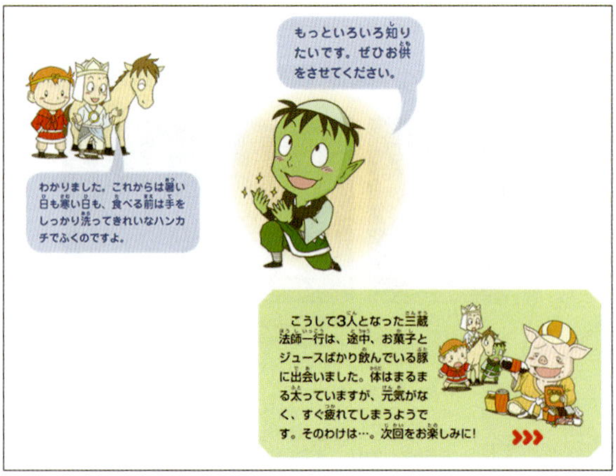
もっといろいろ知《し》りたいです。ぜひお供《とも》をさせてください。
わかりました。これからは暑《あつ》い日《ひ》も寒《さむ》い日《ひ》も、食《た》べる前《まえ》は手《て》をしっかり洗《あら》ってきれいなハンカチでふくのですよ。
こうして3人《にん》となった三蔵《さんぞう》法師一行《ほうしいっこう》は、途中《とちゅう》、お菓子《かし》とジュースばかり飲《の》んでいる豚《ぶた》に出会《であ》いました。体《からだ》はまるまる太《ふと》っていますが、元気《げんき》がなく、すぐ疲《つか》れてしまうようです。そのわけは…。次回《じかい》をお楽《たの》しみに!

⑦

パワポ「なりきり壁新聞」

○は写真を挿入できる空枠やさしかえが可能な写真・イラスト

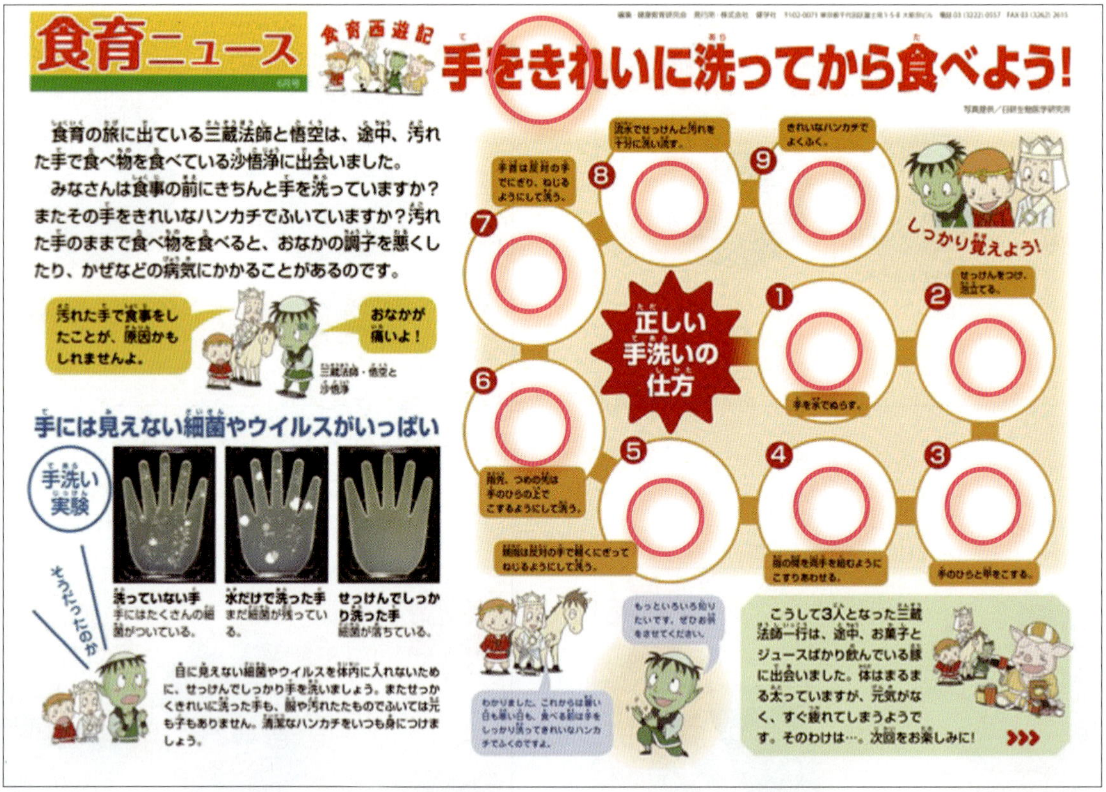

食育ニュース

6月号

食育西遊記

手《て》をきれいに洗《あら》ってから食《た》べよう!

写真提供／日研生物医学研究所

食育《しょくいく》の旅《たび》に出《で》ている三蔵法師《さんぞうほうし》と悟空《ごくう》は、途中《とちゅう》、汚《よご》れた手《て》で食《た》べ物《もの》を食《た》べている沙悟浄《さごじょう》に出会《であ》いました。

みなさんは食事《しょくじ》の前《まえ》にきちんと手《て》を洗《あら》っていますか？またその手《て》をきれいなハンカチでふいていますか？汚《よご》れた手《て》のままで食《た》べ物《もの》を食《た》べると、おなかの調子《ちょうし》を悪《わる》くしたり、かぜなどの病気《びょうき》にかかることがあるのです。

汚れた手で食事をしたことが、原因かもしれませんよ。

おなかが痛いよ！

三蔵法師・悟空と沙悟浄

手《て》には見《み》えない細菌《さいきん》やウイルスがいっぱい

手洗い実験

洗っていない手
手にはたくさんの細菌がついている。

水だけで洗った手
まだ細菌が残っている。

せっけんでしっかり洗った手
細菌が落ちている。

そうだったのか

目に見えない細菌やウイルスを体内に入れないために、せっけんでしっかり手を洗いましょう。またせっかくきれいに洗った手も、服や汚れたものでふいては元も子もありません。清潔なハンカチをいつも身につけましょう。

正《ただ》しい手洗《てあら》いの仕方《しかた》

しっかり覚えよう!

① 手を水でぬらす。

② せっけんをつけ、泡立てる。

③ 手のひらと甲をこする。

④ 指の間を両手を組むようにこすりあわせる。

⑤ 親指は反対の手で軽くにぎってねじるようにして洗う。

⑥ 指先、つめの先は手のひらの上でこするようにして洗う。

⑦ 手首は反対の手でにぎり、ねじるようにして洗う。

⑧ 流水でせっけんと汚れを十分に洗い流す。

⑨ きれいなハンカチでよくふく。

もっといろいろ知りたいです。ぜひお供をさせてください。

わかりました。これからは暑い日も寒い日も、食べる前は手をしっかり洗ってきれいなハンカチでふくのですよ。

こうして3人となった三蔵法師一行は、途中、お菓子とジュースばかり飲んでいる豚に出会いました。体はまるまる太っていますが、元気がなく、すぐ疲れてしまうようです。そのわけは…。次回をお楽しみに!

「食育ニュース」を含めたタイトル部分は変更できます。
さしかえでは何枚かは少し広角で撮影して子どもたちの顔も写るようにしてあげると喜ばれることでしょう。

編集・健康教育研究会　発行所・株式会社　健学社　〒102-0071 東京都千代田区富士見1-5-8 大新京ビル　電話 03（3222）0557　FAX 03（3262）2615

食育ニュース

7月号

食育西遊記

おやつや飲《の》み物《もの》は考《かんが》えてとろう！

三蔵法師一行《さんぞうほうしいっこう》は、元気《げんき》のない豚《ぶた》の猪八戒《ちょはっかい》に出会《であ》いました。たずねると、暑《あつ》いので、ついジュースやおやつを食《た》べすぎて、食事《しょくじ》はあまり食《た》べていないそうです。

おやつは生活《せいかつ》の楽《たの》しみのひとつですが、栄養《えいよう》（バランス）のことを考《かんが》えずに、甘《あま》いお菓子《かし》やジュースばかり食《た》べていると、さとう（糖分《とうぶん》）をとりすぎて、こわい病気《びょうき》の原因《げんいん》にもなってしまいます。

おやつばかり食《た》べると食事《しょくじ》が食《た》べられなくなりますよ。

三蔵法師一行《さんぞうほうしいっこう》と猪八戒《ちょはっかい》

さとう（糖分《とうぶん》）はこんなに入っている！

カップアイス
9本
チョコレート
13本
17本
ジュース
（炭酸飲料《たんさんいんりょう》）

そうだったのか！

甘《あま》いお菓子《かし》やジュースにはさとう（糖分《とうぶん》）がたくさん含《ふく》まれています。さとうをたくさんとると、脳《のう》は「おなかがいっぱい」と感《かん》じて、食欲《しょくよく》がなくなり、体《からだ》に必要《ひつよう》なほかの栄養《えいよう》が食事《しょくじ》でとれなくなってしまいます。

成分表示より糖質を砂糖（ショ糖）に置き換えて、3g入りのシュガースティックで算出。アイスやチョコレートには脂質も含まれ、カロリーはさらに高くなります。

おやつは質《しつ》と量《りょう》を考《かんが》えてとろう！

おやつになるものは甘《あま》いジュースやスナック菓子《がし》だけではありません。おにぎりやくだものもおやつになります。またスポーツをする人《ひと》には、3食《しょく》を補《おぎな》う大切《たいせつ》な食事《しょくじ》になります。体《からだ》のことも考《かんが》えて上手《じょうず》に組《く》み合《あ》わせてとりましょう。

おにぎり
ふかしいも

くだものや野菜《やさい》にはビタミンC《シー》が含《ふく》まれていて、病気《びょうき》に負《ま》けない体《からだ》をつくってくれるよ。
すいか
オレンジ
すもも
バナナ
沙悟浄《さごじょう》
枝豆《えだまめ》
ぶどう

お茶《ちゃ》
水《みず》

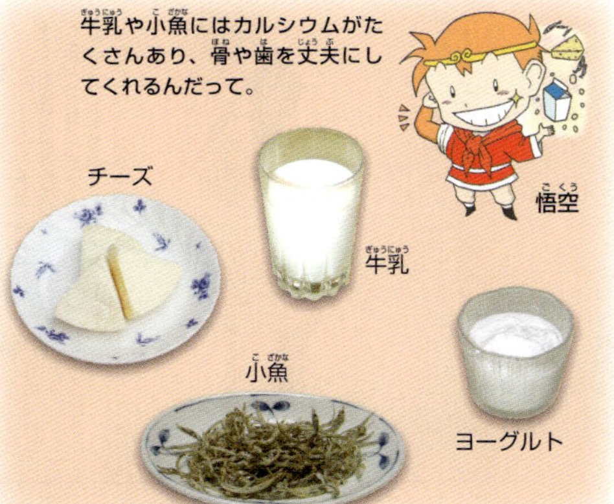
牛乳《ぎゅうにゅう》や小魚《こざかな》にはカルシウムがたくさんあり、骨《ほね》や歯《は》を丈夫《じょうぶ》にしてくれるんだって。
悟空《ごくう》
チーズ
牛乳《ぎゅうにゅう》
小魚《こざかな》
ヨーグルト

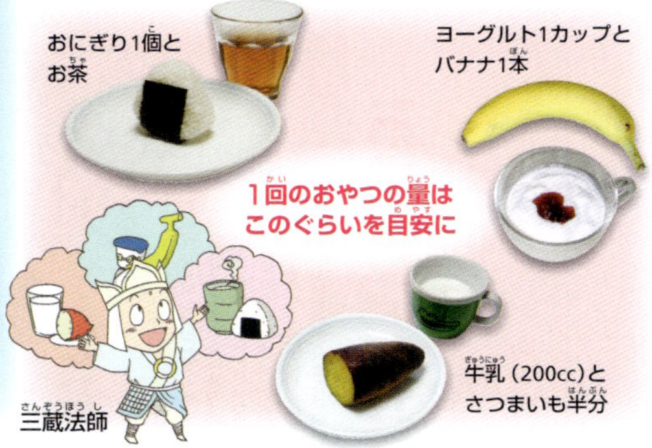
おにぎり1個《こ》とお茶《ちゃ》
ヨーグルト1カップとバナナ1本《ぽん》
1回《かい》のおやつの量《りょう》はこのぐらいを目安《めやす》に
三蔵法師《さんぞうほうし》
牛乳《ぎゅうにゅう》（200cc）とさつまいも半分《はんぶん》

おやつは質《しつ》や量《りょう》を考《かんが》えて食《た》べるのですよ。

おやつの食《た》べ方《かた》を少《すこ》し変《か》えたら元気《げんき》になりました。ぜひ私《わたし》もお供《とも》させてください。

こうして4人《にん》となった三《さん》蔵法師一行《ぞうほうしいっこう》は、一緒《いっしょ》に旅《たび》を続《つづ》けながら一路《いちろ》、食育《しょくいく》天竺《てんじく》をめざしました。でも何《なん》だかみんなの生活《せいかつ》リズムはバラバラで、しっくりいかないようです。次回《じかい》をお楽《たの》しみに！

パワポ「プレゼン資料」

＊パワポスライドの食品写真はさしかえが可能です。

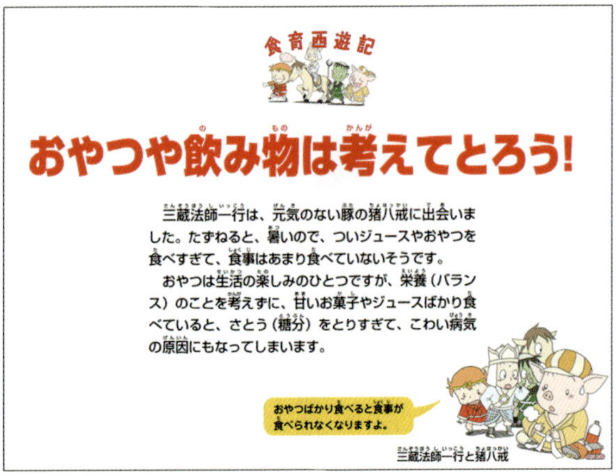
食育西遊記
おやつや飲《の》み物《もの》は考《かんが》えてとろう!
三蔵法師《さんぞうほうし》一行《いっこう》は、元気《げんき》のない豚《ぶた》の猪八戒《ちょはっかい》に出《で》会《あ》いました。たずねると、暑《あつ》いので、ついジュースやおやつを食《た》べすぎて、食事《しょくじ》はあまり食《た》べていないそうです。
おやつは生活《せいかつ》の楽《たの》しみのひとつですが、栄養《えいよう》（バランス）のことを考《かんが》えずに、甘《あま》いお菓子《かし》やジュースばかり食《た》べていると、さとう（糖分《とうぶん》）をとりすぎて、こわい病気《びょうき》の原因《げんいん》にもなってしまいます。
おやつばかり食《た》べると食事《しょくじ》が食《た》べられなくなりますよ。
三蔵法師一行《さんぞうほうしいっこう》と猪八戒《ちょはっかい》

①

さとう（糖分《とうぶん》）はこんなに入っている！
9本
カップアイス
チョコレート
13本
17本
ジュース
（炭酸飲料《たんさんいんりょう》）
そうだったのか！
甘《あま》いお菓子《かし》やジュースにはさとう（糖分《とうぶん》）がたくさん含《ふく》まれています。さとうをたくさんとると、脳《のう》は「おなかがいっぱい」と感《かん》じて、食欲《しょくよく》がなくなり、体《からだ》に必要《ひつよう》なほかの栄養《えいよう》が食事《しょくじ》でとれなくなってしまいます。

②

おやつは質《しつ》と量《りょう》を考《かんが》えてとろう！
おやつになるものは甘《あま》いジュースやスナック菓子《がし》だけではありません。おにぎりやくだものもおやつになります。またスポーツをする人《ひと》には、3食《しょく》を補《おぎな》う大切《たいせつ》な食事《しょくじ》になります。体《からだ》のことも考《かんが》えて上手《じょうず》に組《く》み合《あ》わせてとりましょう。
おにぎり
ふかしいも

③

おやつは質《しつ》と量《りょう》を考《かんが》えてとろう！
くだものや野菜《やさい》にはビタミンC《シー》が含《ふく》まれていて、病気《びょうき》に負《ま》けない体《からだ》をつくってくれるよ。
すいか
オレンジ
すもも
バナナ
枝豆《えだまめ》
ぶどう
沙悟浄《さごじょう》
お茶《ちゃ》
水《みず》

④

おやつは質《しつ》と量《りょう》を考《かんが》えてとろう！
牛乳《ぎゅうにゅう》や小魚《こざかな》にはカルシウムがたくさんあり、骨《ほね》や歯《は》を丈夫《じょうぶ》にしてくれるんだって。
悟空《ごくう》
チーズ
牛乳《ぎゅうにゅう》
小魚《こざかな》
ヨーグルト

⑤

おやつは質《しつ》と量《りょう》を考《かんが》えてとろう！
おにぎり1個《こ》とお茶《ちゃ》
ヨーグルト1カップとバナナ1本《ぽん》
1回《かい》のおやつの量《りょう》はこのぐらいを目安《めやす》に
三蔵法師《さんぞうほうし》
牛乳《ぎゅうにゅう》（200cc）とさつまいも半分《はんぶん》

⑥

⑦

パワポ「なりきり壁新聞」

○は写真を挿入できる空枠やさしかえが可能な写真・イラスト

編集・健康教育研究会　発行所・株式会社　健学社　〒102-0071 東京都千代田区富士見1-5-8 大新京ビル　電話 03（3222）0557　FAX 03（3262）2615

食育ニュース　7月号

食育西遊記

おやつや飲《の》み物《もの》は考《かんが》えてとろう!

三蔵法師一行《さんぞうほうしいっこう》は、元気《げんき》のない豚《ぶた》の猪八戒《ちょはっかい》に出会《であ》いました。たずねると、暑《あつ》いので、ついジュースやおやつを食《た》べすぎて、食事《しょくじ》はあまり食《た》べていないそうです。

おやつは生活《せいかつ》の楽《たの》しみのひとつですが、栄養《えいよう》（バランス）のことを考《かんが》えずに、甘《あま》いお菓子《かし》やジュースばかり食《た》べていると、さとう（糖分《とうぶん》）をとりすぎて、こわい病気《びょうき》の原因《げんいん》にもなってしまいます。

おやつばかり食《た》べると食事《しょくじ》が食《た》べられなくなりますよ。

三蔵法師一行《さんぞうほうしいっこう》と猪八戒

さとう（糖分《とうぶん》）はこんなに入っている！

カップアイス　9本

チョコレート　13本

ジュース（炭酸飲料《たんさんいんりょう》）　17本

そうだったのか！

甘《あま》いお菓子《かし》やジュースにはさとう（糖分《とうぶん》）がたくさん含《ふく》まれています。さとうをたくさんとると、脳《のう》は「おなかがいっぱい」と感《かん》じて、食欲《しょくよく》がなくなり、体《からだ》に必要《ひつよう》なほかの栄養《えいよう》が食事《しょくじ》でとれなくなってしまいます。

おやつは質《しつ》と量《りょう》を考《かんが》えてとろう！

おやつになるものは甘《あま》いジュースやスナック菓子《がし》だけではありません。おにぎりやくだものもおやつになります。またスポーツをする人《ひと》には、3食《しょく》を補《おぎな》う大切《たいせつ》な食事《しょくじ》になります。体《からだ》のことも考《かんが》えて上手《じょうず》に組《く》み合《あ》わせてとりましょう。

おにぎり　ふかしいも

牛乳《ぎゅうにゅう》や小魚《こざかな》にはカルシウムがたくさんあり、骨《ほね》や歯《は》を丈夫《じょうぶ》にしてくれるんだって。

チーズ　牛乳《ぎゅうにゅう》　悟空《ごくう》　小魚《こざかな》　ヨーグルト

くだものや野菜《やさい》にはビタミンCが含《ふく》まれていて、病気《びょうき》に負《ま》けない体《からだ》をつくってくれるよ。

すいか　オレンジ　すもも　バナナ　ぶどう　枝豆《えだまめ》　沙悟浄《さごじょう》

お茶《ちゃ》　水《みず》

おにぎり1個《こ》とお茶《ちゃ》

ヨーグルト1カップとバナナ1本《ぽん》

1回《かい》のおやつの量《りょう》はこのぐらいを目安《めやす》に

牛乳《ぎゅうにゅう》(200cc)とさつまいも半分《はんぶん》

三蔵法師《さんぞうほうし》

おやつの食べ方を少し変えたら元気になりました。ぜひ私もお供させてください。

おやつは質や量を考えて食べるのですよ。

こうして4人《にん》となった三蔵法師一行《さんぞうほうしいっこう》は、一緒《いっしょ》に旅《たび》を続《つづ》けながら一路《いちろ》、食育天竺《しょくいくてんじく》をめざしました。でも何《なん》だかみんなの生活《せいかつ》リズムはバラバラで、しっくりいかないようです。次回《じかい》をお楽《たの》しみに!

「食育ニュース」を含めたタイトル部分は変更できます。
さしかえは猪八戒のイラスト部分です。少し小さくして周りを給食委員会の子どもたちが心配そうに取り囲んでいるような写真にするのも一案です。

編集・健康教育研究会　発行所・株式会社　健学社　〒102-0071 東京都千代田区富士見1-5-8 大新京ビル　電話 03 (3222) 0557　FAX 03 (3262) 2615

食育ニュース

8月号

生活《せいかつ》リズムをととのえ、毎日元気《まいにちげんき》に過《す》ごそう!

旅《たび》を続《つづ》けている三蔵法師一行《さんぞうほうしいっこう》ですが、すぐに疲《つか》れたり、あくびをしたり、何《なん》だかみんなの調子《ちょうし》がよくありません。

健康《けんこう》には、栄養《えいよう》、運動《うんどう》、休養《きゅうよう》が深《ふか》く関係《かんけい》します。毎日《まいにち》、規則正《きそくただ》しい生活《せいかつ》を続《つづ》けていると、健康《けんこう》によい生活《せいかつ》リズムが生《う》まれ、元気《げんき》に過《す》ごすことができるのです。

黄金《おうごん》の健康生活《けんこうせいかつ》へチューンアップ！

栄養《えいよう》（食事《しょくじ》）、運動《うんどう》、休養《きゅうよう》（睡眠《すいみん》）のバランスのとれた健康生活《けんこうせいかつ》ができる！

スタート

起床《きしょう》

決《き》まった時間《じかん》に自分《じぶん》で起《お》きることができる。

朝《あさ》ごはん

毎日《まいにち》、朝《あさ》ごはんを食《た》べてから学校《がっこう》へ行《い》く。

好《す》ききらいが多《おお》く、苦手《にがて》なものは食《た》べない。

給食《きゅうしょく》

給食《きゅうしょく》をしっかり食《た》べている。

体《からだ》を動《うご》かすのがおっくう。家《いえ》の中《なか》で毎日《まいにち》ゴロゴロしている。

運動《うんどう》（遊《あそ》び）

屋外《おくがい》で友《とも》だちと体《からだ》を動《うご》かして遊《あそ》ぶ。

おやつ

おやつは時間《じかん》を決《き》めて、栄養《えいよう》と量《りょう》を考《かんが》えて食《た》べる。

夕《ゆう》ごはん

おうちの人《ひと》と1日《にち》のことを話《はな》しながら楽《たの》しく食《た》べる。

睡眠《すいみん》

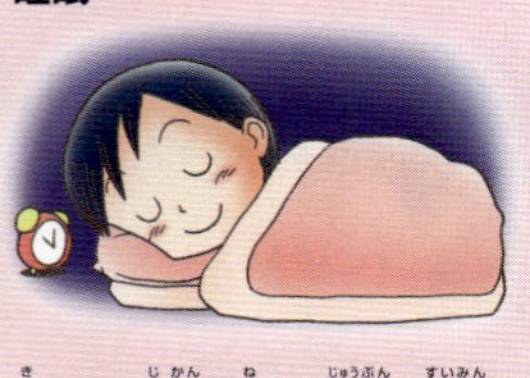

決《き》まった時間《じかん》に寝《ね》て、十分《じゅうぶん》に睡眠《すいみん》をとる。

テレビやゲームに夢中《むちゅう》になり、つい夜更《よふ》かしして翌朝《よくあさ》起《お》きられない。

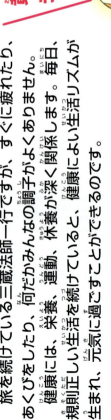

＊パワポスライドの子どもたちの写真には画像処理をかけています。さしかえが可能です。

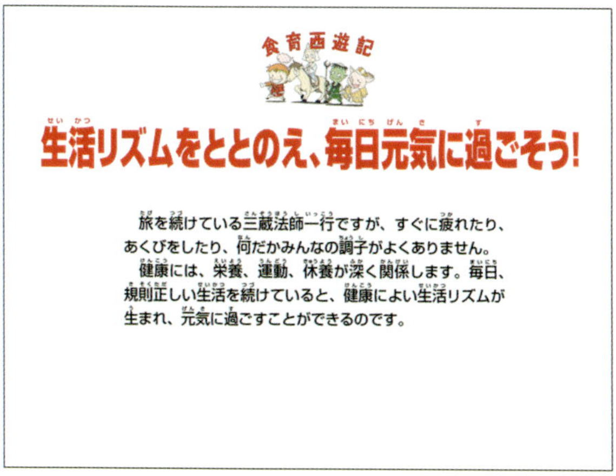
食育西遊記
生活《せいかつ》リズムをととのえ、毎日《まいにち》元気《げんき》に過《す》ごそう！
旅《たび》を続《つづ》けている三蔵法師《さんぞうほうし》一行《いっこう》ですが、すぐに疲《つか》れたり、あくびをしたり、何《なん》だかみんなの調子《ちょうし》がよくありません。
健康《けんこう》には、栄養《えいよう》、運動《うんどう》、休養《きゅうよう》が深《ふか》く関係《かんけい》します。毎日《まいにち》、規則正《きそくただ》しい生活《せいかつ》を続《つづ》けていると、健康《けんこう》によい生活《せいかつ》リズムが生《う》まれ、元気《げんき》に過《す》ごすことができるのです。

①

1日《にち》の生活《せいかつ》を見直《みなお》してみるのです。

②

スタート
起床《きしょう》
決《き》まった時間《じかん》に自分《じぶん》で起《お》きることができる。
黄金《おうごん》の健康生活《けんこうせいかつ》へチューンアップ！
1日《にち》の生活《せいかつ》を見直《みなお》してみるのです。
朝《あさ》ごはん
毎日《まいにち》、朝《あさ》ごはんを食《た》べてから学校《がっこう》へ行《い》く。

③

1日の生活を見直してみるのです。
黄金《おうごん》の健康生活《けんこうせいかつ》へチューンアップ！
給食《きゅうしょく》
運動《うんどう》(遊《あそ》び)
屋外《おくがい》で友《とも》だちと体《からだ》を動《うご》かして遊《あそ》ぶ。
給食《きゅうしょく》をしっかり食《た》べている。
体《からだ》を動《うご》かすのがおっくう。家《いえ》の中《なか》で毎日《まいにち》ゴロゴロしている。
好《す》ききらいが多《おお》く、苦手《にがて》なものは食《た》べない。

④

夕《ゆう》ごはん
1日の生活を見直してみるのです。
黄金《おうごん》の健康生活《けんこうせいかつ》へチューンアップ！
おうちの人《ひと》と1日《にち》のことを話《はな》しながら楽《たの》しく食《た》べる。
おやつ
おやつは時間《じかん》を決《き》めて、栄養《えいよう》と量《りょう》を考《かんが》えて食《た》べる。

⑤

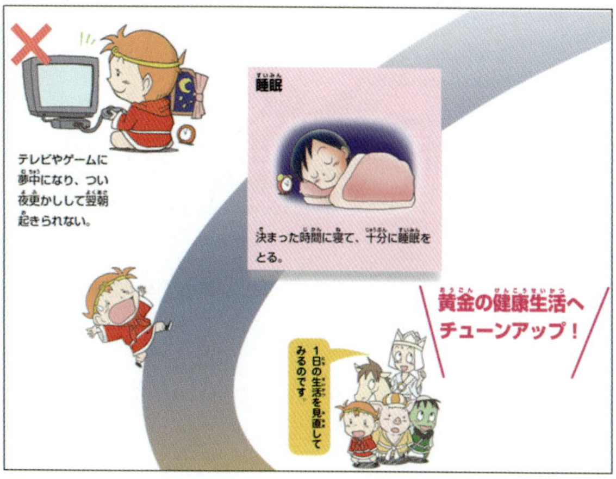
睡眠《すいみん》
テレビやゲームに夢中《むちゅう》になり、つい夜更《よふ》かしして翌朝《よくあさ》起《お》きられない。
決《き》まった時間《じかん》に寝《ね》て、十分《じゅうぶん》に睡眠《すいみん》をとる。
黄金《おうごん》の健康生活《けんこうせいかつ》へチューンアップ！
1日の生活を見直してみるのです。

⑥

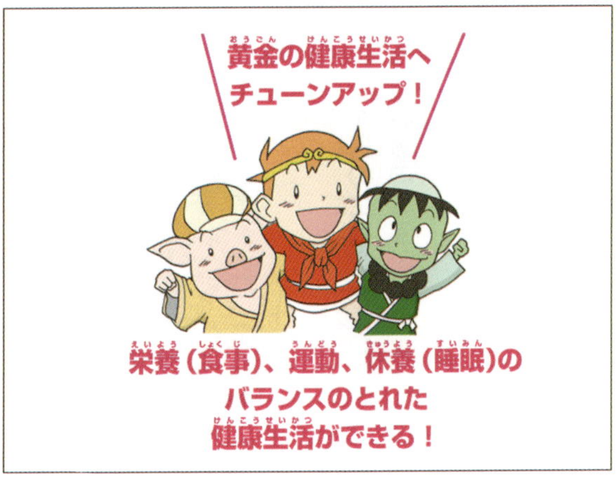

黄金《おうごん》の健康生活《けんこうせいかつ》へ
チューンアップ！
栄養《えいよう》（食事《しょくじ》）、運動《うんどう》、休養《きゅうよう》（睡眠《すいみん》）の
バランスのとれた
健康生活《けんこうせいかつ》ができる！

⑦

黄金の健康生活へ
チューンアップ！
スタート
栄養（食事）、運動、休養（睡眠）の
バランスのとれた
健康生活ができる！

⑧

パワポ「なりきり壁新聞」

○は写真を挿入できる空枠やさしかえが可能な写真・イラスト

編集・健康教育研究会　発行所・株式会社　健学社　〒102-0071 東京都千代田区富士見1-5-8 大新京ビル　電話 03 (3222) 0557　FAX 03 (3262) 2615
食育ニュース
8月号
食育西遊記
生活《せいかつ》リズムをととのえ、毎日《まいにち》元気《げんき》に過《す》ごそう！
旅《たび》を続《つづ》けている三蔵法師《さんぞうほうし》一行《いっこう》ですが、すぐに疲《つか》れたり、あくびをしたり、何《なん》だかみんなの調子《ちょうし》がよくありません。
健康《けんこう》には、栄養《えいよう》、運動《うんどう》、休養《きゅうよう》が深《ふか》く関係《かんけい》します。毎日《まいにち》、規則正《きそくただ》しい生活《せいかつ》を続《つづ》けていると、健康《けんこう》によい生活《せいかつ》リズムが生《う》まれ、元気《げんき》に過《す》ごすことができるのです。
黄金《おうごん》の健康生活《けんこうせいかつ》へ
チューンアップ！
栄養《えいよう》（食事《しょくじ》）、運動《うんどう》、休養《きゅうよう》（睡眠《すいみん》）の
バランスのとれた
健康生活《けんこうせいかつ》ができる！
スタート
起床《きしょう》
決まった時間に自分で起きることができる。
1日《にち》の生活《せいかつ》を見直《みなお》してみるのです。
朝《あさ》ごはん
毎日《まいにち》、朝《あさ》ごはんを食《た》べてから学校《がっこう》へ行《い》く。
給食《きゅうしょく》
給食《きゅうしょく》をしっかり食べている。
運動（遊び）
屋外で友だちと体を動かして遊ぶ。
おやつ
おやつは時間を決めて、栄養と量を考えて食べる。
夕《ゆう》ごはん
おうちの人と1日のことを話しながら楽しく食べる。
睡眠《すいみん》
決まった時間に寝て、十分に睡眠をとる。
テレビやゲームに夢中になり、つい夜更かしして翌朝起きられない。
体を動かすのがおっくう。家の中で毎日ゴロゴロしている。
好ききらいが多く、苦手なものは食べない。

「食育ニュース」を含めたタイトル部分は変更できます。
「給食」や「運動」の写真は自校ならではいきいきとした表情のものにすると注目度がアップします。

食育ニュース

9月号

編集・健康教育研究会　発行所・株式会社　健学社　〒102-0071 東京都千代田区富士見1-5-8 大新京ビル　電話 03（3222）0557　FAX 03（3262）2615

食育西遊記

バランスよく食《た》べて元気《げんき》な体《からだ》にしよう！

食《た》べ物《もの》はそのはたらきにより、おもに3つのグループに分《わ》けることができます。

　私《わたし》たちの体《からだ》は食《た》べ物《もの》からつくられます。また、食《た》べ物《もの》は体《からだ》を動《うご》かすエネルギーのもとになり、体《からだ》の調子《ちょうし》を整《ととの》え、病気《びょうき》にかかりにくくするはたらきもあります。好《す》ききらいをしないでいろいろなものをバランスよく食《た》べることが大切《たいせつ》です。

　悟空《ごくう》たちといっしょに食《た》べ物《もの》のはたらきを学《まな》びましょう。

パワポ「プレゼン資料」

＊パワポスライドの食品写真はさしかえが可能です。スライドを入れ替えて説明順も変更できます。

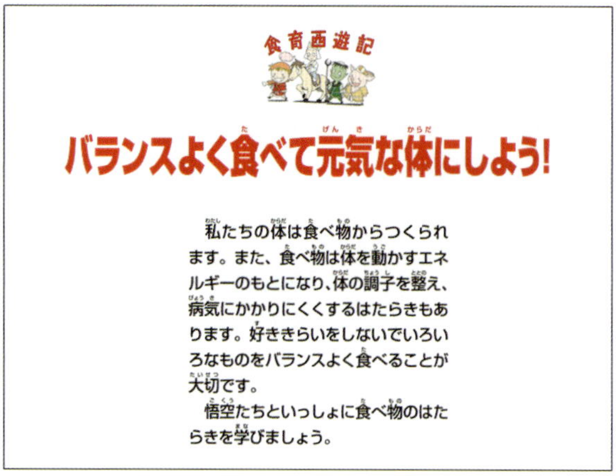
食育西遊記
バランスよく食《た》べて元気《げんき》な体《からだ》にしよう!
私《わたし》たちの体《からだ》は食《た》べ物《もの》からつくられます。また、食《た》べ物《もの》は体《からだ》を動《うご》かすエネルギーのもとになり、体《からだ》の調子《ちょうし》を整《ととの》え、病気《びょうき》にかかりにくくするはたらきもあります。好《す》ききらいをしないでいろいろなものをバランスよく食《た》べることが大切《たいせつ》です。
悟空《ごくう》たちといっしょに食《た》べ物《もの》のはたらきを学《まな》びましょう。

①

食《た》べ物《もの》はそのはたらきにより、おもに3つのグループに分《わ》けることができます。
健康《けんこう》
健康《けんこう》に過《す》ごすためにも、好《す》ききらいしないでいろいろな食《た》べ物《もの》をバランスよく食《た》べることが大切《たいせつ》です。

②

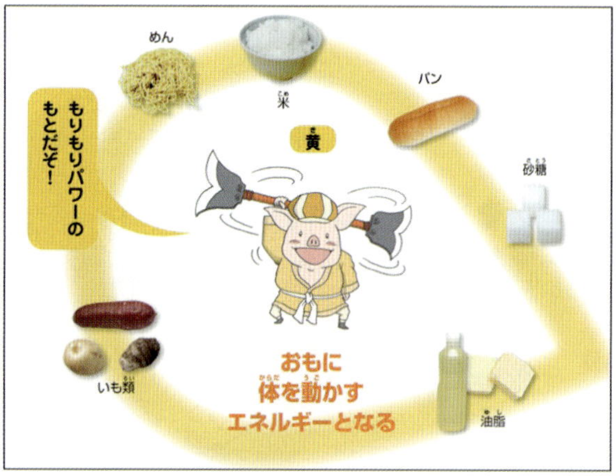
めん
米《こめ》
パン
砂糖《さとう》
黄《き》
もりもりパワーのもとだぞ!
いも類《るい》
油脂《ゆし》
おもに
体《からだ》を動《うご》かす
エネルギーとなる

③

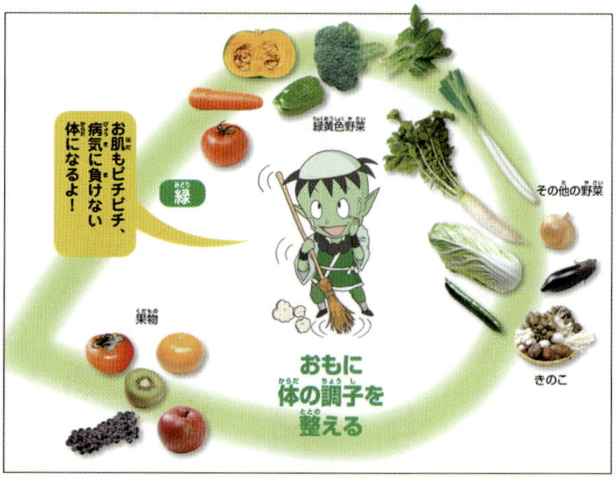
緑黄色野菜《りょくおうしょくやさい》
お肌《はだ》もピチピチ、病気《びょうき》に負《ま》けない体《からだ》になるよ!
緑《みどり》
その他《た》の野菜《やさい》
果物《くだもの》
きのこ
おもに
体《からだ》の調子《ちょうし》を
整《ととの》える

④

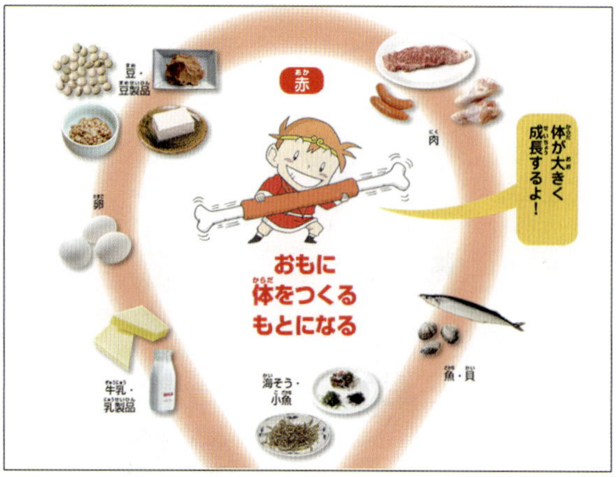
豆《まめ》・
豆製品《まめせいひん》
赤《あか》
肉《にく》
体《からだ》が大《おお》きく成長《せいちょう》するよ!
卵《たまご》
おもに
体《からだ》をつくる
もとになる
牛乳《ぎゅうにゅう》・
乳製品《にゅうせいひん》
海《かい》そう・
小魚《こざかな》
魚《さかな》・貝《かい》

⑤

健康に過ごすためにも、好ききらいしないでいろいろな食べ物をバランスよく食べることが大切です。
体が大きく成長するよ!
おもに
体をつくる
もとになる
めん
パン
黄
もりもりパワーのもとだぞ!
おもに
体を動かす
エネルギーとなる
健康
お肌もピチピチ、病気に負けない体になるよ!
おもに
体の調子を
ととのえる

⑥

○は写真を挿入できる空枠やさしかえが可能な写真・イラスト

食育ニュース

食育西遊記

バランスよく食《た》べて元気《げんき》な体《からだ》にしよう!

食べ物はそのはたらきにより、おもに3つのグループに分けることができます。

私たちの体は食べ物からつくられます。また、食べ物は体を動かすエネルギーのもとになり、体の調子をととのえ、病気にかかりにくくするはたらきもあります。好ききらいをしないでいろいろなものをバランスよく食べることが大切です。

悟空たちといっしょに食べ物のはたらきを学びましょう。

赤
おもに
体をつくる
もとになる
体が大きく成長するよ!
健康に過ごすためにも、好ききらいしないでいろいろな食べ物をバランスよく食べることが大切です。
黄
おもに
体を動かす
エネルギーとなる
もりもりパワーのもとだぞ!
緑
おもに
体の調子を
ととのえる
お肌もピチピチ、病気に負けない体になるよ!
健康
めん
パン
いも類
海そう・小魚
その他の野菜
きのこ

「食育ニュース」を含めたタイトル部分は変更できます。
さしかえ箇所は下の健康のイメージイラストです。子どもたちに「健康」のイメージでポーズをとってもらって撮影するのも一案です。

編集・健康教育研究会　発行所・株式会社　健学社　〒102-0071 東京都千代田区富士見1-5-8 大新京ビル　電話 03 (3222) 0557　FAX 03 (3262) 2615

食育ニュース

10月号

朝《あさ》ごはんをしっかり食《た》べよう!

みなさんは毎日《まいにち》しっかり朝《あさ》ごはんを食《た》べていますか？朝《あさ》ごはんを食《た》べると脳《のう》や体《からだ》が目覚《めざ》め、1日《にち》を元気《げんき》にスタートさせることができます。

悟空《ごくう》たちといっしょに朝《あさ》ごはんの大切《たいせつ》さについて学《まな》びましょう。

サーモ写真提供／高知県 栄養教諭　常石美知代先生

朝《あさ》ごはんを毎日《まいにち》食《た》べてくる子《こ》　　朝《あさ》ごはんを食《た》べたり、食《た》べなかったり不規則《ふきそく》な子《こ》

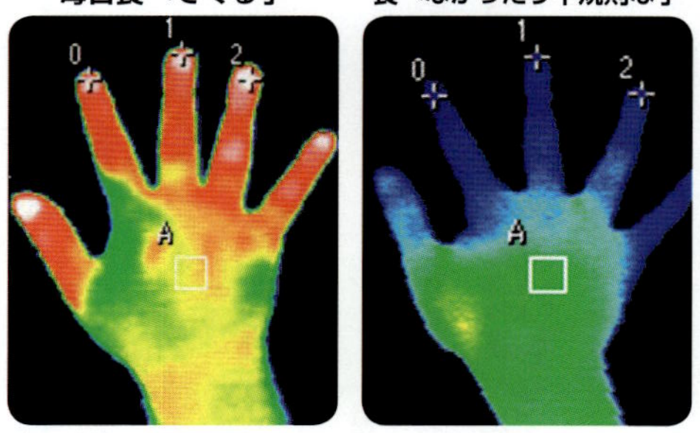

青《あお》い部分《ぶぶん》ほど体温《たいおん》が低《ひく》くなっています。朝《あさ》ごはんを食《た》べたり食《た》べなかったり不規則《ふきそく》な子《こ》は、低体温《ていたいおん》の傾向《けいこう》が見《み》られました。

元気《げんき》はつらつ！

朝《あさ》ごはんで体《からだ》をウオームアップ！

朝《あさ》ごはんを食《た》べると体温《たいおん》が上《あ》がり、1日《にち》の始《はじ》まりを全身《ぜんしん》に知《し》らせます。とくに肉《にく》、魚《さかな》、卵《たまご》、大豆製品《だいずせいひん》などの食《た》べ物《もの》に多《おお》く含《ふく》まれるたんぱく質《しつ》は、体温《たいおん》を上《あ》げる効果《こうか》が高《たか》いことが知《し》られています。

脳《のう》も目覚《めざ》める！

今日《きょう》も朝《あさ》ごはんで頭《あたま》がシャキーン！

ご飯《はん》やパンなど炭水化物《たんすいかぶつ》を多《おお》く含《ふく》む主食《しゅしょく》は脳《のう》にエネルギーを与《あた》えて、脳《のう》を目覚《めざ》めさせるはたらきがあります。

いただきます！

早《はや》寝《ね》早《はや》起《お》きして、しっかり朝《あさ》ごはんを食《た》べよう！

早ね 早おき 朝ごはん

おなかスッキリ！

朝《あさ》ごはんの後《あと》は、毎日《まいにち》スッキリ！

朝《あさ》ごはんを食《た》べるとおなか（胃《い》や腸《ちょう》など）が動《うご》き出《だ》します。毎日《まいにち》決《き》まった時間《じかん》に食《た》べることで、毎朝便通《まいあさべんつう》をよくします。とくに野菜《やさい》やくだものには食物《しょくもつ》せんいや水分《すいぶん》が多《おお》く含《ふく》まれ、便通《べんつう》を助《たす》けてくれます。

パワポ「プレゼン資料」

＊パワポスライドの食品写真はさしかえが可能です。

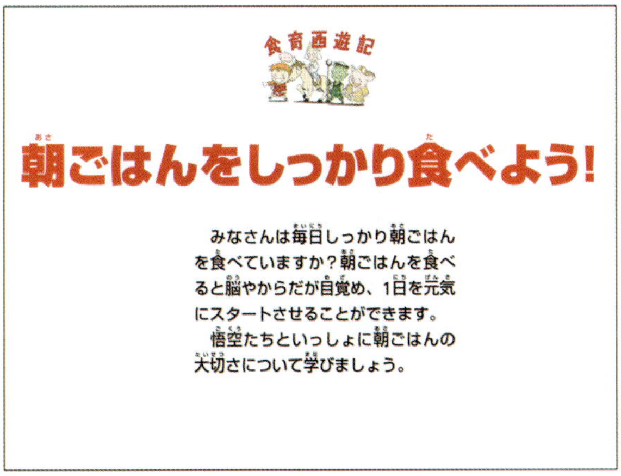
食育西遊記
朝《あさ》ごはんをしっかり食《た》べよう！
みなさんは毎日《まいにち》しっかり朝《あさ》ごはんを食《た》べていますか？朝《あさ》ごはんを食《た》べると脳《のう》やからだが目覚《めざ》め、1日《にち》を元気《げんき》にスタートさせることができます。
悟空《ごくう》たちといっしょに朝《あさ》ごはんの大切《たいせつ》さについて学《まな》びましょう。

①

今日《きょう》も朝《あさ》ごはんで
頭《あたま》がシャキーン！
ご飯《はん》やパンなど炭水化物《たんすいかぶつ》を多《おお》く含《ふく》む主食《しゅしょく》は脳《のう》にエネルギーを与《あた》えて、脳《のう》を目覚《めざ》めさせるはたらきがあります。
脳《のう》も目覚《めざ》める！

②

朝《あさ》ごはんで体《からだ》を
ウオームアップ！
朝《あさ》ごはんを食《た》べると体温《たいおん》が上《あ》がり、1日《にち》の始《はじ》まりを全身《ぜんしん》に知《し》らせます。とくに肉《にく》、魚《さかな》、卵《たまご》、大豆製品《だいずせいひん》などの食《た》べ物《もの》に多《おお》く含《ふく》まれるたんぱく質《しつ》は、体温《たいおん》を上《あ》げる効果《こうか》が高《たか》いことが知《し》られています。
元気《げんき》はつらつ！

③

朝《あさ》ごはんの後《あと》は、
毎日《まいにち》スッキリ！
朝《あさ》ごはんを食《た》べるとおなか（胃《い》や腸《ちょう》など）が動《うご》き出《だ》します。毎日《まいにち》決《き》まった時間《じかん》に食《た》べることで、毎朝便通《まいあさべんつう》をよくします。とくに野菜《やさい》やくだものには食物《しょくもつ》せんいや水《すい》分《ぶん》が多《おお》く含《ふく》まれ、便通《べんつう》を助《たす》けてくれます。
おなかスッキリ！

④

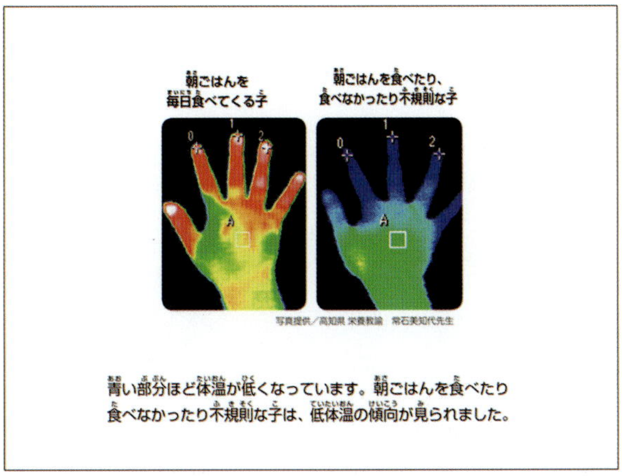
朝《あさ》ごはんを
毎日《まいにち》食《た》べてくる子《こ》
朝《あさ》ごはんを食《た》べたり、
食《た》べなかったり不規則《ふきそく》な子《こ》
写真提供／高知県 栄養教諭　常石美知代先生
青《あお》い部分《ぶぶん》ほど体温《たいおん》が低《ひく》くなっています。朝《あさ》ごはんを食《た》べたり食《た》べなかったり不規則《ふきそく》な子《こ》は、低体温《ていたいおん》の傾向《けいこう》が見《み》られました。

⑤

いただきます！
早寝早起《はやねはやお》きして、しっかり
朝《あさ》ごはんを食《た》べよう！
早ね早おき朝ごはん

⑥

○は写真を挿入できる空枠やさしかえが可能な写真・イラスト

編集・健康教育研究会　発行所・株式会社　健学社　〒102-0071 東京都千代田区富士見1-5-8 大新京ビル　電話 03 (3222) 0557　FAX 03 (3262) 2615

食育ニュース

10月号

食育西遊記

朝《あさ》ごはんをしっかり食《た》べよう！

　みなさんは毎日《まいにち》しっかり朝《あさ》ごはんを食《た》べていますか？朝《あさ》ごはんを食《た》べると脳《のう》や体《からだ》が目《め》覚《ざ》め、1日《にち》を元気《げんき》にスタートさせることができます。
　悟空《ごくう》たちといっしょに朝《あさ》ごはんの大切《たいせつ》さについて学《まな》びましょう。

朝《あさ》ごはんで体《からだ》をウオームアップ！

朝《あさ》ごはんを食《た》べると体温《たいおん》が上《あ》がり、1日《にち》の始《はじ》まりを全身《ぜんしん》に知《し》らせます。とくに肉《にく》、魚《さかな》、卵《たまご》、大豆製品《だいずせいひん》などの食《た》べ物《もの》に多《おお》く含《ふく》まれるたんぱく質《しつ》は、体温《たいおん》を上《あ》げる効果《こうか》が高《たか》いことが知《し》られています。

元気《げんき》はつらつ！

朝《あさ》ごはんを毎日《まいにち》食《た》べてくる子《こ》

朝《あさ》ごはんを食《た》べたり、食《た》べなかったり不規則《ふきそく》な子《こ》

写真提供／高知県 栄養教諭 常石美知代先生

青《あお》い部分《ぶぶん》ほど体温《たいおん》が低《ひく》くなっています。朝《あさ》ごはんを食《た》べたり食《た》べなかったり不規則《ふきそく》な子《こ》は、低体温《ていたいおん》の傾向《けいこう》が見《み》られました。

今日《きょう》も朝《あさ》ごはんで頭《あたま》がシャキーン！

シャキー

ご飯《はん》やパンなど炭水化物《たんすいかぶつ》を多《おお》く含《ふく》む主食《しゅしょく》は脳《のう》にエネルギーを与《あた》えて、脳《のう》を目《め》覚《ざ》めさせるはたらきがあります。

脳《のう》も目《め》覚《ざ》める！

いただきます！

早《はや》寝《ね》早《はや》起《お》きして、しっかり朝《あさ》ごはんを食《た》べよう！

早ね早おき朝ごはん

朝《あさ》ごはんの後《あと》は、毎日《まいにち》スッキリ！

W.C

朝《あさ》ごはんを食《た》べるとおなか（胃《い》や腸《ちょう》など）が動《うご》き出《だ》します。毎日《まいにち》決《き》まった時間《じかん》に食《た》べることで、毎朝《まいあさ》便通《べんつう》をよくします。とくに野菜《やさい》やくだものには食物《しょくもつ》せんいや水分《すいぶん》が多《おお》く含《ふく》まれ、便通《べんつう》を助《たす》けてくれます。

おなかスッキリ！

「食育ニュース」を含めたタイトル部分は変更できます。
さしかえ部分は「いただきます」のイメージイラストです。

食育ニュース

11月号

よくかんで食《た》べよう！

編集・健康教育研究会　発行所・株式会社　健学社　〒102-0071 東京都千代田区富士見1-5-8 大新京ビル　電話 03 (3222) 0557　FAX 03 (3262) 2615

資料画像提供／日本体育大学教授 日体柔整専門学校校長　小野塚 實先生

みなさんは食事《しょくじ》をするときによくかんで食《た》べていますか？

食《た》べ物《もの》をよくかんで食《た》べると、消化《しょうか》がよくなるだけでなく、体《からだ》や健康《けんこう》にいろいろな効果《こうか》があることがわかってきました。

悟空《ごくう》たちといっしょによくかんで食《た》べることの大切《たいせつ》さを学《まな》びましょう。

◆かんでいるときの脳《のう》の活動《かつどう》のようす

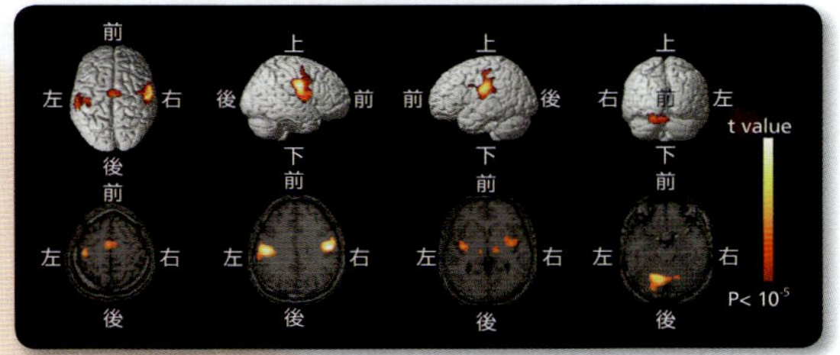

活発《かっぱつ》に活動《かつどう》している部分《ぶぶん》ほど赤色《あかいろ》になる。

脳《のう》のはたらきがよくなる！

脳《のう》への血液《けつえき》の流《なが》れをよくし、脳《のう》のさまざまな部分《ぶぶん》が元気《げんき》にはたらいて記憶力《きおくりょく》や集中力《しゅうちゅうりょく》を高《たか》めます。また味《あじ》や舌《した》ざわり、音《おと》などさまざまな感覚《かんかく》を使《つか》うことで、脳《のう》のはたらきがさらによくなります。

だ液《えき》がよく出《で》て、口《くち》の中《なか》をきれいにし、歯《は》も丈夫《じょうぶ》にします。

むし歯《ば》を防《ふせ》ぐ！

食《た》べすぎを防《ふせ》ぎ、消化《しょうか》を助《たす》ける！

よくかんでいるうちに脳《のう》に満腹《まんぷく》の信号《しんごう》が伝《つた》わり、食《た》べすぎを防《ふせ》いでくれます。食《た》べ物《もの》の消化《しょうか》・吸収《きゅうしゅう》もよくなります。

脳《のう》にはたらきかけて緊張《きんちょう》を和《やわ》らげ、落《お》ち着《つ》いた気持《きも》ちになることができます。

気持《きも》ちが落《お》ち着《つ》く！

かむ前《まえ》

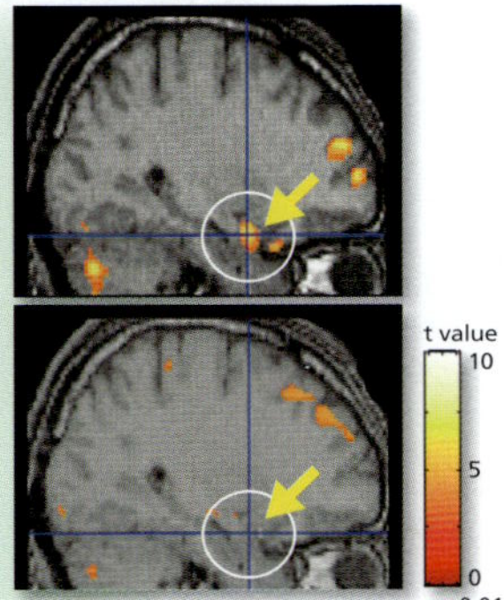

かんだ後《あと》

よくかむことで、脳《のう》のストレス反応《はんのう》がおさまった。

1口《くち》30回《かい》、やわらかくなっても、もう5回《かい》かんで食《た》べる習慣《しゅうかん》をつけましょう。野菜《やさい》、豆《まめ》、小魚《こざかな》、海《かい》そうなど、かみごたえのあるものを食《た》べるのもよいですよ。

パワポ「プレゼン資料」

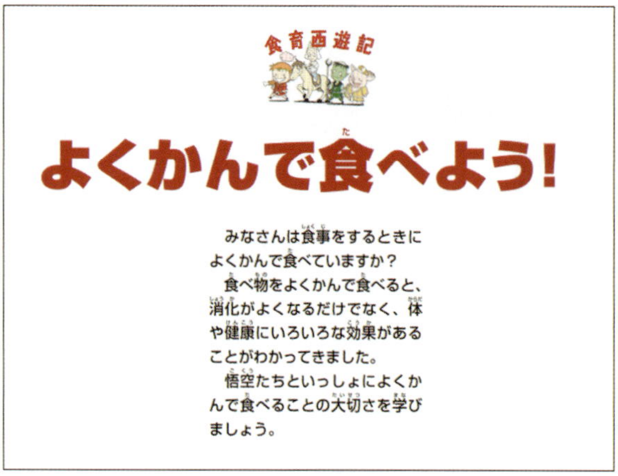
食育西遊記
よくかんで食《た》べよう！
みなさんは食事《しょくじ》をするときによくかんで食《た》べていますか？
食《た》べ物《もの》をよくかんで食《た》べると、消化《しょうか》がよくなるだけでなく、体《からだ》や健康《けんこう》にいろいろな効果《こうか》があることがわかってきました。
悟空《ごくう》たちといっしょによくかんで食《た》べることの大切《たいせつ》さを学《まな》びましょう。

①

食《た》べすぎを防《ふせ》ぎ、消化《しょうか》を助《たす》ける！
よくかんでシェイプアップ！
そろそろまんぷくだ！
よくかんでいるうちに脳《のう》に満腹《まんぷく》の信号《しんごう》が伝《つた》わり、食《た》べすぎを防《ふせ》いでくれます。食《た》べ物《もの》の消化《しょうか》・吸収《きゅうしゅう》もよくなります。

②

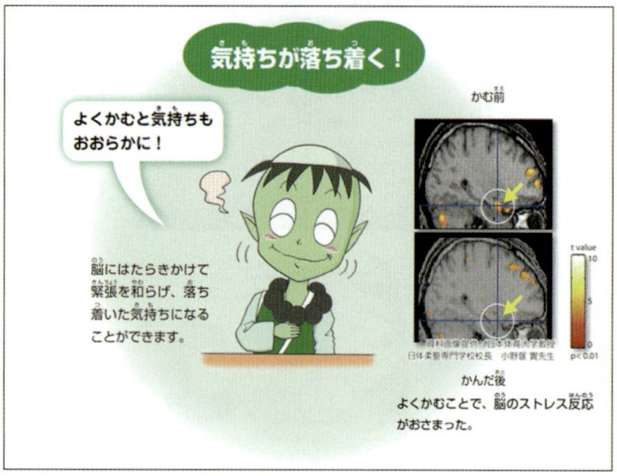
気持《きも》ちが落《お》ち着《つ》く！
よくかむと気持《きも》ちもおおらかに！
脳《のう》にはたらきかけて緊張《きんちょう》を和《やわ》らげ、落《お》ち着《つ》いた気持《きも》ちになることができます。
かむ前《まえ》
t value
10
5
0
p< 0.01
日体柔整専門学校校長　小野塚 實先生
かんだ後《あと》
よくかむことで、脳《のう》のストレス反応《はんのう》がおさまった。

③

◆かんでいるときの脳《のう》の活動《かつどう》のようす
よくかんで味《あじ》わうことで脳《のう》がフル回転《かいてん》！
視
聴
嗅
味
触
前
上
下
後
左
右
t value
P< 10
活発《かっぱつ》に活動《かつどう》している部分《ぶぶん》ほど赤色《あかいろ》になる。
脳《のう》のはたらきがよくなる！
脳《のう》への血液《けつえき》の流《なが》れをよくし、脳《のう》のさまざまな部分《ぶぶん》が元気《げんき》にはたらいて記憶力《きおくりょく》や集中力《しゅうちゅうりょく》を高《たか》めます。また味《あじ》や舌《した》ざわり、音《おと》などさまざまな感覚《かんかく》を使《つか》うことで、脳《のう》のはたらきがさらによくなります。

④

よくかむとだ液《えき》がたくさん出《で》るよ！
だ液《えき》がよく出《で》て、口《くち》の中《なか》をきれいにし、歯《は》も丈夫《じょうぶ》にします。
むし歯《ば》を防《ふせ》ぐ！

⑤

1口《くち》30回《かい》を目標《もくひょう》によくかんで食《た》べよう！
1口《くち》30回《かい》、やわらかくなっても、もう5回《かい》かんで食《た》べる習慣《しゅうかん》をつけましょう。野菜《やさい》、豆《まめ》、小魚《こざかな》、海《かい》そうなど、かみごたえのあるものを食《た》べるのもよいですよ。

⑥

は写真を挿入できる空枠やさしかえが可能な写真・イラスト

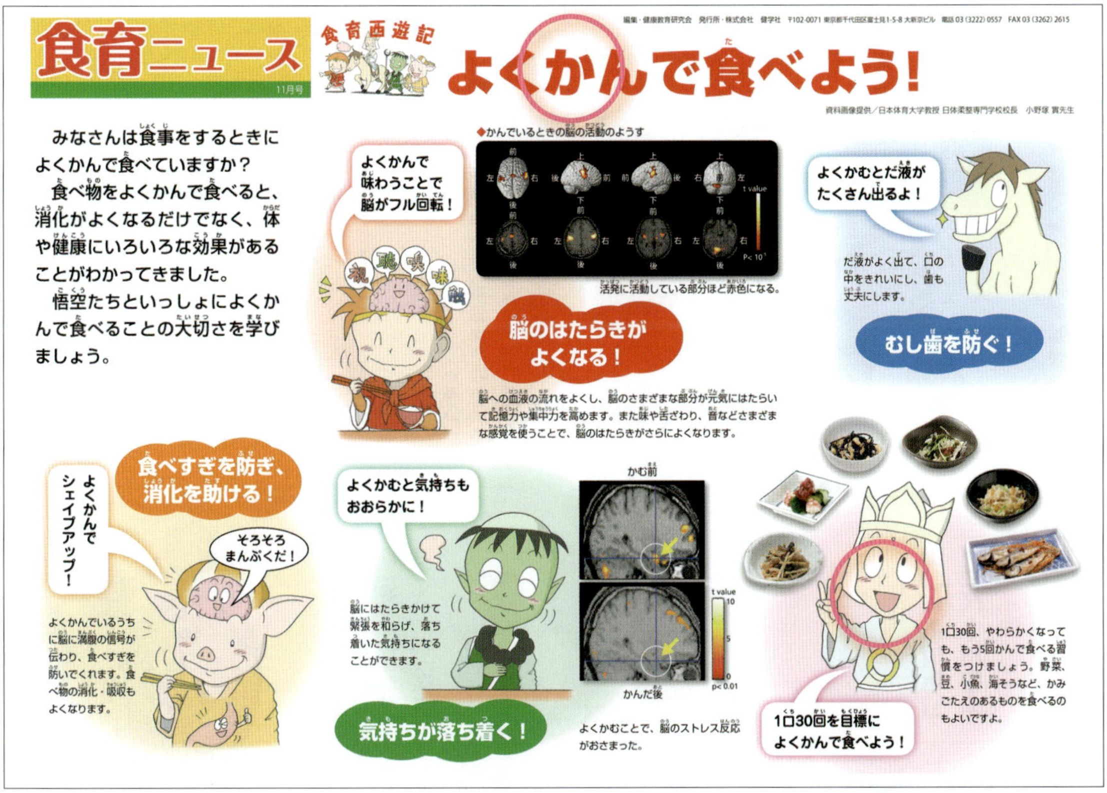

食育ニュース

11月号

編集・健康教育研究会　発行所・株式会社　健学社　〒102-0071 東京都千代田区富士見1-5-8 大新京ビル　電話 03 (3222) 0557　FAX 03 (3262) 2615

食育西遊記

よくかんで食《た》べよう!

資料画像提供／日本体育大学教授 日体柔整専門学校校長　小野塚 實先生

みなさんは食事《しょくじ》をするときによくかんで食《た》べていますか？
食《た》べ物《もの》をよくかんで食《た》べると、消化《しょうか》がよくなるだけでなく、体《からだ》や健康《けんこう》にいろいろな効果《こうか》があることがわかってきました。
悟空《ごくう》たちといっしょによくかんで食《た》べることの大切《たいせつ》さを学《まな》びましょう。

よくかんで
味《あじ》わうことで
脳《のう》がフル回転《かいてん》!

視　聴　嗅　味　触

◆かんでいるときの脳《のう》の活動《かつどう》のようす

前　後　左　右　上　下　t value　P< 10

活発《かっぱつ》に活動《かつどう》している部分《ぶぶん》ほど赤色《あかいろ》になる。

脳《のう》のはたらきがよくなる!

脳《のう》への血液《けつえき》の流《なが》れをよくし、脳《のう》のさまざまな部分《ぶぶん》が元気《げんき》にはたらいて記憶力《きおくりょく》や集中力《しゅうちゅうりょく》を高《たか》めます。また味《あじ》や舌《した》ざわり、音《おと》などさまざまな感覚《かんかく》を使《つか》うことで、脳《のう》のはたらきがさらによくなります。

よくかむとだ液《えき》が
たくさん出《で》るよ!

だ液《えき》がよく出《で》て、口《くち》の中《なか》をきれいにし、歯《は》も丈夫《じょうぶ》にします。

むし歯《ば》を防《ふせ》ぐ!

食《た》べすぎを防《ふせ》ぎ、消化《しょうか》を助《たす》ける!

よくかんで
シェイプアップ!

そろそろ
まんぷくだ!

よくかんでいるうちに脳《のう》に満腹《まんぷく》の信号《しんごう》が伝《つた》わり、食《た》べすぎを防《ふせ》いでくれます。食《た》べ物《もの》の消化《しょうか》・吸収《きゅうしゅう》もよくなります。

よくかむと気持《きも》ちも
おおらかに!

脳《のう》にはたらきかけて緊張《きんちょう》を和《やわ》らげ、落《お》ち着《つ》いた気持《きも》ちになることができます。

気持《きも》ちが落《お》ち着《つ》く!

かむ前《まえ》

t value　10　5　0　p< 0.01

かんだ後《あと》

よくかむことで、脳《のう》のストレス反応《はんのう》がおさまった。

1口《くち》30回《かい》を目標《もくひょう》に
よくかんで食《た》べよう!

1口《くち》30回《かい》、やわらかくなっても、もう5回《かい》かんで食《た》べる習慣《しゅうかん》をつけましょう。野菜《やさい》、豆《まめ》、小魚《こざかな》、海《かい》そうなど、かみごたえのあるものを食《た》べるのもよいですよ。

「食育ニュース」を含めたタイトル部分は変更できます。
さしかえは三蔵法師のイラスト部分です。先生が登場されるのも一案です。

編集・健康教育研究会　発行所・株式会社　健学社　〒102-0071 東京都千代田区富士見1-5-8 大新京ビル　電話03（3222）0557　FAX 03（3262）2615

食育ニュース

12月号

食育西遊記

ビタミンACE《エース》で寒《さむ》さに負《ま》けない丈夫《じょうぶ》な体《からだ》をつくろう！

本格的《ほんかくてき》な冬《ふゆ》に入《はい》り、かぜなどが流行《りゅうこう》する季節《きせつ》です。ビタミンA《エー》、ビタミンC《シー》、ビタミンE《イー》は3つまとめて「ビタミンACE《エース》」ともよばれ、かぜの原因《げんいん》となるウイルスなどから体《からだ》を守《まも》る力《ちから》（抵抗力《ていこうりょく》）を強《つよ》めるはたらきがある栄養素《えいようそ》です。

とくに冬《ふゆ》においしい野菜《やさい》や果物《くだもの》にはこのビタミンACE《エース》がたくさん含《ふく》まれています。

冬《ふゆ》のエースは
ビタミンACE《エース》

ビタミンE《イー》

さけ
ツナ
ひまわり油《ゆ》
アーモンド
かぼちゃ

ビタミンE《イー》は血液《けつえき》の流《なが》れをよくするはたらきがあり、冷《ひ》え性《しょう》の予防《よぼう》にも役立《やくだ》ちます。体《からだ》の細胞《さいぼう》の老化《ろうか》も防《ふせ》ぎます。

ナッツ類《るい》や植物油《しょくぶつゆ》、魚《さかな》やかぼちゃなどに多《おお》く含《ふく》まれています。

ビタミンC《シー》

いちご
みかん
かき
さつまいも
はくさい
じゃがいも
大根《だいこん》
れんこん

ビタミンC《シー》は体《からだ》の中《なか》に入《はい》ってきたウイルスとたたかう力《ちから》を強《つよ》めます。また冬《ふゆ》に多《おお》い肌荒《はだあ》れ予防《よぼう》にも役立《やくだ》ちます。

野菜《やさい》や果物《くだもの》に多《おお》く含《ふく》まれています。

ビタミンA《エー》

うなぎ
レバー
にんじん
小松菜《こまつな》
干《ほ》しがき
ぎんなん
ほうれん草《そう》

ビタミンA《エー》はのどの粘膜《ねんまく》のはたらきを高《たか》め、かぜのウイルスが体《からだ》の中《なか》に入《はい》ってくるのを防《ふせ》ぎます。

緑黄色野菜《りょくおうしょくやさい》や魚《さかな》、レバーなどに多《おお》く含《ふく》まれています。

温《あたた》かいものを食《た》べて体《からだ》を温《あたた》めることも大切《たいせつ》だよ！肉《にく》や魚《さかな》、豆腐《とうふ》のたんぱく質《しつ》と野菜《やさい》がバランスよく入《はい》った鍋《なべ》料理《りょうり》はとくにおすすめ！

たらちり
ほうとう

水《みず》が冷《つめ》たく感《かん》じるけど、食《た》べる前《まえ》の手洗《てあら》い・うがいはきちんとしようね！

＊パワポスライドの食品写真はさしかえが可能です。

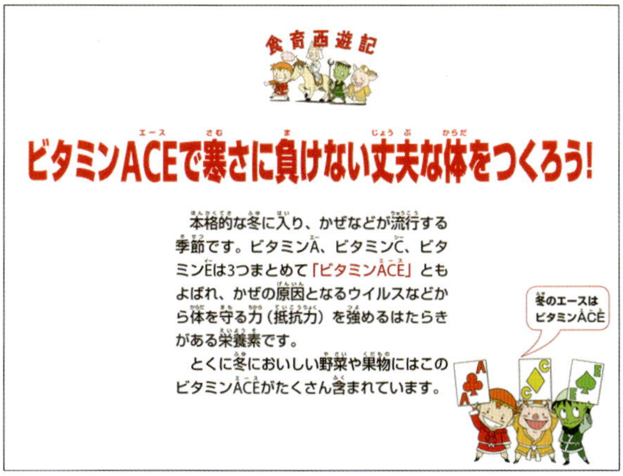
食育西遊記
ビタミンACE《エース》で寒《さむ》さに負《ま》けない丈夫《じょうぶ》な体《からだ》をつくろう！
本格的《ほんかくてき》な冬《ふゆ》に入《はい》り、かぜなどが流行《りゅうこう》する季節《きせつ》です。ビタミンA《エー》、ビタミンC《シー》、ビタミンE《イー》は3つまとめて「ビタミンACE《エース》」ともよばれ、かぜの原因《げんいん》となるウイルスなどから体《からだ》を守《まも》る力《ちから》（抵抗力《ていこうりょく》）を強《つよ》めるはたらきがある栄養素《えいようそ》です。
とくに冬《ふゆ》においしい野菜《やさい》や果物《くだもの》にはこのビタミンACE《エース》がたくさん含《ふく》まれています。
冬《ふゆ》のエースは ビタミンACE《エース》

①

ビタミンA《エー》
うなぎ
にんじん
レバー
小松菜《こまつな》
干《ほ》しがき
ぎんなん
ほうれん草《そう》
ビタミンA《エー》はのどの粘膜《ねんまく》のはたらきを高《たか》め、かぜのウイルスが体《からだ》の中《なか》に入《はい》ってくるのを防《ふせ》ぎます。
緑黄色野菜《りょくおうしょくやさい》や魚《さかな》、レバーなどに多《おお》く含《ふく》まれています。

②

ビタミンC《シー》
いちご
みかん
かき
はくさい
さつまいも
大根《だいこん》
じゃがいも
れんこん
ビタミンC《シー》は体《からだ》の中《なか》に入《はい》ってきたウイルスとたたかう力《ちから》を強《つよ》めます。また冬《ふゆ》に多《おお》い肌荒《はだあ》れ予防《よぼう》にも役立《やくだ》ちます。
野菜《やさい》や果物《くだもの》に多《おお》く含《ふく》まれています。

③

ビタミンE《イー》
さけ
ツナ
ひまわり油《ゆ》
アーモンド
かぼちゃ
ビタミンE《イー》は血液《けつえき》の流《なが》れをよくするはたらきがあり、冷《ひ》え性《しょう》の予防《よぼう》にも役立《やくだ》ちます。体《からだ》の細胞《さいぼう》の老化《ろうか》も防《ふせ》ぎます。
ナッツ類《るい》や植物油《しょくぶつゆ》、魚《さかな》やかぼちゃなどに多《おお》く含《ふく》まれています。

④

温《あたた》かいものを食《た》べて体《からだ》を温《あたた》めることも大切《たいせつ》だよ！肉《にく》や魚《さかな》、豆腐《とうふ》のたんぱく質《しつ》と野菜《やさい》がバランスよく入《はい》った鍋《なべ》料理《りょうり》はとくにおすすめ！
たらちり
ほうとう

⑤

水《みず》が冷《つめ》たく感《かん》じるけど、食《た》べる前《まえ》の手洗《てあら》い・うがいはきちんとしようね！

⑥

は写真を挿入できる空枠やさしかえが可能な写真・イラスト

食育ニュース

12月号

編集・健康教育研究会　発行所・株式会社　健学社　〒102-0071 東京都千代田区富士見1-5-8 大新京ビル　電話03（3222）0557　FAX 03（3262）2615

食育西遊記

ビタミンACE《エース》で寒《さむ》さに負《ま》けない丈夫《じょうぶ》な体《からだ》をつくろう!

本格的《ほんかくてき》な冬《ふゆ》に入《はい》り、かぜなどが流行《りゅうこう》する季節《きせつ》です。ビタミンA《エー》、ビタミンC《シー》、ビタミンE《イー》は3つまとめて「ビタミンACE《エース》」ともよばれ、かぜの原因《げんいん》となるウイルスなどから体《からだ》を守《まも》る力《ちから》（抵抗力《ていこうりょく》）を強《つよ》めるはたらきがある栄養素《えいようそ》です。

とくに冬《ふゆ》においしい野菜《やさい》や果物《くだもの》にはこのビタミンACE《エース》がたくさん含《ふく》まれています。

冬《ふゆ》のエースは
ビタミンACE《エース》

ビタミンA

うなぎ
レバー
にんじん
小松菜《こまつな》
干《ほ》しがき
ぎんなん
ほうれん草《そう》

ビタミンA《エー》はのどの粘膜《ねんまく》のはたらきを高《たか》め、かぜのウイルスが体《からだ》の中《なか》に入《はい》ってくるのを防《ふせ》ぎます。
緑黄色野菜《りょくおうしょくやさい》や魚《さかな》、レバーなどに多《おお》く含《ふく》まれています。

ビタミンC

いちご
みかん
かき
さつまいも
はくさい
大根《だいこん》
じゃがいも
れんこん

ビタミンCは体《からだ》の中《なか》に入《はい》ってきたウイルスとたたかう力《ちから》を強《つよ》めます。また冬《ふゆ》に多《おお》い肌荒《はだあ》れ予防《よぼう》にも役立《やくだ》ちます。
野菜《やさい》や果物《くだもの》に多《おお》く含《ふく》まれています。

ビタミンE

さけ
ツナ
ひまわり油《ゆ》
アーモンド
かぼちゃ

ビタミンE《イー》は血液《けつえき》の流《なが》れをよくするはたらきがあり、冷《ひ》え性《しょう》の予防《よぼう》にも役立《やくだ》ちます。体《からだ》の細胞《さいぼう》の老化《ろうか》も防《ふせ》ぎます。
ナッツ類《るい》や植物油《しょくぶつゆ》、魚《さかな》やかぼちゃなどに多《おお》く含《ふく》まれています。

温《あたた》かいものを食《た》べて体《からだ》を温《あたた》めることも大切《たいせつ》だよ！肉《にく》や魚《さかな》、豆腐《とうふ》のたんぱく質《しつ》と野菜《やさい》がバランスよく入《はい》った鍋《なべ》料理《りょうり》はとくにおすすめ！

たらちり
ほうとう

水《みず》が冷《つめ》たく感《かん》じるけど、食《た》べる前《まえ》の手洗《てあら》い・うがいはきちんとしようね！

「食育ニュース」を含めたタイトル部分は変更できます。
さしかえ部分は手洗いを勧めるイラストです。見本となる子どもたちの手洗いの様子の写真にするのも一案です。

編集・健康教育研究会　発行所・株式会社　健学社　〒102-0071 東京都千代田区富士見1-5-8 大新京ビル　電話 03 (3222) 0557　FAX 03 (3262) 2615

食育ニュース

1月号

食育西遊記

生産者《せいさんしゃ》の方《かた》たちに感謝《かんしゃ》して食《た》べよう！

1月《がつ》24～30日《にち》は全国学校給食週間《ぜんこくがっこうきゅうしょくしゅうかん》です。

私《わたし》たちが毎日《まいにち》ごはんを食《た》べることができるのは、米《こめ》や野菜《やさい》など農作物《のうさくぶつ》を作《つく》る人《ひと》や魚《さかな》を捕《と》ったり家畜《かちく》の世話《せわ》をする人《ひと》など生産者《せいさんしゃ》の方《かた》がいるからです。

学校給食《がっこうきゅうしょく》では、そうした地元《じもと》の生産者《せいさんしゃ》から届《とど》けられた新鮮《しんせん》で安全《あんぜん》な食材《しょくざい》を使《つか》い、地元《じもと》でとれたものを地元《じもと》で食《た》べる「地産地消《ちさんちしょう》」の取組《とりくみ》も行《おこな》われています。

悟空《ごくう》たちといっしょに 食《た》べ物《もの》のふるさとに行《い》ってみよう！

お米《こめ》を育《そだ》てる

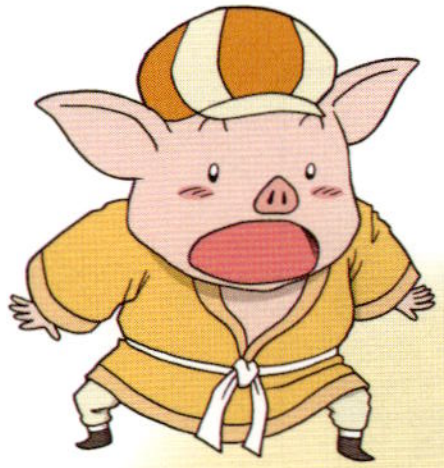

田《た》でお米《こめ》を育《そだ》てます。おいしいお米《こめ》を作《つく》るために春《はる》の田植《たう》えから秋《あき》の収穫《しゅうかく》まで、手間《てま》ひまを惜《お》しまずに稲《いね》の世話《せわ》をしています。

魚《さかな》を捕《と》り、牛《うし》や豚《ぶた》を飼《か》う

海《うみ》に出《で》て、旬《しゅん》のおいしい魚介類《ぎょかいるい》を捕《と》ってきてくれます。

遠《とお》くの海《うみ》で捕《と》れた魚《さかな》は冷凍《れいとう》されて運《はこ》ばれ、切《き》り身《み》などに加工《かこう》されます。

牧場《ぼくじょう》や畜舎《ちくしゃ》では1年中休《ねんじゅうやす》みなく動物《どうぶつ》たちの世話《せわ》をしています。

野菜《やさい》・くだものを育《そだ》てる

その風土《ふうど》に合《あ》った野菜《やさい》やくだものを手間《てま》ひまかけて、おいしく立派《りっぱ》に育《そだ》てます。

感謝《かんしゃ》の気持《きも》ちをこめて「いただきます」

食《た》べ物《もの》のもとはすべて生《い》きものです。私《わたし》たちは生《い》きものの命《いのち》をいただいて生《い》きているのです。食《た》べ物《もの》を粗末《そまつ》にすることは、その命《いのち》を粗末《そまつ》にすることになります。食《た》べ物《もの》を大切《たいせつ》にしましょうね。

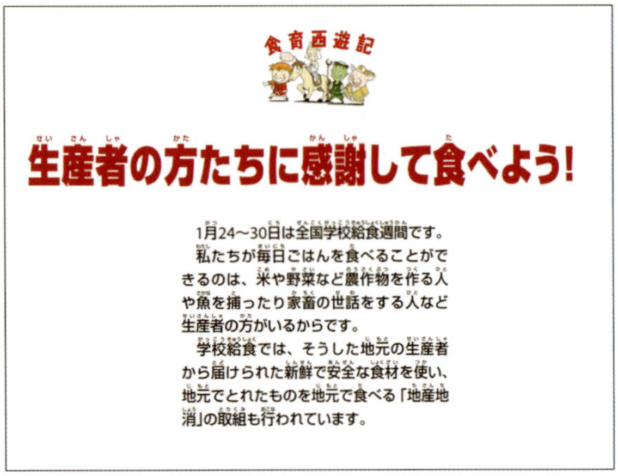
食育西遊記
生《せい》産《さん》者《しゃ》の方《かた》たちに感《かん》謝《しゃ》して食《た》べよう!
1月《がつ》24～30日《にち》は全国学校給食週間《ぜんこくがっこうきゅうしょくしゅうかん》です。
私《わたし》たちが毎日《まいにち》ごはんを食《た》べることができるのは、米《こめ》や野菜《やさい》など農作物《のうさくぶつ》を作《つく》る人《ひと》や魚《さかな》を捕《と》ったり家畜《かちく》の世話《せわ》をする人《ひと》など生産者《せいさんしゃ》の方《かた》がいるからです。
学校給食《がっこうきゅうしょく》では、そうした地元《じもと》の生産者《せいさんしゃ》から届《とど》けられた新鮮《しんせん》で安全《あんぜん》な食材《しょくざい》を使《つか》い、地元《じもと》でとれたものを地元《じもと》で食《た》べる「地産地《ちさんち》消《しょう》」の取組《とりくみ》も行《おこな》われています。

①

悟空《ごくう》たちといっしょに
食《た》べ物《もの》のふるさとに行《い》ってみよう！

②

お米《こめ》を育《そだ》てる
田《た》でお米《こめ》を育《そだ》てます。おいしいお米《こめ》を作《つく》るために春《はる》の田植《たう》えから秋《あき》の収《しゅう》穫《かく》まで、手間《てま》ひまを惜《お》しまずに稲《いね》の世話《せわ》をしています。

③

魚《さかな》を捕《と》り、
牛《うし》や豚《ぶた》を飼《か》う
海《うみ》に出《で》て、旬《しゅん》のおいしい魚介類《ぎょかいるい》を捕《と》ってきてくれます。
遠《とお》くの海《うみ》で捕《と》れた魚《さかな》は冷凍《れいとう》されて運《はこ》ばれ、切《き》り身《み》などに加工《かこう》されます。
牧場《ぼくじょう》や畜舎《ちくしゃ》では1年中《ねんじゅう》休《やす》みなく動物《どうぶつ》たちの世話《せわ》をしています。

④

野菜《やさい》・くだものを
育《そだ》てる
その風土《ふうど》に合《あ》った野菜《やさい》やくだものを手間《てま》ひまかけて、おいしく立派《りっぱ》に育《そだ》てます。

⑤

感謝《かんしゃ》の気持《きも》ちをこめて「いただきます」
食《た》べ物《もの》のもとはすべて生《い》きものです。私《わたし》たちは生《い》きものの命《いのち》をいただいて生《い》きているのです。食《た》べ物《もの》を粗末《そまつ》にすることは、その命《いのち》を粗末《そまつ》にすることになります。食《た》べ物《もの》を大切《たいせつ》にしましょうね。

⑥

〇は写真を挿入できる空枠やさしかえが可能な写真・イラスト

食育ニュース

1月号

食育西遊記

編集・健康教育研究会　発行所・株式会社　健学社　〒102-0071 東京都千代田区富士見1-5-8 大新京ビル　電話 03 (3222) 0557　FAX 03 (3262) 2615

生産者《せいさんしゃ》の方《かた》たちに感謝《かんしゃ》して食《た》べよう！

1月《がつ》24～30日《にち》は全国学校給食週間《ぜんこくがっこうきゅうしょくしゅうかん》です。

私《わたし》たちが毎日《まいにち》ごはんを食《た》べることができるのは、米《こめ》や野菜《やさい》など農作物《のうさくぶつ》を作《つく》る人《ひと》や魚《さかな》を捕《と》ったり家畜《かちく》の世話《せわ》をする人《ひと》など生産者《せいさんしゃ》の方《かた》がいるからです。

学校給食《がっこうきゅうしょく》では、そうした地元《じもと》の生産者《せいさんしゃ》から届《とど》けられた新鮮《しんせん》で安全《あんぜん》な食材《しょくざい》を使《つか》い、地元《じもと》でとれたものを地元《じもと》で食《た》べる「地産地消《ちさんちしょう》」の取組《とりくみ》も行《おこな》われています。

悟空《ごくう》たちといっしょに食《た》べ物《もの》のふるさとに行《い》ってみよう！

お米《こめ》を育《そだ》てる

田《た》でお米《こめ》を育《そだ》てます。おいしいお米《こめ》を作《つく》るために春《はる》の田植《たう》えから秋《あき》の収穫《しゅうかく》まで、手間《てま》ひまを惜《お》しまずに稲《いね》の世話《せわ》をしています。

魚《さかな》を捕《と》り、牛《うし》や豚《ぶた》を飼《か》う

海《うみ》に出《で》て、旬《しゅん》のおいしい魚介類《ぎょかいるい》を捕《と》ってきてくれます。

遠《とお》くの海《うみ》で捕《と》れた魚《さかな》は冷凍《れいとう》されて運《はこ》ばれ、切《き》り身《み》などに加工《かこう》されます。

牧場《ぼくじょう》や畜舎《ちくしゃ》では1年中《ねんじゅう》休《やす》みなく動物《どうぶつ》たちの世話《せわ》をしています。

野菜《やさい》・くだものを育《そだ》てる

その風土《ふうど》に合《あ》った野菜《やさい》やくだものを手間《てま》ひまかけて、おいしく立派《りっぱ》に育《そだ》てます。

感謝《かんしゃ》の気持《きも》ちをこめて「いただきます」

食《た》べ物《もの》のもとはすべて生《い》きものです。私《わたし》たちは生《い》きものの命《いのち》をいただいて生《い》きているのです。食《た》べ物《もの》を粗末《そまつ》にすることは、その命《いのち》を粗末《そまつ》にすることになります。食《た》べ物《もの》を大切《たいせつ》にしましょうね。

「食育ニュース」を含めたタイトル部分は変更できます。
さしかえ部分は三蔵法師のイラストです。先生に登場していただくのも一案です。

編集・健康教育研究会　発行所・株式会社　健学社　〒102-0071 東京都千代田区富士見1-5-8 大新京ビル　電話 03 (3222) 0557　FAX 03 (3262) 2615

食育ニュース

2月号

食育西遊記

小《ちい》さな体《からだ》に大《おお》きな力《ちから》、日本人《にほんじん》の知恵《ちえ》で大活躍《だいかつやく》!

「鬼《おに》は外《そと》、福《ふく》は内《うち》」。節分《せつぶん》にはいった大豆《だいず》をまきますね。この大豆《だいず》、見《み》た目《め》は小《ちい》さな豆《まめ》ですが、その中《なか》には『畑《はたけ》の肉《にく》』ともよばれるほどのたんぱく質《しつ》、そして脂質《ししつ》やカルシウム、ビタミン類《るい》、食物《しょくもつ》せんいなど、たくさんの栄養《えいよう》がぎっしり詰《つ》まっています。

昔《むかし》から日本《にほん》ではこの大豆《だいず》を利用《りよう》して、さまざまな大豆製品《だいずせいひん》をつくり、食生活《しょくせいかつ》を豊《ゆた》かにしてきました。

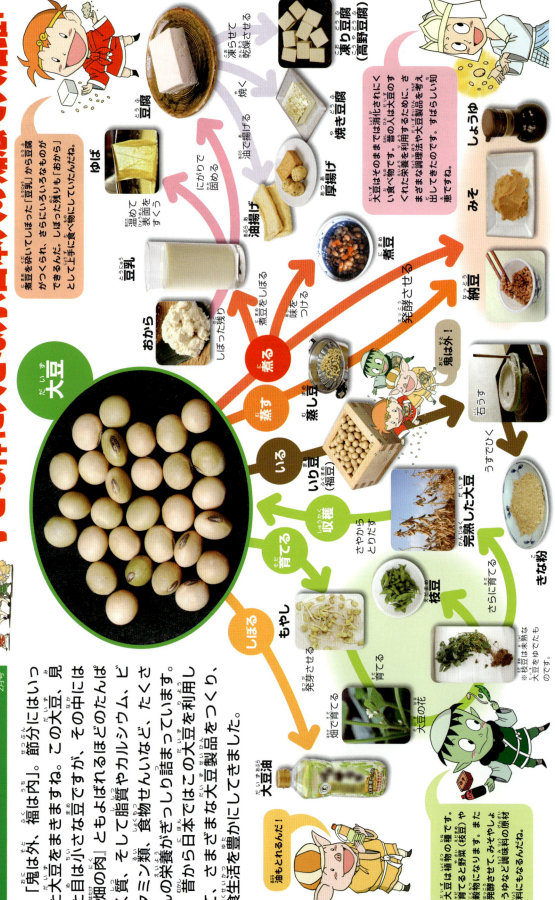

パワポ「プレゼン資料」

＊パワポスライドの子どもたちの写真には画像処理をかけています。さしかえが可能です。

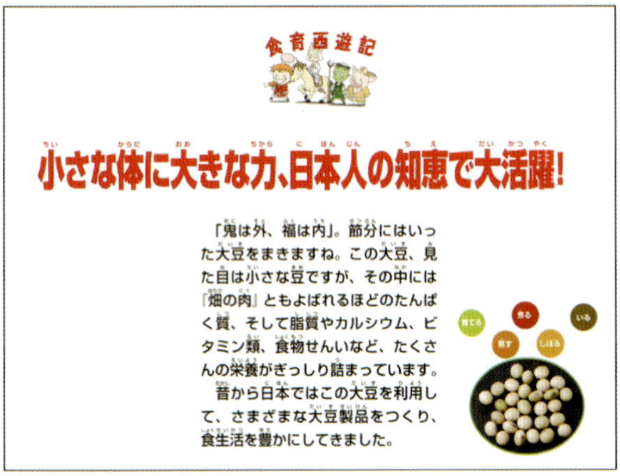
食育西遊記
小《ちい》さな体《からだ》に大《おお》きな力《ちから》、日本人《にほんじん》の知恵《ちえ》で大活躍《だいかつやく》！
「鬼《おに》は外《そと》、福《ふく》は内《うち》」。節分《せつぶん》にはいった大豆《だいず》をまきますね。この大豆《だいず》、見《み》た目《め》は小《ちい》さな豆《まめ》ですが、その中《なか》には『畑《はたけ》の肉《にく》』ともよばれるほどのたんぱく質《しつ》、そして脂質《ししつ》やカルシウム、ビタミン類《るい》、食物《しょくもつ》せんいなど、たくさんの栄養《えいよう》がぎっしり詰《つ》まっています。
昔《むかし》から日本《にほん》ではこの大豆《だいず》を利用《りよう》して、さまざまな大豆製品《だいずせいひん》をつくり、食生活《しょくせいかつ》を豊《ゆた》かにしてきました。

①

育《そだ》てる
蒸《む》す
煮《に》る
しぼる
いる

②

大豆《だいず》は植物《しょくぶつ》の種《たね》です。育《そだ》てると野菜《やさい》（枝豆《えだまめ》）や穀物《こくもつ》になります。また発酵《はっこう》させて、みそやしょうゆなど調味料《ちょうみりょう》の原材料《げんざいりょう》にもなるんだね。
大豆《だいず》
もやし
発芽《はつが》させる
育《そだ》てる
畑《はたけ》で育《そだ》てる
育《そだ》てる
収穫
さやから
とりだす
大豆《だいず》の花《はな》
枝豆《えだまめ》
※枝豆《えだまめ》は未熟《みじゅく》な大豆《だいず》をゆでたものです。
さらに育《そだ》てる
完熟《かんじゅく》した大豆《だいず》

③

大豆《だいず》
大豆《だいず》は植物《しょくぶつ》の種《たね》です。育《そだ》てると野菜《やさい》（枝豆《えだまめ》）や穀物《こくもつ》になります。また発酵《はっこう》させて、みそやしょうゆなど調味料《ちょうみりょう》の原材料《げんざいりょう》にもなるんだね。
煮《に》る
味《あじ》を
つける
蒸《む》す
発酵《はっこう》させる
煮豆《にまめ》
蒸《む》し豆《まめ》
納豆《なっとう》
みそ
しょうゆ

④

煮豆《にまめ》を砕《くだ》いてしぼった「豆乳《とうにゅう》」から豆腐《とうふ》がつくられ、さらにいろいろなものができるんだ。しぼった残《のこ》りも「おから」として上手《じょうず》に食《た》べ物《もの》にしていたんだね。
大豆《だいず》
ゆば
温《あたた》めて
表面《ひょうめん》を
すくう
豆乳《とうにゅう》
豆腐《とうふ》
おから
しぼった残《のこ》り
にがりで
固《かた》める
油《あぶら》で揚《あ》げる
焼《や》く
凍《こお》らせて
乾燥《かんそう》させる
煮豆《にまめ》をしぼる
煮《に》る
油揚《あぶらあ》げ
厚揚《あつあ》げ
焼《や》き豆腐《どうふ》
凍《こお》り豆腐《どうふ》
（高野豆腐《こうやどうふ》）

⑤

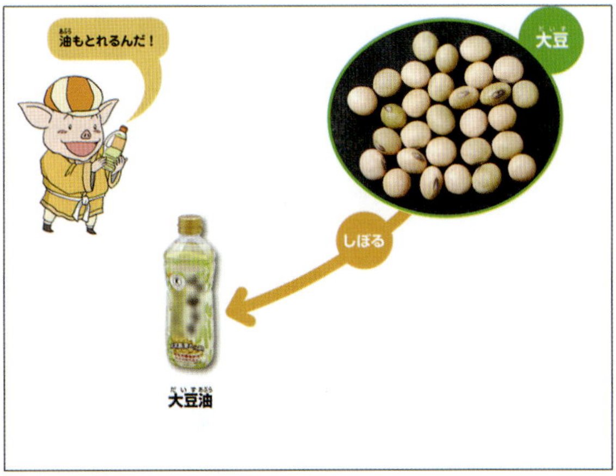
油《あぶら》もとれるんだ！
大豆《だいず》
しぼる
大豆油《だいずあぶら》

⑥

大豆《だいず》
いる
いり豆《まめ》
（福豆《ふくまめ》）
鬼《おに》は外《そと》！
石《いし》うす
うすでひく
きな粉

⑦

大豆《だいず》はそのままでは消化《しょうか》されにくい食《た》べ物《もの》です。昔《むかし》の人《ひと》は大豆《だいず》のすぐれた栄養《えいよう》を利用《りよう》するために、さまざまな調理法《ちょうりほう》や大豆製品《だいずせいひん》を考《かんが》え出《だ》してきたのです。すばらしい知《ち》恵《え》ですね。

⑧

小《ちい》さな体《からだ》に大《おお》きな力《ちから》、日本人《にほんじん》の知恵《ちえ》で大活躍《だいかつやく》!

⑨

パワポ「なりきり壁新聞」

◯は写真を挿入できる空枠やさしかえが可能な写真・イラスト

食育ニュース
2月号
食育西遊記
小《ちい》さな体《からだ》に大《おお》きな力《ちから》、日本人《にほんじん》の知恵《ちえ》で大活躍《だいかつやく》!
「鬼は外、福は内」。節分にはいった大豆をまきますね。この大豆、見た目は小さな豆ですが、その中には『畑の肉』ともよばれるほどのたんぱく質、そして脂質やカルシウム、ビタミン類、食物せんいなど、たくさんの栄養がぎっしり詰まっています。
昔から日本ではこの大豆を利用して、さまざまな大豆製品をつくり、食生活を豊かにしてきました。
大豆
大豆を挽いてしぼった「豆乳」から豆腐がつくられ、さらにいろいろなものができるんだ。しぼった残りも「おから」として上手に食べ物にしていたんだね。
しぼる
育てる
いる
蒸す
煮る
油もとれるんだ！
大豆油
もやし
発芽させる
畑で育てる
育てる
大豆の花
収穫
さやから とりだす
枝豆
完熟した大豆
さらに育てる
大豆は植物の種です。育てると野菜（枝豆）や穀物になります。また発酵させて、みそやしょうゆなど調味料の原材料にもなるんだね。
いり豆（福豆）
蒸し豆
鬼は外！
石うす
うすでひく
きな粉
おから
しぼった残り
豆乳
温めて表面をすくう
ゆば
豆腐
にがりで固める
大豆をしぼる
油で揚げる
焼く
凍らせて乾燥させる
油揚げ
厚揚げ
焼き豆腐
凍り豆腐（高野豆腐）
煮豆
発酵させる
大豆はそのままでは消化されにくい食べ物です。昔の人は大豆のすぐれた栄養を利用するために、さまざまな調理法や大豆製品を考え出してきたのです。すばらしい知恵ですね。
納豆
みそ
しょうゆ

「食育ニュース」を含めたタイトル部分は変更できます。
さしかえ部分は三蔵法師のイラストです。栄養教諭や栄養士の先生が登場されるのも一案です。

編集・健康教育研究会　発行所・株式会社　健学社　〒102-0071 東京都千代田区富士見1-5-8 大新京ビル　電話03 (3222) 0557　FAX 03 (3262) 2615

食育ニュース

3月号

食育西遊記

バイキング給食《きゅうしょく》は、主食《しゅしょく》・主菜《しゅさい》・副菜《ふくさい》を考《かんが》えて！

バイキング給食《きゅうしょく》では、いろいろな料理《りょうり》が並《なら》べられ、自由《じゆう》に自分《じぶん》で選《えら》んで食《た》べることができます。

料理《りょうり》を選《えら》ぶときには、ただ好《す》きなものだけを選《えら》ぶのではなく、「主食《しゅしょく》・主菜《しゅさい》・副菜《ふくさい》」をそろえるようにすると、栄養《えいよう》バランスがとりやすくなります。1年間《ねんかん》みんなと食育《しょくいく》を学《まな》んだ悟空《ごくう》たちが、今日《きょう》はウエイターです。さあ、みなさんはどんな料理《りょうり》を選《えら》びますか。

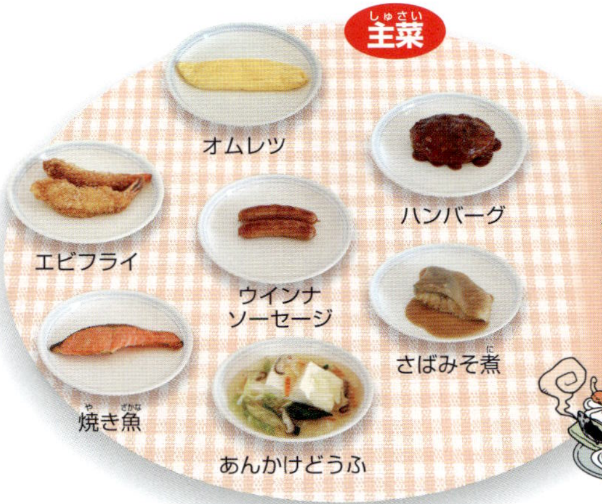
主菜《しゅさい》
オムレツ
ハンバーグ
エビフライ
ウインナソーセージ
さばみそ煮
焼き魚
あんかけどうふ

「主菜《しゅさい》」は中心《ちゅうしん》となるおかず。肉《にく》や魚《さかな》、豆《まめ》、卵《たまご》をおもに使《つか》った料理《りょうり》だよ。体《からだ》をつくるもとになるんだね！

ゼリー
くだもの
(デザート)
みかん
りんご
牛乳
牛乳《ぎゅうにゅう》
フルーツヨーグルト
(乳製品《にゅうせいひん》)

くだものにはかぜ予防《よぼう》のビタミンC《シー》がいっぱい。牛乳《ぎゅうにゅう》には骨《ほね》や歯《は》を丈夫《じょうぶ》にするカルシウムがたっぷりふくまれているよ。甘《あま》いデザートは食後《しょくご》の楽《たの》しみ程《てい》度《ど》にして食《た》べすぎないようにね。

主食《しゅしょく》
スパゲティ
パン
ごはん

「主食《しゅしょく》」はご飯《はん》やパンなど。もりもりパワーのもとになるよ。おかずだけでなくしっかり食《た》べよう！

副菜《ふくさい》
野菜《やさい》の煮物《にもの》
きんぴら
おひたし
アスパラガスのソテー
野菜《やさい》のてんぷら
ゆでブロッコリー
副菜《ふくさい》
(汁《しる》もの)
野菜《やさい》スープ
コーンスープ
みそ汁《しる》

「副菜《ふくさい》」は野菜《やさい》などを多《おお》く使《つか》ったおかずで、主菜《しゅさい》を補《おぎな》ってくれる名《めい》わき役《やく》。色《いろ》どりもきれいだね。体《からだ》の調子《ちょうし》を整《ととの》えてくれるよ。また汁物《しるもの》は体《からだ》を温《あたた》め、具《ぐ》だくさんにすると栄養《えいよう》もたっぷりになるよ！

主食《しゅしょく》・主菜《しゅさい》・副菜《ふくさい》はそろったかな？

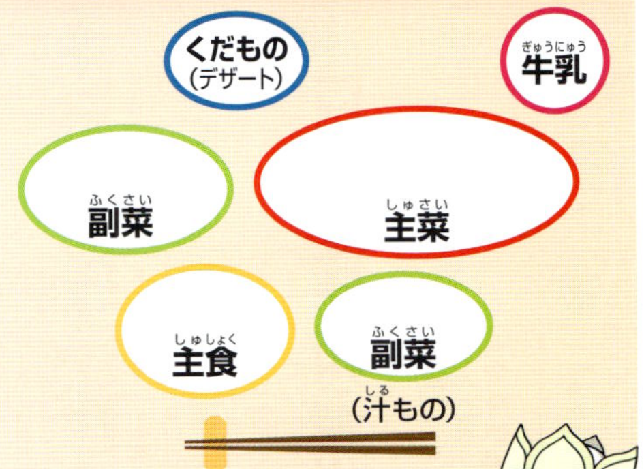
くだもの
(デザート)
牛乳《ぎゅうにゅう》
副菜《ふくさい》
主菜《しゅさい》
主食《しゅしょく》
副菜《ふくさい》
(汁《しる》もの)

「主食《しゅしょく》」「主菜《しゅさい》」「副菜《ふくさい》」などをそろえると栄養《えいよう》バランスがよくなります。色《いろ》どりにも気《き》をつけてきれいに盛《も》りつけましょう。また自分《じぶん》が食《た》べられる量《りょう》だけとることも大切《たいせつ》です。

食事《しょくじ》のマナーにも気《き》をつけて、みんなで楽《たの》しく食《た》べましょう！

＊パワポスライドの料理写真はさしかえが可能です。

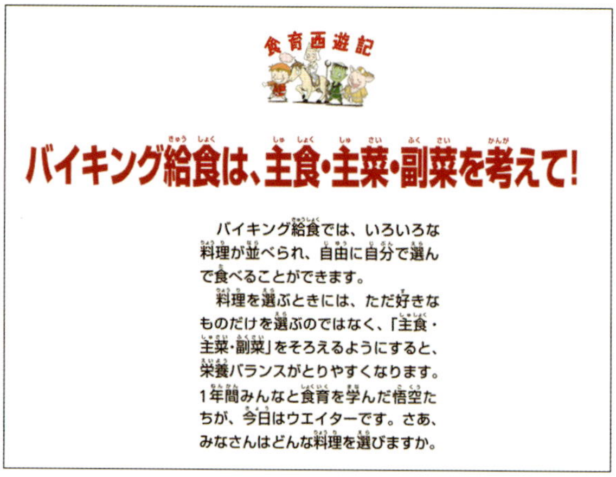
食育西遊記
バイキング給食《きゅうしょく》は、主食《しゅしょく》・主菜《しゅさい》・副菜《ふくさい》を考《かんが》えて！
バイキング給食《きゅうしょく》では、いろいろな料理《りょうり》が並《なら》べられ、自由《じゆう》に自分《じぶん》で選《えら》んで食《た》べることができます。
料理《りょうり》を選《えら》ぶときには、ただ好《す》きなものだけを選《えら》ぶのではなく、「主食《しゅしょく》・主菜《しゅさい》・副菜《ふくさい》」をそろえるようにすると、栄養《えいよう》バランスがとりやすくなります。1年間《ねんかん》みんなと食育《しょくいく》を学《まな》んだ悟空《ごくう》たちが、今日《きょう》はウエイターです。さあ、みなさんはどんな料理《りょうり》を選《えら》びますか。

①

主食《しゅしょく》
スパゲティ
パン
ごはん
「主食《しゅしょく》」はご飯《はん》やパンなど。もりもりパワーのもとになるよ。おかずだけでなくしっかり食《た》べよう！

②

主菜《しゅさい》
オムレツ
エビフライ
ハンバーグ
ウインナソーセージ
焼《や》き魚《ざかな》
さばみそ煮《に》
あんかけどうふ
「主菜《しゅさい》」は中心《ちゅうしん》となるおかず。肉《にく》や魚《さかな》、豆《まめ》、卵《たまご》をおもに使《つか》った料理《りょうり》だよ。体《からだ》をつくるもとになるんだね！

③

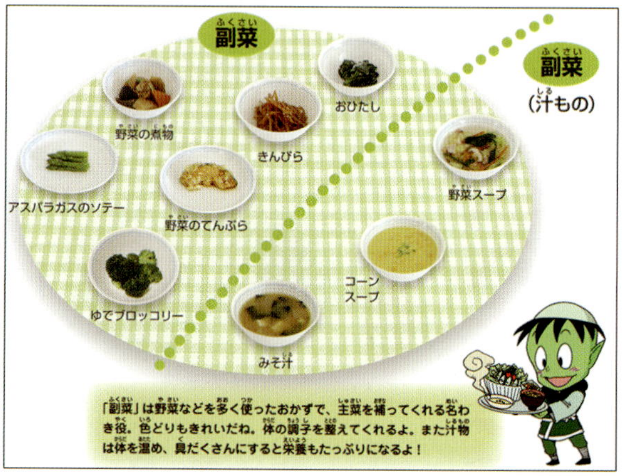
副菜《ふくさい》
野菜《やさい》の煮物《にもの》
きんぴら
おひたし
アスパラガスのソテー
野菜《やさい》のてんぷら
ゆでブロッコリー
副菜《ふくさい》
(汁《しる》もの)
野菜《やさい》スープ
コーンスープ
みそ汁《しる》
「副菜《ふくさい》」は野菜《やさい》などを多《おお》く使《つか》ったおかずで、主菜《しゅさい》を補《おぎな》ってくれる名《めい》わき役《やく》。色《いろ》どりもきれいだね。体《からだ》の調子《ちょうし》を整《ととの》えてくれるよ。また汁物《しるもの》は体《からだ》を温《あたた》め、具《ぐ》だくさんにすると栄養《えいよう》もたっぷりになるよ！

④

くだもの
(デザート)
ゼリー
みかん
りんご
牛乳《ぎゅうにゅう》
フルーツヨーグルト
牛乳《ぎゅうにゅう》
(乳製品《にゅうせいひん》)
くだものにはかぜ予防《よぼう》のビタミンC《シー》がいっぱい。牛乳《ぎゅうにゅう》には骨《ほね》や歯《は》を丈夫《じょうぶ》にするカルシウムがたっぷりふくまれているよ。甘《あま》いデザートは食後《しょくご》の楽《たの》しみ程《てい》度《ど》にして食《た》べすぎないようにね。

⑤

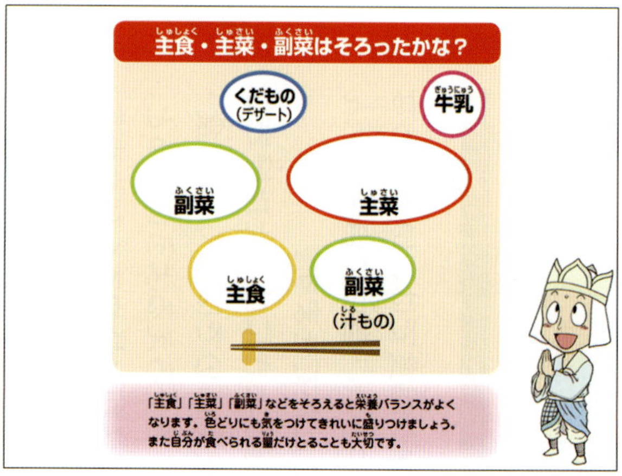
主食《しゅしょく》・主菜《しゅさい》・副菜《ふくさい》はそろったかな？
くだもの
(デザート)
牛乳《ぎゅうにゅう》
副菜《ふくさい》
主菜《しゅさい》
主食《しゅしょく》
副菜《ふくさい》
(汁《しる》もの)
「主食《しゅしょく》」「主菜《しゅさい》」「副菜《ふくさい》」などをそろえると栄養《えいよう》バランスがよくなります。色《いろ》どりにも気《き》をつけてきれいに盛《も》りつけましょう。また自分《じぶん》が食《た》べられる量《りょう》だけとることも大切《たいせつ》です。

⑥

食事《しょくじ》のマナーにも気《き》をつけて、
みんなで楽《たの》しく食《た》べましょう！

⑦

パワポ「なりきり壁新聞」

◯は写真を挿入できる空枠やさしかえが可能な写真・イラスト

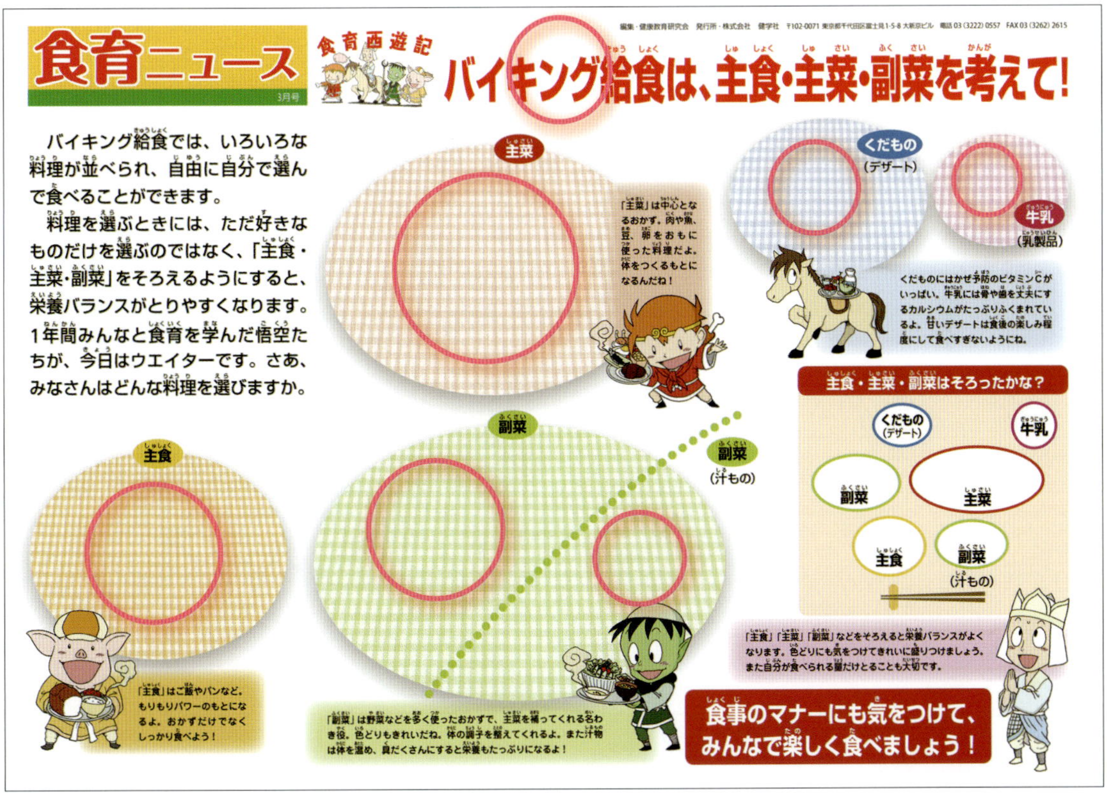

編集・健康教育研究会　発行所・株式会社　健学社　〒102-0071 東京都千代田区富士見1-5-8 大新京ビル　電話 03 (3222) 0557　FAX 03 (3262) 2615
食育ニュース
3月号
食育西遊記
バイキング給食《きゅうしょく》は、主食《しゅしょく》・主菜《しゅさい》・副菜《ふくさい》を考《かんが》えて！
バイキング給食《きゅうしょく》では、いろいろな料理《りょうり》が並《なら》べられ、自由《じゆう》に自分《じぶん》で選《えら》んで食《た》べることができます。
料理《りょうり》を選《えら》ぶときには、ただ好《す》きなものだけを選《えら》ぶのではなく、「主食《しゅしょく》・主菜《しゅさい》・副菜《ふくさい》」をそろえるようにすると、栄養《えいよう》バランスがとりやすくなります。1年間《ねんかん》みんなと食育《しょくいく》を学《まな》んだ悟空《ごくう》たちが、今日《きょう》はウエイターです。さあ、みなさんはどんな料理《りょうり》を選《えら》びますか。
主菜《しゅさい》
「主菜《しゅさい》」は中心《ちゅうしん》となるおかず。肉《にく》や魚《さかな》、豆《まめ》、卵《たまご》をおもに使《つか》った料理《りょうり》だよ。体《からだ》をつくるもとになるんだね！
くだもの
(デザート)
牛乳《ぎゅうにゅう》
(乳製品《にゅうせいひん》)
くだものにはかぜ予防《よぼう》のビタミンC《しー》がいっぱい。牛乳《ぎゅうにゅう》には骨《ほね》や歯《は》を丈夫《じょうぶ》にするカルシウムがたっぷりふくまれているよ。甘《あま》いデザートは食後《しょくご》の楽《たの》しみ程《てい》度《ど》にして食《た》べすぎないようにね。
主食《しゅしょく》・主菜《しゅさい》・副菜《ふくさい》はそろったかな？
くだもの
(デザート)
牛乳《ぎゅうにゅう》
副菜《ふくさい》
主菜《しゅさい》
主食《しゅしょく》
副菜《ふくさい》
(汁《しる》もの)
主食《しゅしょく》
副菜《ふくさい》
副菜《ふくさい》
(汁《しる》もの)
「主食《しゅしょく》」はご飯《はん》やパンなど。もりもりパワーのもとになるよ。おかずだけでなくしっかり食《た》べよう！
「副菜《ふくさい》」は野菜《やさい》などを多《おお》く使《つか》ったおかずで、主菜《しゅさい》を補《おぎな》ってくれる名《めい》わき役《やく》。色《いろ》どりもきれいだね。体《からだ》の調子《ちょうし》を整《ととの》えてくれるよ。また汁物《しるもの》は体《からだ》を温《あたた》め、具《ぐ》だくさんにすると栄養《えいよう》もたっぷりになるよ！
「主食《しゅしょく》」「主菜《しゅさい》」「副菜《ふくさい》」などをそろえると栄養《えいよう》バランスがよくなります。色《いろ》どりにも気《き》をつけてきれいに盛《も》りつけましょう。また自分《じぶん》が食《た》べられる量《りょう》だけとることも大切《たいせつ》です。
食事《しょくじ》のマナーにも気《き》をつけて、
みんなで楽《たの》しく食《た》べましょう！

「食育ニュース」を含めたタイトル部分は変更できます。
各学校で計画されているパイキング給食の実施メニュー写真をそれぞれのテーブルに載せて紹介するのも一案です。

スーパー資料ブック

食育水戸黄門

“和”のテイスト満載の食育

国民的人気を博したお茶の間時代劇の登場人物たちをあしらった食育教材です。「ご老公さま（黄門さま）」と「八兵衛」は頭や体をはたらかせるための「おもに体のエネルギーのもとになる（黄）」の食べ物、がっしりした体躯の「格さん」と健康的でキュートな「お銀」は「おもに体をつくるもとになる（赤）」の食べ物、そしてスマートな切れ者の「助さん」と「弥七」は「おもに体の調子を整える（緑）」の食べ物といった具合に、その衣装やたたずまいにも隠れた食育メッセージが託されています。

たとえば文物に通じ、一行の旅の中心でもある「ご老公さま」は食事の中心「主食」も担うキャラクターですが、ちょっと油断して、「おやつ」で甘い物をとりすぎてしまうと「“うっかり”八兵衛」になってしまうかも…といった具合に、キャラクターを生かしながら、いろいろなメッセージが伝えられます。途中「食事バランスガイド」にもふれ、最後は誰もが口ずさめる歌にまとめて１年間の食の学びの総まとめをします。

編集・健康教育研究会　発行所・株式会社　健学社　〒102-0071 東京都千代田区富士見1-5-8 大新京ビル　電話 03 (3222) 0557　FAX 03 (3262) 2615

食育ニュース

4月号

食育水戸黄門

準備《じゅんび》をしっかりして、楽《たの》しく食《た》べよう!

　楽《たの》しい給食《きゅうしょく》がはじまります。今年《ことし》は食育《しょくいく》のことなら何《なん》でもござれの水戸《みと》のご老公《ろうこう》さまといっしょに楽《たの》しく学《まな》んでいきましょう。

　「物事《ものごと》は始《はじ》めが肝心《かんじん》」とよくいいます。給食《きゅうしょく》も同《おな》じです。みんながおいしい給食《きゅうしょく》を楽《たの》しく食《た》べるためには、まずそのための準備《じゅんび》が大切《たいせつ》です。給食当番《きゅうしょくとうばん》の人《ひと》、当番以外《とうばんいがい》の人《ひと》も全員《ぜんいん》で協力《きょうりょく》してしっかり給食《きゅうしょく》の準備《じゅんび》をしましょう。

給食当番《きゅうしょくとうばん》の人《ひと》は

手《て》をきれいに洗《あら》います

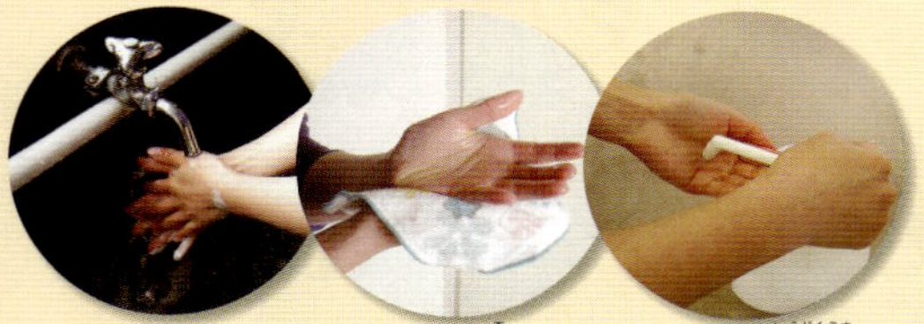

トイレをすませて、せっけんで手をきれいに洗《あら》います。白衣《はくい》を着《き》てからトイレに入《はい》ってはいけません。

アルコール消毒液《しょうどくえき》は仕上《しあ》げに使《つか》いましょう。

白衣《はくい》に着替《きが》えます

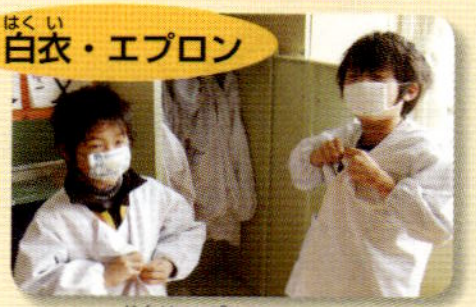

白衣《はくい》・エプロン

きれいな白衣《はくい》を身《み》につけましょう。

マスク

鼻《はな》と口《くち》をしっかりおおいましょう。

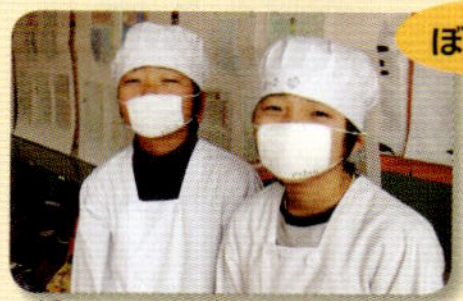

ぼうし

髪《かみ》をぼうしの中《なか》に入《い》れましょう。

長《なが》い髪《かみ》はまとめておきましょう。

きれいなハンカチ

格《かく》さん

給食当番用《きゅうしょくとうばんよう》にもう1枚《まい》用意《ようい》するといいぞ！

さあ仕事《しごと》だ！

サンプルケースで盛《も》りつけ方《かた》や1人分《ひとりぶん》の量《りょう》を確認《かくにん》します。

助《すけ》さん

当番《とうばん》の人《ひと》は、衛生《えいせい》に気《き》をつけることが大切《たいせつ》だ！

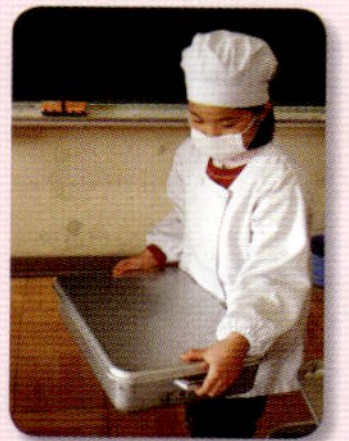

食器《しょっき》や食缶《しょっかん》はていねいに運《はこ》びます。重《おも》いものは2人で持《も》ちましょう。途中《とちゅう》で床《ゆか》に置《お》いたりしてはいけません。

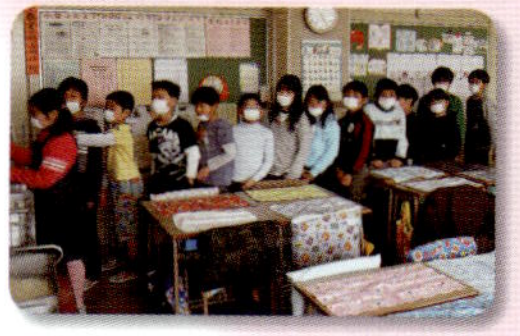

列《れつ》を作《つく》って並《なら》びます。席《せき》に戻《もど》ったら静《しず》かに待《ま》ちましょう。

こぼさないように丁寧《ていねい》に盛《も》りつけます。

ご老公《ろうこう》さま

感謝《かんしゃ》の気持《きも》ちを込《こ》めて元気《げんき》にあいさつしよう。さあ、楽《たの》しい給食《きゅうしょく》のはじまりじゃ！

いただきます！

当番以外《とうばんいがい》の人《ひと》は

気持《きも》ちよく食《た》べるための教室《きょうしつ》の環境《かんきょう》づくり

空気《くうき》の入《い》れ換《か》えをします。

机《つくえ》の上《うえ》を片《かた》づけます。

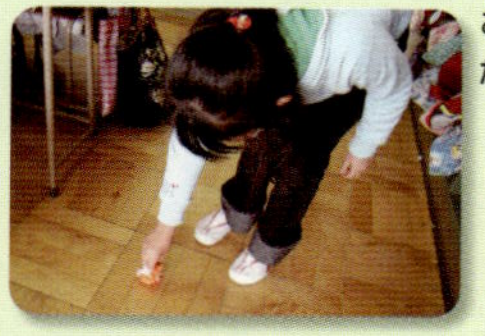

ごみを見《み》つけたら拾《ひろ》います。

トイレをすませ、せっけんで手《て》をきれいに洗《あら》います。

八兵衛《はちべえ》

当番以外《とうばんいがい》の人《ひと》の協力《きょうりょく》も欠《か》かせないよ！

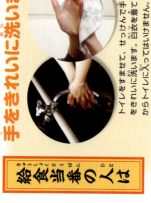

＊パワポスライドの子どもたちの写真には画像処理をかけています。さしかえが可能です。

食育漫遊記

準備《じゅんび》をしっかりして、楽《たの》しく食《た》べよう!

楽《たの》しい給食《きゅうしょく》がはじまります。今年《ことし》は食育《しょくいく》のことなら何《なん》でもござれの水戸《みと》のご老公《ろうこう》さまといっしょに楽《たの》しく学《まな》んでいきましょう。

「物事《ものごと》は始《はじ》めが肝心《かんじん》」とよくいいます。給食《きゅうしょく》も同《おな》じです。みんながおいしい給食《きゅうしょく》を楽《たの》しく食《た》べるためには、まずそのための準備《じゅんび》が大切《たいせつ》です。給食当番《きゅうしょくとうばん》の人《ひと》、当番以外《とうばんいがい》の人《ひと》も全員《ぜんいん》で協力《きょうりょく》してしっかり給食《きゅうしょく》の準備《じゅんび》をしましょう。

①

当番《とうばん》以外《いがい》の人《ひと》は

気持《きも》ちよく食《た》べるための教室《きょうしつ》の環境《かんきょう》づくり

空気《くうき》の入《い》れ換《か》えをします。

机《つくえ》の上《うえ》を片《かた》づけます。

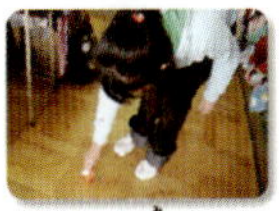

ごみを見《み》つけたら拾《ひろ》います。

トイレをすませ、せっけんで手《て》をきれいに洗《あら》います。

当番以外《とうばんいがい》の人《ひと》の協力《きょうりょく》も欠《か》かせないよ！
八兵衛

②

給食当番《きゅうしょくとうばん》の人《ひと》は

手《て》をきれいに洗《あら》います

トイレをすませて、せっけんで手《て》をきれいに洗《あら》います。白衣《はくい》を着《き》てからトイレに入《はい》ってはいけません。

アルコール消毒液《しょうどくえき》は仕上《しあ》げに使《つか》いましょう。

③

給食当番《きゅうしょくとうばん》の人《ひと》は

白衣《はくい》に着替《きが》えます

白衣《はくい》・エプロン

きれいな白衣《はくい》を身《み》につけましょう。

マスク

鼻《はな》と口《くち》をしっかりおおいましょう。

④

給食当番《きゅうしょくとうばん》の人《ひと》は

白衣《はくい》に着替《きが》えます

ぼうし

髪《かみ》をぼうしの中《なか》に入《い》れましょう。

長《なが》い髪《かみ》はまとめておきましょう。

きれいなハンカチ

給食当番用にもう1枚《まい》用意《ようい》するといいぞ！
格《かく》さん

⑤

さあ仕事《しごと》だ！

⑥

給食当番《きゅうしょくとうばん》の人《ひと》は
サンプルケースで盛《も》りつけ方《かた》や1人分《ひとりぶん》の量《りょう》を確認《かくにん》します。
食器《しょっき》や食缶《しょっかん》はていねいに運《はこ》びます。重《おも》いものは2人で持《も》ちましょう。途中《とちゅう》で床《ゆか》に置《お》いたりしてはいけません。

⑦

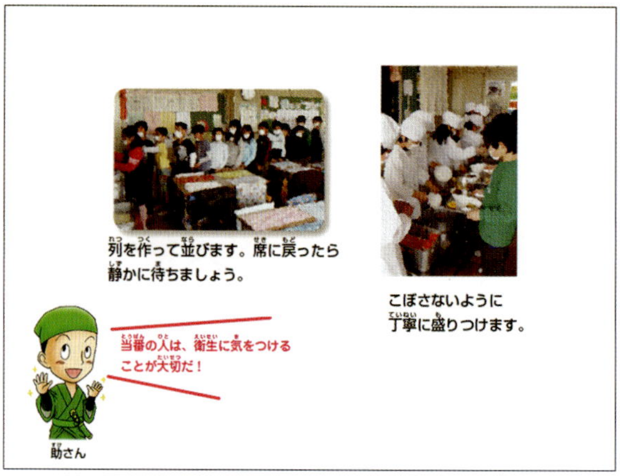

列《れつ》を作《つく》って並《なら》びます。席《せき》に戻《もど》ったら静《しず》かに待《ま》ちましょう。
こぼさないように丁寧《ていねい》に盛《も》りつけます。
当番《とうばん》の人《ひと》は、衛生《えいせい》に気《き》をつけることが大切《たいせつ》だ！
助《すけ》さん

⑧

いただきます！
感謝《かんしゃ》の気持《きも》ちを込《こ》めて元気《げんき》にあいさつしよう。さあ、楽《たの》しい給食《きゅうしょく》のはじまりじゃ！
ご老公《ろうこう》さま

⑨

パワポ「なりきり壁新聞」

は写真を挿入できる空枠やさしかえが可能な写真・イラスト

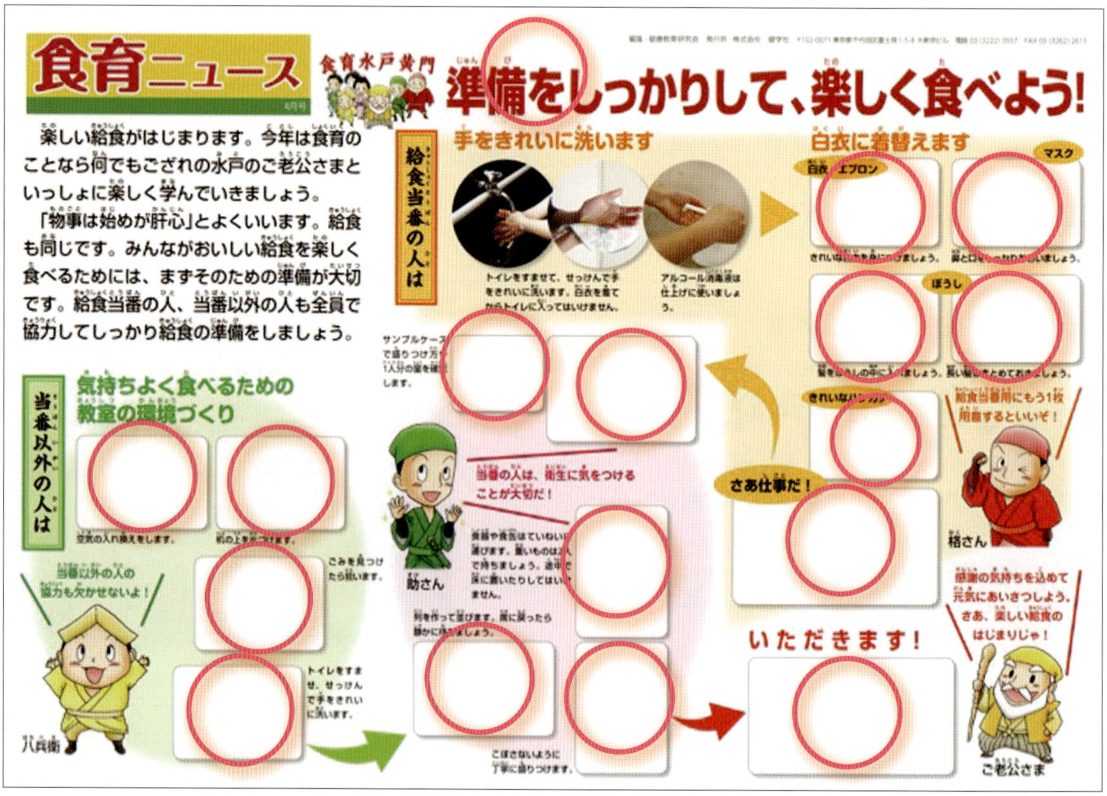

食育ニュース
4月号
食育水戸黄門
準備《じゅんび》をしっかりして、楽《たの》しく食《た》べよう!
楽《たの》しい給食《きゅうしょく》がはじまります。今年《ことし》は食育《しょくいく》のことなら何《なん》でもござれの水戸《みと》のご老公《ろうこう》さまといっしょに楽《たの》しく学《まな》んでいきましょう。
「物事《ものごと》は始《はじ》めが肝心《かんじん》」とよくいいます。給食《きゅうしょく》も同《おな》じです。みんながおいしい給食《きゅうしょく》を楽《たの》しく食《た》べるためには、まずそのための準備《じゅんび》が大切《たいせつ》です。給食当番《きゅうしょくとうばん》の人《ひと》、当番以外《とうばんいがい》の人《ひと》も全員《ぜんいん》で協力《きょうりょく》してしっかり給食《きゅうしょく》の準備《じゅんび》をしましょう。
給食当番の人は
手をきれいに洗います
トイレをすませて、せっけんで手をきれいに洗います。白衣を着てからトイレに入ってはいけません。
アルコール消毒液は仕上げに使いましょう。
白衣に着替えます
白衣　エプロン
マスク
ぼうし
給食当番用にもう1枚用意するといいぞ！
格さん
さあ仕事だ！
サンプルケースで盛りつけ方や1人分の量を確認します。
当番の人は、衛生に気をつけることが大切だ！
助さん
列を作って並びます。席に戻ったら
こぼさないように丁寧に盛りつけます。
いただきます！
感謝の気持ちを込めて元気にあいさつしよう。さあ、楽しい給食のはじまりじゃ！
ご老公さま
当番以外の人は
気持《きも》ちよく食《た》べるための教室《きょうしつ》の環境《かんきょう》づくり
空気の入れ換えをします。
ごみを見つけたら拾います。
トイレをすませ、せっけんで手をきれいに洗います。
当番以外の人の協力も欠かせないよ！
八兵衛

「食育ニュース」を含めたタイトル部分は変更できます。
給食準備の写真は子どもたちにたくさん登場してもらいましょう。

編集・健康教育研究会　発行所・株式会社　健学社　〒102-0071 東京都千代田区富士見1-5-8 大新京ビル　電話 03（3222）0557　FAX 03（3262）2615

食育ニュース

5月号

食育水戸黄門

はしを正《ただ》しく持《も》って、美《うつく》しく食《た》べよう！

日本人《にほんじん》の食事《しょくじ》は「はしに始《はじ》まり、はしに終《お》わる」といいます。はしを正《ただ》しく持《も》ち、上手《じょうず》に使《つか》えると、いろいろな料理《りょうり》をよく味《あじ》わって食《た》べることができます。見《み》た目《め》にとても上品《じょうひん》で、周《まわ》りの人《ひと》によい印象《いんしょう》を与《あた》えます。

正《ただ》しいはしの持《も》ち方《かた》を身《み》に付《つ》け、美《うつく》しく食《た》べましょう。

正《ただ》しいはしの持《も》ち方《かた》

正《ただ》しい持《も》ち方《かた》ができると、
豆《まめ》など小《ちい》さいものも
楽《らく》につまめるぞ！
格《かく》さん

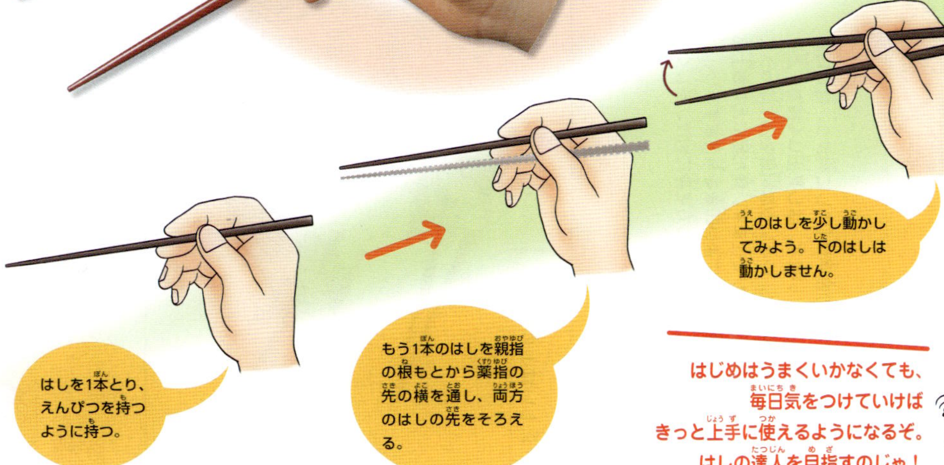
はしを1本《ぽん》とり、えんぴつを持《も》つように持《も》つ。
もう1本《ぽん》のはしを親指《おやゆび》の根《ね》もとから薬指《くすりゆび》の先《さき》の横《よこ》を通《とお》し、両方《りょうほう》のはしの先《さき》をそろえる。
上《うえ》のはしを少《すこ》し動《うご》かしてみよう。下《した》のはしは動《うご》かしません。

ご老公《ろうこう》さま
はじめはうまくいかなくても、
毎日気《まいにちき》をつけていけば
きっと上手《じょうず》に使《つか》えるようになるぞ。
はしの達人《たつじん》を目指《めざ》すのじゃ！

こんな持《も》ち方《かた》していないかな？

八兵衛《はちべえ》

交差《こうさ》ばし
スプーンばし
つかみばし

これらの持《も》ち方《かた》では
はしのよさが
十分《じゅうぶん》に生《い》かされないぞ
助《すけ》さん

パワポ「プレゼン資料」

＊パワポスライドの正しいはしの持ち方はさしかえが可能です。正しい持ち方をしているお子さんをぜひ登場させてあげてください。

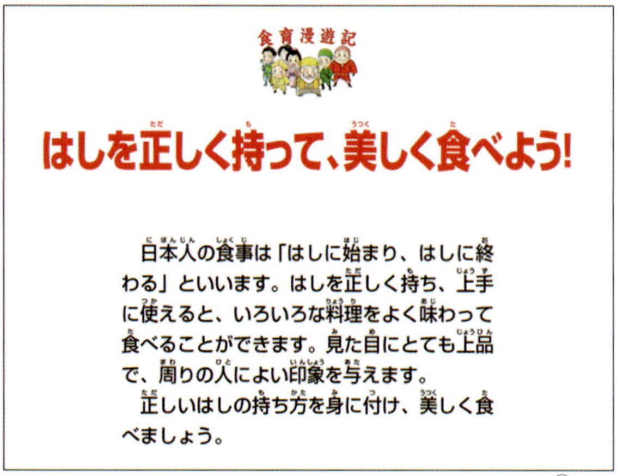

⑦

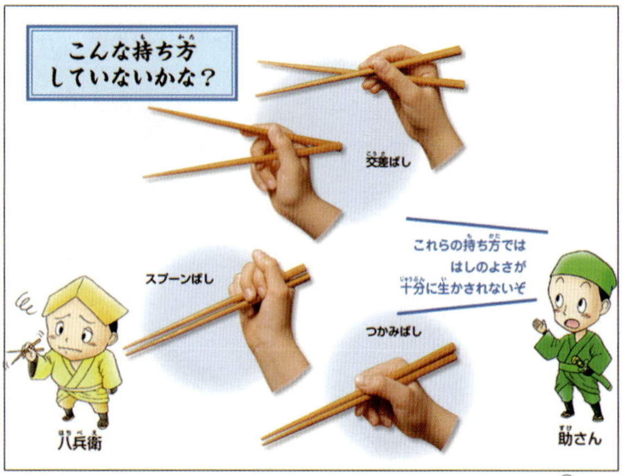

⑧

⑨

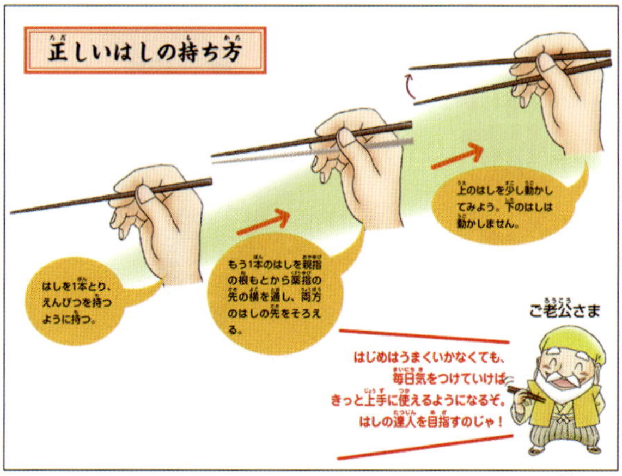

⑨

パワポ「なりきり壁新聞」

は写真を挿入できる空枠やさしかえが可能な写真・イラスト

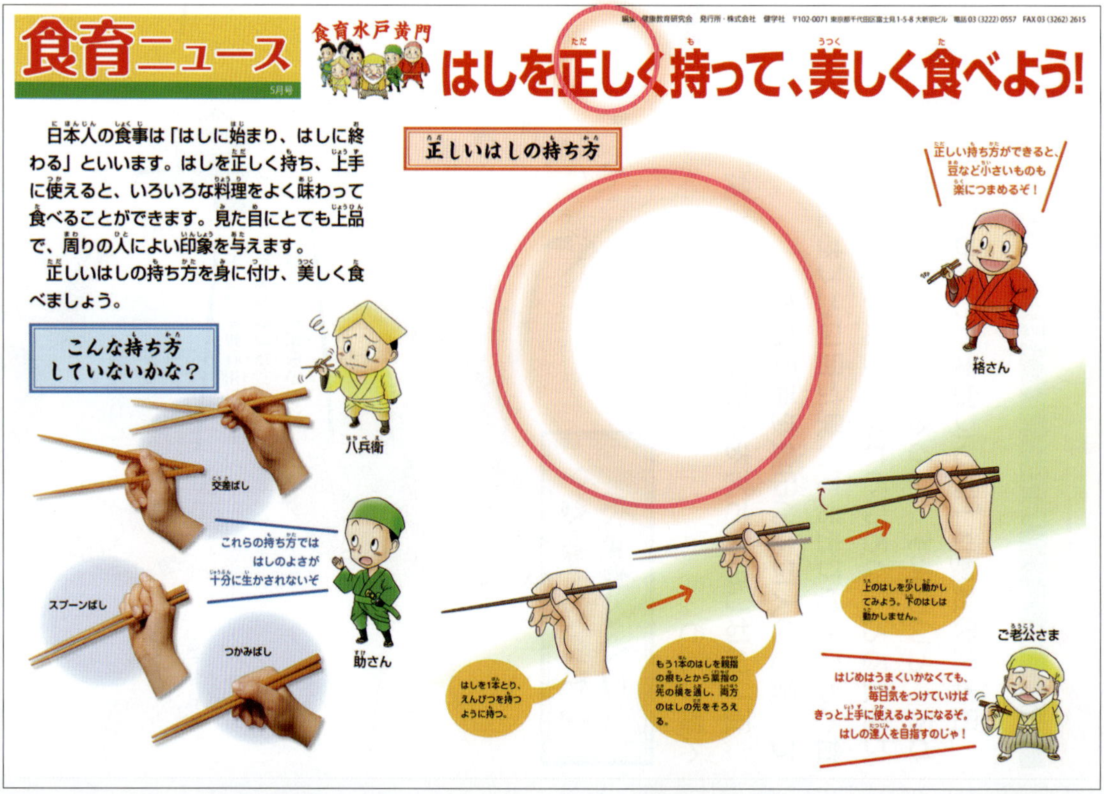

「食育ニュース」を含めたタイトル部分は変更できます。正しくはしを持っている子どもに中央部分に大写しで登場してもらうのも一案です。

編集・健康教育研究会　発行所・株式会社　健学社　〒102-0071 東京都千代田区富士見1-5-8 大新京ビル　電話 03 (3222) 0557　FAX 03 (3262) 2615

食育ニュース

6月号

食育水戸黄門

食《た》べ方《かた》に気《き》をつけ、よくかんで食《た》べよう!

よくかんで食《た》べると、歯《は》が丈夫《じょうぶ》になるだけでなく、消化《しょうか》をよくしたり、食《た》べすぎを防《ふせ》いだり、集中力《しゅうちゅうりょく》が上《あ》がるなどからだによいことがたくさんあります。そのためには、食《た》べ方《かた》に気《き》をつけ、工夫《くふう》をすることも大切《たいせつ》です。

ご老公《ろうこう》さま一行《いっこう》と、カムカム城《じょう》でよくかむための秘《ひ》けつを探《さぐ》ってみましょう。

カムカム城《じょう》で
よくかむための秘《ひ》けつを
探《さが》し出《だ》そう!

よくかんで食《た》べ、心《こころ》も体《からだ》も健康《けんこう》に!
ゆっくりよくかむ。「急《せ》いては事《こと》を仕損《しそん》じる」だよ!
ひと口《くち》30回《かい》を目標《もくひょう》に、やわらかいものでももう5回多《かいおお》くかんでみましょう。少《すこ》しずつ口《くち》に運《はこ》べば食《た》べる姿《すがた》も上品《じょうひん》に見《み》えるわ。
お銀《ぎん》
ふむふむ、食《た》べ物《もの》にも秘密《ひみつ》があったのか…
弥七《やしち》
いかリング
あじの南蛮漬《なんばんづ》け
きんぴらごぼう
かみごたえのある食《た》べ物《もの》を食事《しょくじ》に取《と》り入《い》れる
五目豆《ごもくまめ》
もち
りんご
少《すこ》しずつ口《くち》に運《はこ》び、一度《いちど》飲《の》み込《こ》んでから次《つぎ》のものを口《くち》に入《い》れる
おいらもうっかりやっているな…
汁《しる》ものやお茶《ちゃ》などで流《なが》し込《こ》まない
八兵衛《はちべえ》
足《あし》をしっかり地《ち》につけて体《からだ》を安定《あんてい》させることはかむことでも大切《たいせつ》!
両足《りょうあし》をきちんとゆかにつけ、背《せ》すじを伸《の》ばして食《た》べる
助《すけ》さん
よく味《あじ》わって食《た》べることに意識《いしき》が集中《しゅうちゅう》するぞ!
テレビを見《み》ながら、本《ほん》を読《よ》みながらなど『ながら食《た》べ』をしない
格《かく》さん
昔《むかし》に比《くら》べて今《いま》はかむ回数《かいすう》が少《すく》なくなってきたそうじゃ。これらを実行《じっこう》し、よくかんで食《た》べ、毎日元気《まいにちげんき》に過《す》ごすのじゃぞ!
ご老公《ろうこう》さま

パワポ「プレゼン資料」

＊説明の旬反は変えられます。スライド④はよい姿勢で食べている子どもの写真にさしかえできます。またスライド⑤の「ご老公さま」は他のスライドにも貼り付けられます。

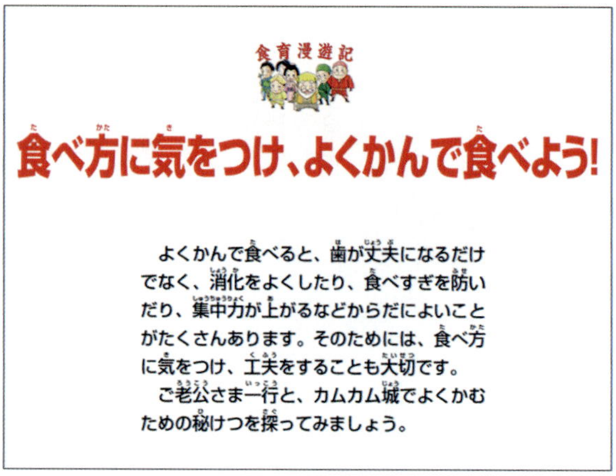
食育漫遊記
食《た》べ方《かた》に気《き》をつけ、よくかんで食《た》べよう!
よくかんで食《た》べると、歯《は》が丈夫《じょうぶ》になるだけでなく、消化《しょうか》をよくしたり、食《た》べすぎを防《ふせ》いだり、集中力《しゅうちゅうりょく》が上《あ》がるなどからだによいことがたくさんあります。そのためには、食《た》べ方《かた》に気《き》をつけ、工夫《くふう》をすることも大切《たいせつ》です。
ご老公《ろうこう》さま一行《いっこう》と、カムカム城《じょう》でよくかむための秘《ひ》けつを探《さぐ》ってみましょう。

①

カムカム城《じょう》で
よくかむための秘《ひ》けつを
探《さが》し出《だ》そう!

②

カムカム城《じょう》で
よくかむための秘《ひ》けつを
探《さが》し出《だ》そう!
おいらもうっかりやっているな…
汁《しる》ものやお茶《ちゃ》などで
流《なが》し込《こ》まない
八兵衛《はちべえ》

③

カムカム城《じょう》で
よくかむための秘《ひ》けつを
探《さが》し出《だ》そう!
足《あし》をしっかり地《ち》につけて体《からだ》を安定《あんてい》させることはかむことでも大切《たいせつ》!
両足《りょうあし》をきちんとゆかにつけ、
背《せ》すじを伸《の》ばして食《た》べる
助《すけ》さん

④

カムカム城《じょう》で
よくかむための秘《ひ》けつを
探《さが》し出《だ》そう!
よく味《あじ》わって食《た》べることに意識《いしき》が集中《しゅうちゅう》するぞ!
テレビを見《み》ながら、本《ほん》を読《よ》みながら
など『ながら食《た》べ』をしない
昔《むかし》に比《くら》べて今《いま》はかむ回数《かいすう》が少《すく》なくなってきたそうじゃ。これらを実行《じっこう》し、よくかんで食《た》べ、毎日元気《まいにちげんき》に過《す》ごすのじゃぞ!
格《かく》さん
ご老公《ろうこう》さま

⑤

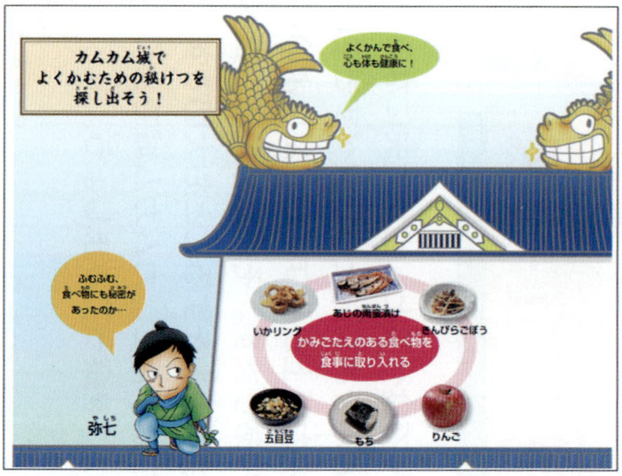
カムカム城《じょう》で
よくかむための秘《ひ》けつを
探《さが》し出《だ》そう!
よくかんで食《た》べ、心《こころ》も体《からだ》も健康《けんこう》に!
ふむふむ、食《た》べ物《もの》にも秘密《ひみつ》があったのか…
弥七《やしち》
いかリング
あじの南蛮漬《なんばんづ》け
きんぴらごぼう
かみごたえのある食《た》べ物《もの》を
食事《しょくじ》に取《と》り入《い》れる
五目豆《ごもくまめ》
もち
りんご

⑥

カムカム城《じょう》で
よくかむための秘《ひ》けつを
探《さが》し出《だ》そう！
ゆっくりよくかむ。
「急《いそ》いては事《こと》を仕損《しそん》じる」
だよ！
一口《ひとくち》30回《かい》を目標《もくひょう》に、
やわらかいものでも
もう5回《かい》多《おお》くかんでみましょう。
少《すこ》しずつ口《くち》に運《はこ》べば食《た》べる姿《すがた》も
上品《じょうひん》に見《み》えるわ。
少《すこ》しずつ口《くち》に運《はこ》び、一度《いちど》飲《の》み込《こ》んで
から次《つぎ》のものを口《くち》に入《い》れる
お銀《ぎん》

⑦

カムカム城《じょう》で
よくかむための秘《ひ》けつを
探《さが》し出《だ》そう！
よくかんで食《た》べ、
心《こころ》も体《からだ》も健康《けんこう》に！
ゆっくりよくかむ。
「急《いそ》いては事《こと》を仕損《しそん》じる」
だよ！

⑧

カムカム城で
よくかむための秘けつを
探し出そう！

⑨

パワポ「なりきり壁新聞」

◯は写真を挿入できる空枠やさしかえが可能な写真・イラスト

編集・健康教育研究会 発行所・株式会社 健学社 〒102-0071 東京都千代田区富士見1-5-8 大新京ビル 電話03(3222)0557 FAX03(3262)2615
食育ニュース
6月号
食育水戸黄門
食《た》べ方《かた》に気《き》をつけ、よくかんで食《た》べよう!
よくかんで食《た》べると、歯《は》が丈夫《じょうぶ》になるだけでなく、消化《しょうか》をよくしたり、食《た》べすぎを防《ふせ》いだり、集中力《しゅうちゅうりょく》が上《あ》がるなどからだによいことがたくさんあります。そのためには、食《た》べ方《かた》に気《き》をつけ、工夫《くふう》をすることも大切《たいせつ》です。
ご老公《ろうこう》さま一行《いっこう》と、カムカム城《じょう》でよくかむための秘《ひ》けつを探《さぐ》ってみましょう。
よくかんで食《た》べ、
心《こころ》も体《からだ》も健康《けんこう》に！
ゆっくりよくかむ。
「急《いそ》いては事《こと》を仕損《しそん》じる」
だよ！
ふむふむ、
食《た》べ物《もの》にも秘密《ひみつ》が
あったのか…
カムカム城《じょう》で
よくかむための秘《ひ》けつを
探《さが》し出《だ》そう！
弥七《やしち》
あじの南蛮漬《なんばんづ》け
いかリング
きんぴらごぼう
かみごたえのある食《た》べ物《もの》を
食事《しょくじ》に取《と》り入《い》れる
五目豆《ごもくまめ》
もち
りんご
少《すこ》しずつ口《くち》に運《はこ》び、一度《いちど》飲《の》み込《こ》んで
から次《つぎ》のものを口《くち》に入《い》れる
ひと口《くち》30回《かい》を目標《もくひょう》に、
やわらかいものでも
もう5回《かい》多《おお》くかんでみましょう。
少《すこ》しずつ口《くち》に運《はこ》べば食《た》べる姿《すがた》も
上品《じょうひん》に見《み》えるわ。
お銀《ぎん》
おいらも
うっかり
やっているな…
足《あし》をしっかり
地《ち》につけて体《からだ》を
安定《あんてい》させることは
かむことでも大切《たいせつ》！
よく味《あじ》わって
食《た》べることに意識《いしき》が
集中《しゅうちゅう》するぞ！
昔《むかし》に比《くら》べて今《いま》は
かむ回数《かいすう》が少《すく》なくなって
きたそうじゃ。これらを実行《じっこう》し、
よくかんで食《た》べ、毎日元気《まいにちげんき》に
過《す》ごすのじゃぞ！
汁《しる》ものやお茶《ちゃ》などで
流《なが》し込《こ》まない
両足《りょうあし》をきちんとゆかにつけ、
背《せ》すじを伸《の》ばして食《た》べる
テレビを見《み》ながら、本《ほん》を読《よ》みながら
など「ながら食《た》べ」をしない
八兵衛《はちべえ》
助《すけ》さん
格《かく》さん
ご老公《ろうこう》さま

「食育ニュース」を含めたタイトル部分は変更できます。下には正しくはしを持ち、よい姿勢で食べている子どもに登場してもらうのも一案です。

編集・健康教育研究会　発行所・株式会社　健学社　〒102-0071 東京都千代田区富士見1-5-8 大新京ビル　電話 03 (3222) 0557　FAX 03 (3262) 2615

食育ニュース

7月号

食育水戸黄門

朝《あさ》ごはんで元気《げんき》な1日《にち》！毎日《まいにち》しっかり食《た》べよう

朝《あさ》ごはんは1日《にち》を元気《げんき》にするための大切《たいせつ》な食事《しょくじ》です。朝《あさ》ごはんをしっかり食《た》べないと、体《からだ》の調子《ちょうし》がわるくなり、授業《じゅぎょう》に集中《しゅうちゅう》できなくなります。

ご老公《ろうこう》さま一行《いっこう》は全員《ぜんいん》、朝《あさ》ごはんを毎日《まいにち》食《た》べています。朝《あさ》ごはんがどれだけ大切《たいせつ》なものか、みなさんに聞《き》いてみましょう。

知《し》らざあ言《い》って聞《き》かせやしょう
朝《あさ》ごはんの大切《たいせつ》さ！

あ たたまった体《からだ》で1日《にち》を元気《げんき》にスタート！

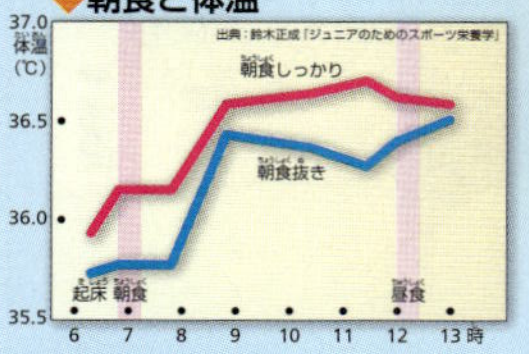

眠《ねむ》っている間《あいだ》に下《さ》がった体温《たいおん》を上《あ》げ、体全体《からだぜんたい》に元気《げんき》が出《で》てきます。

さ えわたる頭脳《ずのう》で勉強《べんきょう》にも集中《しゅうちゅう》できるぞ！

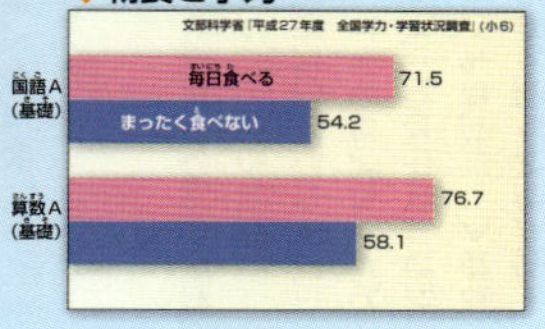

脳《のう》が活動《かつどう》するためのエネルギーを補給《ほきゅう》し、お昼《ひる》までしっかり勉強《べんきょう》に集中《しゅうちゅう》できます。

ご きげんおなかで今日《きょう》も快調《かいちょう》！

体《からだ》が活動準備《かつどうじゅんび》オーケーになります。おなかも目覚《めざ》め、すっきり排便《はいべん》ができます。

は やね早起《はやお》きがおいしく食《た》べる秘《ひ》けつ！

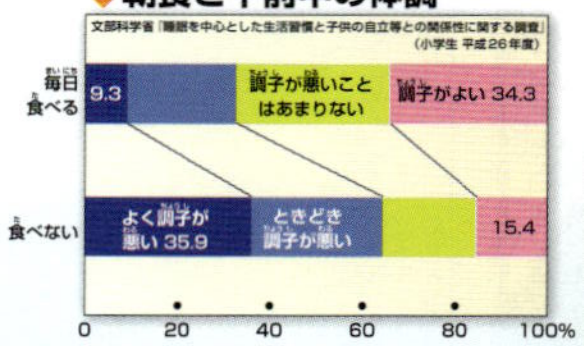

朝《あさ》が来《き》たことを体《からだ》に知《し》らせ、健康《けんこう》に大切《たいせつ》な規則正《きそくただ》しい生活《せいかつ》リズムをつくります。

ん、おどろき。朝《あさ》ごはんぬきは太《ふと》ってしまう！

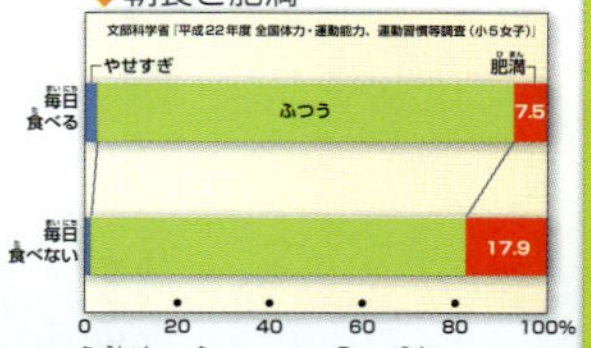

朝食《ちょうしょく》を食《た》べない子《こ》に太《ふと》りすぎがよく見《み》られます。

パワポ「プレゼン資料」

＊「朝ごはんの例」はさしかえができます。なおキャラクターたちのいでたちは、歌舞伎の人気演目、通称「白波五人男」がモチーフです。

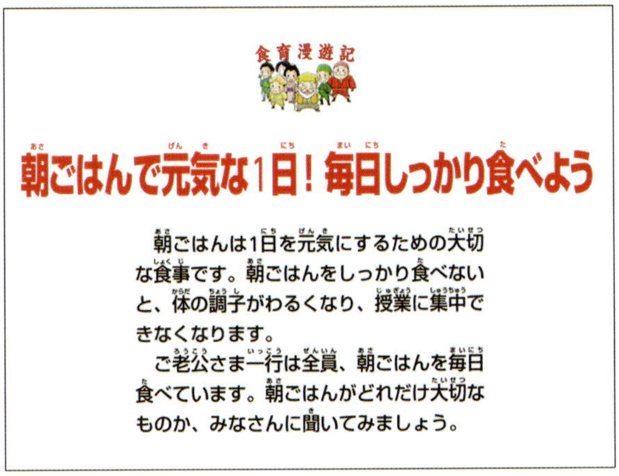
食育漫遊記
朝《あさ》ごはんで元気《げんき》な1日《にち》！毎日《まいにち》しっかり食《た》べよう
朝《あさ》ごはんは1日《にち》を元気《げんき》にするための大切《たいせつ》な食事《しょくじ》です。朝《あさ》ごはんをしっかり食《た》べないと、体《からだ》の調子《ちょうし》がわるくなり、授業《じゅぎょう》に集中《しゅうちゅう》できなくなります。
ご老公《ろうこう》さま一行《いっこう》は全員《ぜんいん》、朝《あさ》ごはんを毎日《まいにち》食《た》べています。朝《あさ》ごはんがどれだけ大切《たいせつ》なものか、みなさんに聞《き》いてみましょう。

①

知《し》らざあ言《い》って聞《き》かせやしょう
朝《あさ》ごはんの大切《たいせつ》さ！
あさごはん

②

◆朝食《ちょうしょく》と体温《たいおん》
出典：鈴木正成『ジュニアのためのスポーツ栄養学』
体温（℃）
37.0
36.5
36.0
35.5
朝食しっかり
朝食抜き
起床
朝食
昼食
6 7 8 9 10 11 12 13時
眠《ねむ》っている間《あいだ》に下《さ》がった体温《たいおん》を上《あ》げ、体全体《からだぜんたい》に元気《げんき》が出《で》てきます。
格さん
あ
たたまった体《からだ》で1日《にち》を元気《げんき》にスタート！
あさごはん

③

◆朝食《ちょうしょく》と学力《がくりょく》
文部科学省「平成27年度 全国学力・学習状況調査」(小6)
国語A（基礎）
毎日食べる 71.5
まったく食べない 54.2
算数A（基礎）
76.7
58.1
脳《のう》が活動《かつどう》するためのエネルギーを補給《ほきゅう》し、お昼《ひる》までしっかり勉強《べんきょう》に集中《しゅうちゅう》できます。
助さん
さ
えわたる頭脳《ずのう》で勉強《べんきょう》にも集中《しゅうちゅう》できるぞ！
あさごはん

④

体《からだ》が活動準備《かつどうじゅんび》オーケーになります。おなかも目覚《めざ》め、すっきり排便《はいべん》ができます。
八兵衛
ご
きげんおなかで今日《きょう》も快調《かいちょう》！
あさごはん

⑤

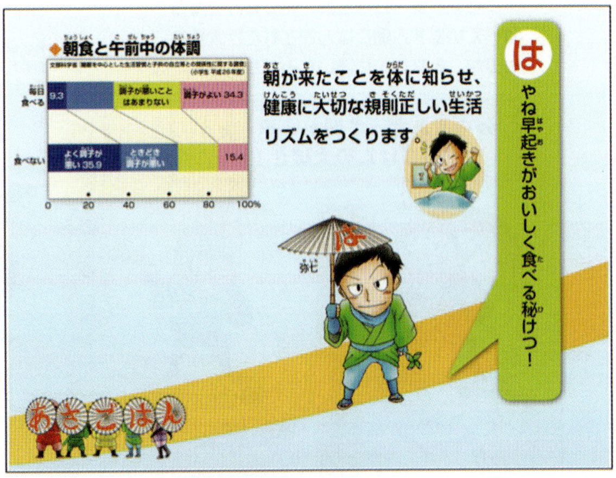
◆朝食《ちょうしょく》と午前中《ごぜんちゅう》の体調《たいちょう》
文部科学省「睡眠を中心とした生活習慣と子供の自立等との関係性に関する調査」(小学生 平成26年度)
毎日食べる
9.3
調子が悪いことはあまりない
調子がよい 34.3
食べない
よく調子が悪い 35.9
ときどき調子が悪い
15.4
0 20 40 60 80 100%
朝《あさ》が来《き》たことを体《からだ》に知《し》らせ、健康《けんこう》に大切《たいせつ》な規則正《きそくただ》しい生活《せいかつ》リズムをつくります。
弥七
は
やね早起《はやお》きがおいしく食《た》べる秘《ひ》けつ！
あさごはん

⑥

◆朝食《ちょうしょく》と肥満《ひまん》
やせすぎ
肥満
毎日《まいにち》食《た》べる
ふつう
7.5
毎日《まいにち》食《た》べない
17.9
0 20 40 60 80 100%
朝食《ちょうしょく》を食《た》べない子《こ》に太《ふと》りすぎがよく見《み》られます。
お銀
ん、おどろき。朝《あさ》ごはんぬきは太《ふと》ってしまう！
あさごはん

⑦

朝ごはんの例
和風
洋風
朝《あさ》ごはんの内容《ないよう》も大切《たいせつ》じゃぞ。
いろいろな食《た》べ物《もの》を
バランスよくとることも大切《たいせつ》じゃ。
みんなの朝《あさ》ごはんは
どうなっているかな？
ご老公《ろうこう》さま

⑧

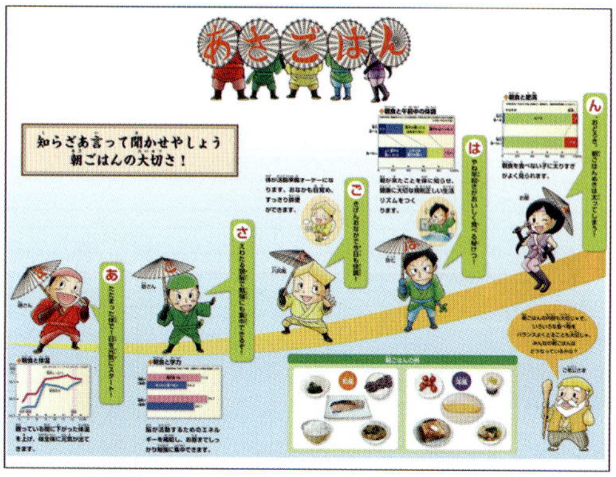
あさごはん
知らざあ言って聞かせやしょう
朝ごはんの大切さ！

⑨

パワポ「なりきり壁新聞」

は写真を挿入できる空枠やさしかえが可能な写真・イラスト

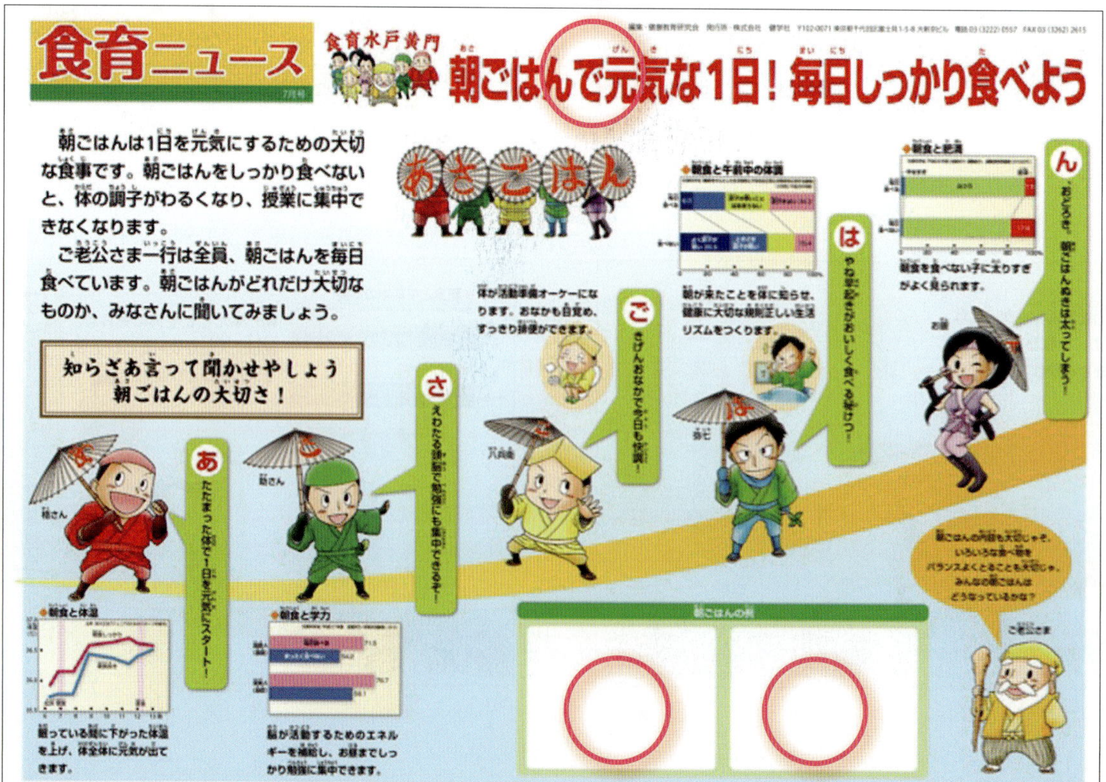
食育ニュース
食育水戸黄門
朝《あさ》ごはんで元気《げんき》な1日《にち》！毎日《まいにち》しっかり食《た》べよう
朝《あさ》ごはんは1日《にち》を元気《げんき》にするための大切《たいせつ》な食事《しょくじ》です。朝《あさ》ごはんをしっかり食《た》べないと、体《からだ》の調子《ちょうし》がわるくなり、授業《じゅぎょう》に集中《しゅうちゅう》できなくなります。
ご老公《ろうこう》さま一行《いっこう》は全員《ぜんいん》、朝《あさ》ごはんを毎日《まいにち》食《た》べています。朝《あさ》ごはんがどれだけ大切《たいせつ》なものか、みなさんに聞《き》いてみましょう。
知《し》らざあ言《い》って聞《き》かせやしょう
朝《あさ》ごはんの大切《たいせつ》さ！
あさごはん
あ たたまった体で1日を元気にスタート！
さ えわたる頭脳で勉強にも集中できるぞ！
ご きげんおなかで今日も快調！
は やね早起きがおいしく食べる秘けつ！
ん、おどろき。朝ごはんぬきは太ってしまう！
◆朝食と体温
眠っている間に下がった体温を上げ、体全体に元気が出てきます。
◆朝食と学力
脳が活動するためのエネルギーを補給し、お昼までしっかり勉強に集中できます。
体が活動準備オーケーになります。おなかも目覚め、すっきり排便ができます。
◆朝食と午前中の体調
朝が来たことを体に知らせ、健康に大切な規則正しい生活リズムをつくります。
◆朝食と肥満
朝食を食べない子に太りすぎがよく見られます。
朝ごはんの例
朝ごはんの内容も大切じゃぞ。
いろいろな食べ物を
バランスよくとることも大切じゃ。
みんなの朝ごはんは
どうなっているかな？
ご老公さま

「食育ニュース」を含めたタイトル部分は変更できます。和風と洋風の朝ごはん例を入れることができます。

編集・健康教育研究会　発行所・株式会社　健学社　〒102-0071 東京都千代田区富士見1-5-8 大新京ビル　電話 03 (3222) 0557　FAX 03 (3262) 2615

食育ニュース

8月号

食育水戸黄門

夏《なつ》ばてしない食《しょく》生《せい》活《かつ》を考《かんが》えよう！

夏《なつ》は、暑《あつ》さで体力《たいりょく》や食欲《しょくよく》が低下《ていか》したり、汗《あせ》をたくさんかくので、体《からだ》から水分《すいぶん》や必要《ひつよう》な無機質《むきしつ》（ミネラル）が失《うしな》われがちです。食欲《しょくよく》がないからといって食《た》べやすいめん類《るい》だけを食《た》べたり、冷《つめ》たい物《もの》ばかり飲《の》んでいると栄養《えいよう》が偏《かたよ》り、「だるい」「疲《つか》れやすい」などの夏《なつ》ばての症状《しょうじょう》の原因《げんいん》になります。

楽《たの》しい夏休《なつやす》みを、夏《なつ》ばてしないで元気《げんき》に過《す》ごすために、夏《なつ》の食生活《しょくせいかつ》で気《き》をつけることを学《まな》びましょう。

ご老公《ろうこう》さま
今日《きょう》は『食育納涼花火大会《しょくいくのうりょうはなびたいかい》』じゃ。
3つの大《おお》きな花火《はなび》をしっかり目《め》に
焼《や》き付《つ》けておくのじゃぞ。
ドン！
3食《しょく》しっかり
食《た》べよう！
ドン！

ドン！
こまめに
水分《すいぶん》を
補給《ほきゅう》しよう！
た〜まや〜♪
おやつは
栄養《えいよう》・量《りょう》・時間《じかん》を
考《かんが》えて食《た》べよう！
ヒュ〜
ヒュ〜
ヒュ〜
おやつの食《た》べすぎや
冷《つめ》たい物《もの》の飲《の》みすぎに
気《き》をつけよう。
3度《ど》の食事《しょくじ》が食《た》べられなく
なってしまうよ。
水《みず》や麦茶《むぎちゃ》でこまめに
水分補給《すいぶんほきゅう》。おやつや
食事《しょくじ》で牛乳《ぎゅうにゅう》も飲《の》める
といいわね！
お銀《ぎん》
夏野菜《なつやさい》や
くだもの、汁物《しるもの》でも
水分補給《すいぶんほきゅう》ができるよ。
弥七《やしち》
夏休《なつやす》みでも、
早起《はやお》きして朝《あさ》ごはんを
しっかり食《た》べよう。
格《かく》さん
栄養《えいよう》が偏《かたよ》らないよう、
いろいろな食《た》べ物《もの》を
組《く》み合《あ》わせて食《た》べよう。
とくに野菜《やさい》は
必《かなら》ず食《た》べよう。
助《すけ》さん
八兵衛《はちべえ》

＊食品・料理写真はさしかえができます。

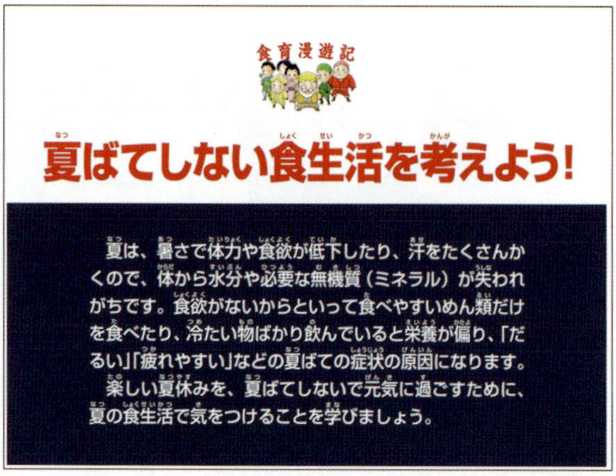
食育漫遊記
夏《なつ》ばてしない食生活《しょくせいかつ》を考《かんが》えよう!
夏《なつ》は、暑《あつ》さで体力《たいりょく》や食欲《しょくよく》が低下《ていか》したり、汗《あせ》をたくさんかくので、体《からだ》から水分《すいぶん》や必要《ひつよう》な無機質《むきしつ》（ミネラル）が失《うしな》われがちです。食欲《しょくよく》がないからといって食《た》べやすいめん類《るい》だけを食《た》べたり、冷《つめ》たい物《もの》ばかり飲《の》んでいると栄養《えいよう》が偏《かたよ》り、「だるい」「疲《つか》れやすい」などの夏《なつ》ばての症状《しょうじょう》の原因《げんいん》になります。
楽《たの》しい夏休《なつやす》みを、夏《なつ》ばてしないで元気《げんき》に過《す》ごすために、夏《なつ》の食生活《しょくせいかつ》で気《き》をつけることを学《まな》びましょう。
①

ご老公さま
今日《きょう》は『食育納涼花火大会《しょくいくのうりょうはなびたいかい》』じゃ。3つの大《おお》きな花火《はなび》をしっかり目《め》に焼《や》き付《つ》けておくのじゃぞ。
お鶴
弥七
格さん
助さん
八兵衛
②

ドン!
こまめに水分《すいぶん》を補給《ほきゅう》しよう!
水《みず》や麦茶《むぎちゃ》でこまめに水分補給《すいぶんほきゅう》。おやつや食事《しょくじ》で牛乳《ぎゅうにゅう》も飲《の》めるといいわね!
ヒュ〜
夏野菜《なつやさい》やくだもの、汁物《しるもの》でも水分補給《すいぶんほきゅう》ができるよ。
お鶴
弥七
③

ドン!
た〜まや〜♪
3食《しょく》しっかり食《た》べよう!
夏休《なつやす》みでも、早起《はやお》きして朝《あさ》ごはんをしっかり食《た》べよう。
ヒュ〜
栄養《えいよう》が偏《かたよ》らないよう、いろいろな食《た》べ物《もの》を組《く》み合《あ》わせて食《た》べよう。とくに野菜《やさい》は必《かなら》ず食《た》べよう。
格さん
助さん
④

ドン!
おやつは栄養《えいよう》・量《りょう》・時間《じかん》を考《かんが》えて食《た》べよう!
ヒュ〜
おやつの食《た》べすぎや冷《つめ》たい物《もの》の飲《の》みすぎに気《き》をつけよう。3度《ど》の食事《しょくじ》が食《た》べられなくなってしまうよ。
八兵衛
⑤

ドン!
こまめに水分を補給しよう!
ドン!
3食しっかり食べよう!
ドン!
おやつは栄養・量・時間を考えて食べよう!
た〜まや〜♪
ヒュ〜
⑥

○は写真を挿入できる空枠やさしかえが可能な写真・イラスト

編集・健康教育研究会　発行所・株式会社　健学社　〒102-0071 東京都千代田区富士見1-5-8 大新京ビル　電話03（3222）0557　FAX 03（3262）2615
食育ニュース
8月号
食育水戸黄門
夏《なつ》ばてしない食生活《しょくせいかつ》を考《かんが》えよう！
夏《なつ》は、暑《あつ》さで体力《たいりょく》や食欲《しょくよく》が低下《ていか》したり、汗《あせ》をたくさんかくので、体《からだ》から水分《すいぶん》や必要《ひつよう》な無機質（ミネラル）が失われがちです。食欲《しょくよく》がないからといって食《た》べやすいめん類《るい》だけを食《た》べたり、冷《つめ》たい物《もの》ばかり飲《の》んでいると栄養《えいよう》が偏《かたよ》り、「だるい」「疲《つか》れやすい」などの夏《なつ》ばての症状《しょうじょう》の原因《げんいん》になります。
楽《たの》しい夏休《なつやす》みを、夏《なつ》ばてしないで元気《げんき》に過《す》ごすために、夏《なつ》の食生活《しょくせいかつ》で気《き》をつけることを学《まな》びましょう。
ご老公さま
今日《きょう》は「食育納涼花火大会」じゃ。3つの大《おお》きな花火《はなび》をしっかり目《め》に焼《や》き付《つ》けておくのじゃぞ。
ドン！
ドン！
ドン！
3食《しょく》しっかり食《た》べよう！
おやつは栄養《えいよう》・量《りょう》・時間《じかん》を考《かんが》えて食《た》べよう！
こまめに水分《すいぶん》を補給《ほきゅう》しよう！
た〜まや〜♪
ヒュ〜
ヒュ〜
ヒュ〜
水《みず》や麦茶《むぎちゃ》でこまめに水分補給《すいぶんほきゅう》。おやつや食事《しょくじ》で牛乳《ぎゅうにゅう》も飲《の》めるといいわね！
お銀《ぎん》
夏野菜《なつやさい》やくだもの、汁物《しるもの》でも水分補給《すいぶんほきゅう》ができるよ。
弥七《やしち》
夏休《なつやす》みでも早起《はやお》きして朝《あさ》ごはんをしっかり食《た》べよう。
格《かく》さん
栄養《えいよう》が偏《かたよ》らないよう、いろいろな食《た》べ物《もの》を組《く》み合《あ》わせて食《た》べよう。とくに野菜《やさい》は必《かなら》ず食《た》べよう。
助《すけ》さん
おやつの食《た》べすぎや冷《つめ》たい物《もの》の飲《の》みすぎに気《き》をつけよう。3度《ど》の食事《しょくじ》が食《た》べられなくなってしまうよ。
八兵衛

「食育ニュース」を含めたタイトル部分は変更できます。
朝ごはんを食べているイラストがさしかえできます。人気者の先生に登場していただくのも一案です。

編集・健康教育研究会　発行所・株式会社　健学社　〒102-0071 東京都千代田区富士見1-5-8 大新京ビル　電話 03（3222）0557　FAX 03（3262）2615

食育ニュース

9月号

食育水戸黄門

日本《にほん》の伝統的《でんとうてき》な食《た》べ物《もの》のよさを知《し》ろう!

9月《がつ》には『敬老《けいろう》の日《ひ》』があります。おじいさんやおばあさんをうやまい、長寿《ちょうじゅ》を祝《いわ》う日《ひ》です。知恵《ちえ》に富《と》んだお話《はなし》もたくさん聞《き》くことができますね。

そこで、今回《こんかい》はご老公《ろうこう》さまに、日本《にほん》で昔《むかし》から食《た》べられてきた伝統的《でんとうてき》な食《た》べ物《もの》についてお話《はな》ししていただきました。

長生《ながい》きにきく！日本《にほん》の伝統食材《でんとうしょくざい》『まごわ（は）やさしい』

『まごわ（は）やさしい』とは、日本《にほん》の伝統食材《でんとうしょくざい》の頭《かしら》文字《もじ》をとって並《なら》べた言葉《ことば》じゃ。それぞれ、何《なん》の食《しょく》材《ざい》なのか教《おし》えてあげよう。伝統食材《でんとうしょくざい》には、長寿《ちょうじゅ》の秘《ひ》けつがあるのじゃよ。
菊《きく》の花《はな》は、昔《むかし》から長寿《ちょうじゅ》のめでたい花《はな》とされてきたんだって。

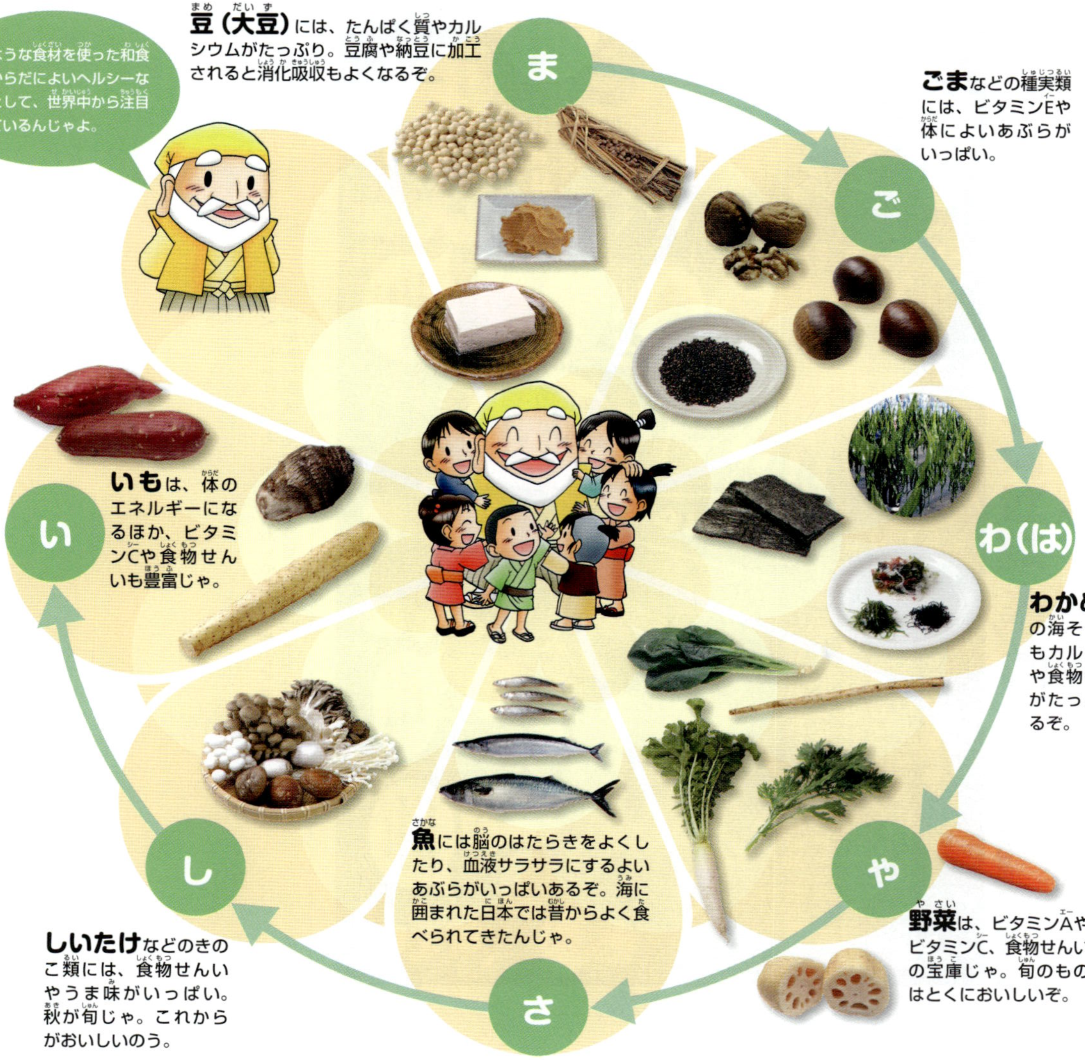
このような食材《しょくざい》を使《つか》った和食《わしょく》は、からだによいヘルシーな食事《しょくじ》として、世界中《せかいじゅう》から注目《ちゅうもく》されているんじゃよ。
ま
ご
わ（は）
や
さ
し
い

豆《まめ》（大豆《だいず》）には、たんぱく質《しつ》やカルシウムがたっぷり。豆腐《とうふ》や納豆《なっとう》に加工《かこう》されると消化吸収《しょうかきゅうしゅう》もよくなるぞ。

ごまなどの種実類《しゅじつるい》には、ビタミンE《イー》や体《からだ》によいあぶらがいっぱい。

わかめなどの海《かい》そう類《るい》にもカルシウムや食物《しょくもつ》せんいがたっぷりあるぞ。

野菜《やさい》は、ビタミンA《エー》やビタミンC《シー》、食物《しょくもつ》せんいの宝庫《ほうこ》じゃ。旬《しゅん》のものはとくにおいしいぞ。

魚《さかな》には脳《のう》のはたらきをよくしたり、血液《けつえき》サラサラにするよいあぶらがいっぱいあるぞ。海《うみ》に囲《かこ》まれた日本《にほん》では昔《むかし》からよく食《た》べられてきたんじゃ。

しいたけなどのきのこ類《るい》には、食物《しょくもつ》せんいやうま味《み》がいっぱい。秋《あき》が旬《しゅん》じゃ。これからがおいしいのう。

いもは、体《からだ》のエネルギーになるほか、ビタミンC《シー》や食物《しょくもつ》せんいも豊富《ほうふ》じゃ。

パワポ「プレゼン資料」

＊食品写真はさしかえができます。

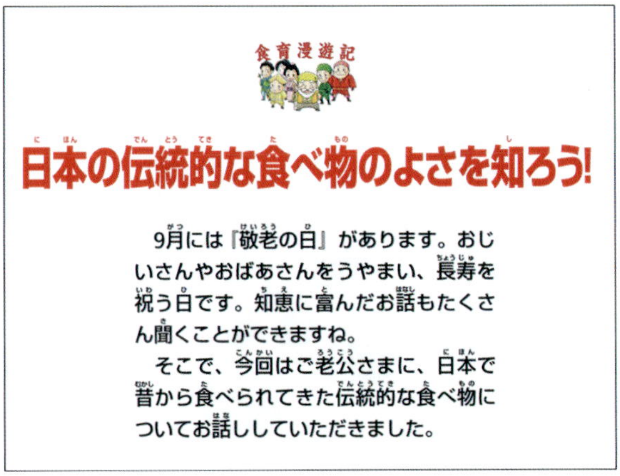
食育漫遊記
日本《にほん》の伝統的《でんとうてき》な食《た》べ物《もの》のよさを知《し》ろう!
9月《がつ》には『敬老《けいろう》の日《ひ》』があります。おじいさんやおばあさんをうやまい、長寿《ちょうじゅ》を祝《いわ》う日《ひ》です。知恵《ちえ》に富《と》んだお話《はなし》もたくさん聞《き》くことができますね。
そこで、今回《こんかい》はご老公《ろうこう》さまに、日本《にほん》で昔《むかし》から食《た》べられてきた伝統的《でんとうてき》な食《た》べ物《もの》についてお話《はな》ししていただきました。

①

長《なが》生《い》きにきく！日本《にほん》の伝統食材《でんとうしょくざい》
『まごわ（は）やさしい』
『まごわ（は）やさしい』とは、日本《にほん》の伝統食材《でんとうしょくざい》の頭《あたま》文字《もじ》をとって並《なら》べた言葉《ことば》じゃ。それぞれ、何《なん》の食材《しょくざい》なのか教《おし》えてあげよう。伝統食材《でんとうしょくざい》には、長寿《ちょうじゅ》の秘《ひ》けつがあるのじゃよ。
菊《きく》の花《はな》は昔《むかし》から長寿《ちょうじゅ》のめでたい花《はな》とされてきたんだって。

②

長《なが》生《い》きにきく！日本《にほん》の伝統食材《でんとうしょくざい》
『まごわ（は）やさしい』
豆《まめ》（大豆《だいず》）には、たんぱく質《しつ》やカルシウムがたっぷり。豆腐《とうふ》や納豆《なっとう》に加工《かこう》されると消化吸収《しょうかきゅうしゅう》もよくなるぞ。
このような食材《しょくざい》を使《つか》った和食《わしょく》は、からだによいヘルシーな食事《しょくじ》として、世界中《せかいじゅう》から注目《ちゅうもく》されているんじゃよ。
ま
ごまなどの種実《しゅじつ》類《るい》にはビタミンE《イー》や体《からだ》によいあぶらがいっぱい。
ご

③

長《なが》生《い》きにきく！日本《にほん》の伝統食材《でんとうしょくざい》
『まごわ（は）やさしい』
わ(は)
わかめなどの海《かい》そう類《るい》にもカルシウムや食物《しょくもつ》せんいがたっぷりあるぞ。
野菜《やさい》は、ビタミンA《エー》やビタミンC《シー》、食物《しょくもつ》せんいの宝庫《ほうこ》じゃ。旬《しゅん》のものはとくにおいしいぞ。
や

④

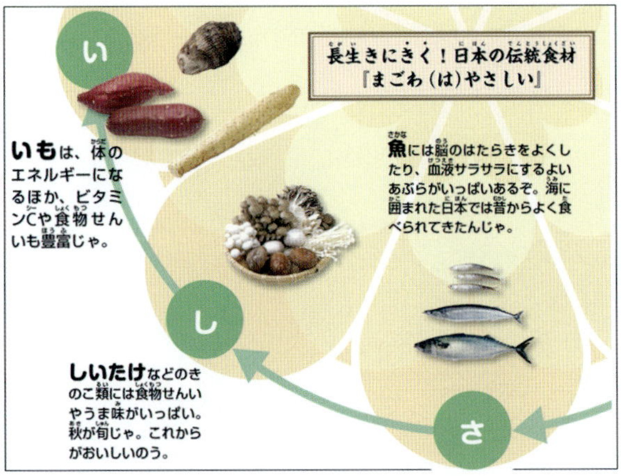
い
長《なが》生《い》きにきく！日本《にほん》の伝統食材《でんとうしょくざい》
『まごわ（は）やさしい』
いもは、体《からだ》のエネルギーになるほか、ビタミンC《シー》や食物《しょくもつ》せんいも豊富《ほうふ》じゃ。
魚《さかな》には脳《のう》のはたらきをよくしたり、血液《けつえき》サラサラにするよいあぶらがいっぱいあるぞ。海《うみ》に囲《かこ》まれた日本《にほん》では昔《むかし》からよく食《た》べられてきたんじゃ。
し
しいたけなどのきのこ類《るい》には食物《しょくもつ》せんいやうま味《み》がいっぱい。秋《あき》が旬《しゅん》じゃ。これからがおいしいのう。
さ

⑤

⑥

◯は写真を挿入できる空枠やさしかえが可能な写真・イラスト

食育ニュース

9月号

編集・健康教育研究会　発行所・株式会社　健学社　〒102-0071 東京都千代田区富士見1-5-8 大新京ビル　電話03(3222)0557　FAX03(3262)2615

食育水戸黄門

日本《にほん》の伝統的《でんとうてき》な食《た》べ物《もの》のよさを知《し》ろう!

9月《がつ》には『敬老《けいろう》の日《ひ》』があります。おじいさんやおばあさんをうやまい、長寿《ちょうじゅ》を祝《いわ》う日《ひ》です。知恵《ちえ》に富《と》んだお話《はなし》もたくさん聞《き》くことができますね。

そこで、今回《こんかい》はご老公《ろうこう》さまに、日本《にほん》で昔《むかし》から食《た》べられてきた伝統的《でんとうてき》な食《た》べ物《もの》についてお話《はな》ししていただきました。

長《なが》生《い》きにきく！日本《にほん》の伝統食材《でんとうしょくざい》
『まごわ(は)やさしい』

「まごわ(は)やさしい」とは、日本の伝統食材の頭文字をとって並べた言葉じゃ。それぞれ、何の食材なのか教えてあげよう。伝統食材には、長寿の秘けつがあるのじゃよ。
菊の花は、昔から長寿のめでたい花とされてきたんだって。
このような食材を使った和食は、からだによいヘルシーな食事として、世界中から注目されているんじゃよ。
ま
ご
わ(は)
や
さ
し
い

豆(大豆)には、たんぱく質《しつ》やカルシウムがたっぷり。豆腐《とうふ》や納豆《なっとう》に加工《かこう》されると消化吸収《しょうかきゅうしゅう》もよくなるぞ。

ごまなどの種実類《しゅじつるい》には、ビタミンE《イー》や体《からだ》によいあぶらがいっぱい。

わかめなどの海《かい》そう類《るい》にもカルシウムや食物《しょくもつ》せんいがたっぷりあるぞ。

野菜《やさい》は、ビタミンA《エー》やビタミンC《シー》、食物《しょくもつ》せんいの宝庫《ほうこ》じゃ。旬《しゅん》のものはとくにおいしいぞ。

魚《さかな》には脳《のう》のはたらきをよくしたり、血液《けつえき》サラサラにするよいあぶらがいっぱいあるぞ。海《うみ》に囲《かこ》まれた日本《にほん》では昔《むかし》からよく食《た》べられてきたんじゃ。

しいたけなどのきのこ類《るい》には、食物《しょくもつ》せんいやうま味《み》がいっぱい。秋《あき》が旬《しゅん》じゃ。これからがおいしいのう。

いもは、体《からだ》のエネルギーになるほか、ビタミンC《シー》や食物《しょくもつ》せんいも豊富《ほうふ》じゃ。

「食育ニュース」を含めたタイトル部分は変更できます。
菊の花の中央部分のイラストがさしかえできます。子どもたちに囲まれた校長先生や地域のお年寄りの方に登場していただくのも一案です。

編集・健康教育研究会　発行所・株式会社　健学社　〒102-0071 東京都千代田区富士見1-5-8 大新京ビル　電話 03 (3222) 0557　FAX 03 (3262) 2615

食育ニュース

10月号

食育水戸黄門

食《た》べ物《もの》には3つのグループがあることを知《し》ろう!

食《た》べ物《もの》には健康《けんこう》や体《からだ》の成長《せいちょう》に欠《か》かせないさまざまな栄養《えいよう》がふくまれています。食《た》べ物《もの》は、そのおもな栄養《えいよう》のはたらきで、大《おお》きく3つのグループに分《わ》けることができます。それぞれのグループから、かたよりなくとることで、栄養《えいよう》バランスのとれた食事《しょくじ》にすることができます。

この紋所《もんどころ》が目印《めじるし》!

3つのグループのはたらきとその食《た》べ物《もの》

おもに体《からだ》のエネルギーのもとになる
黄
油脂類《ゆしるい》
ご飯《はん》
いも類《るい》
砂糖《さとう》
パン
おもに体《からだ》をつくるもとになる
赤《あか》
魚《さかな》
肉《にく》
卵《たまご》
豆《まめ》・豆製品《まめせいひん》
小魚《こざかな》
海《かい》そう類《るい》
牛乳《ぎゅうにゅう》・乳製品《にゅうせいひん》
おもに体《からだ》の調子《ちょうし》を整《ととの》えるもとになる
緑《みどり》
野菜《やさい》
白菜《はくさい》
かぼちゃ
くだもの類《るい》
ほうれんそう
きのこ類《るい》
大根《だいこん》
どうするとバランスがとれるかな?考《かんが》えてみよう。
健康《けんこう》な体《からだ》をつくるためには、3つのグループの食《た》べ物《もの》がかたよらないように毎日《まいにち》きちんと食《た》べることが大切《たいせつ》なのじゃ!

3つのグループに分《わ》ければよくわかる! 食事《しょくじ》の栄養《えいよう》バランス

学《がっ》校《こう》給《きゅう》食《しょく》

煮《に》びたし
みかん
牛乳
五穀《ごこく》ご飯《はん》
さばのみそ煮《に》
えのきとわかめのすまし汁

給食《きゅうしょく》では、3つのグループの食《た》べ物《もの》がバランスよく使《つか》われています。食事《しょくじ》のお手本《てほん》にするといいですね。

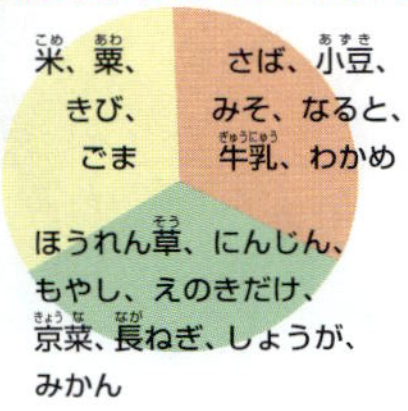
米《こめ》、粟《あわ》、きび、ごま
さば、小豆《あずき》、みそ、なると、牛乳《ぎゅうにゅう》、わかめ
ほうれん草《そう》、にんじん、もやし、えのきだけ、京菜《きょうな》、長《なが》ねぎ、しょうが、みかん

ファストフードの場合《ばあい》

おもに体《からだ》の調子《ちょうし》を整《ととの》えるグループの食《た》べ物《もの》が少《すく》ない。

パン、フライドポテト(じゃがいも、油《あぶら》)、炭酸《たんさん》ジュース(砂糖《さとう》)
ハンバーグ(肉《にく》)、チーズ
たまねぎ、ピクルス(きゅうり)

パワポ「プレゼン資料」　＊食品写真はさしかえができます。

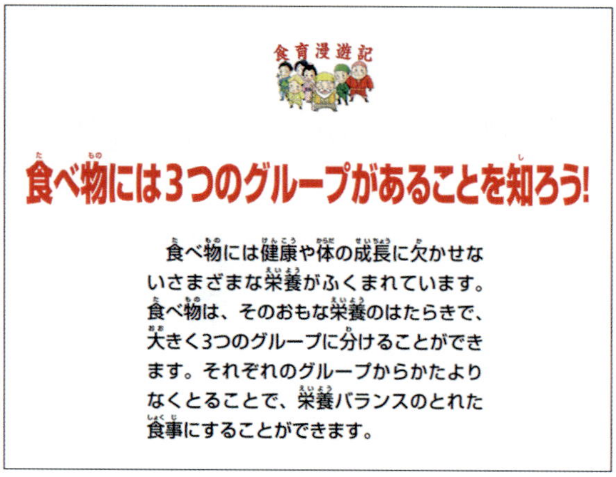

①

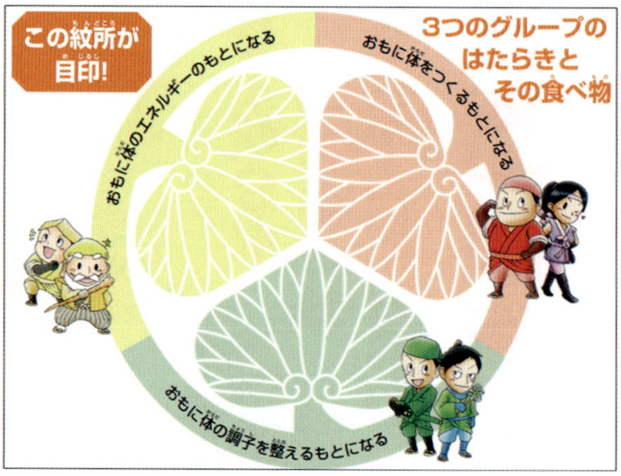

②

③

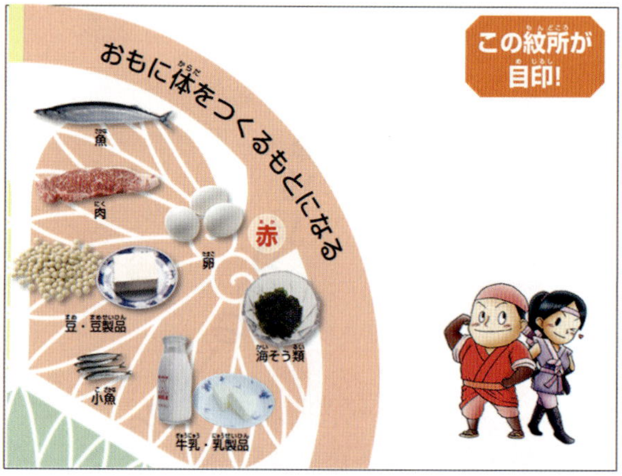

④

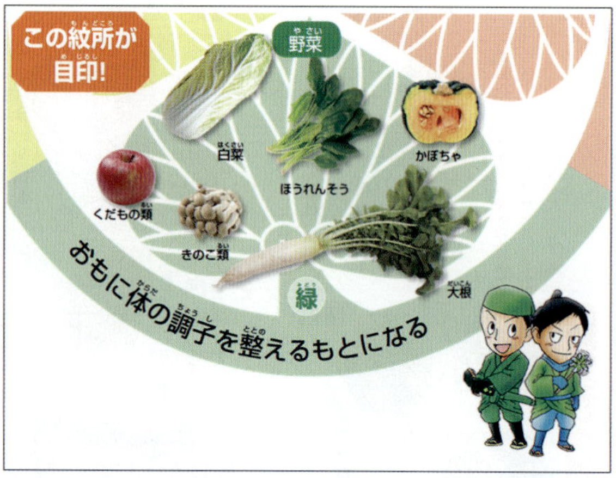

⑤

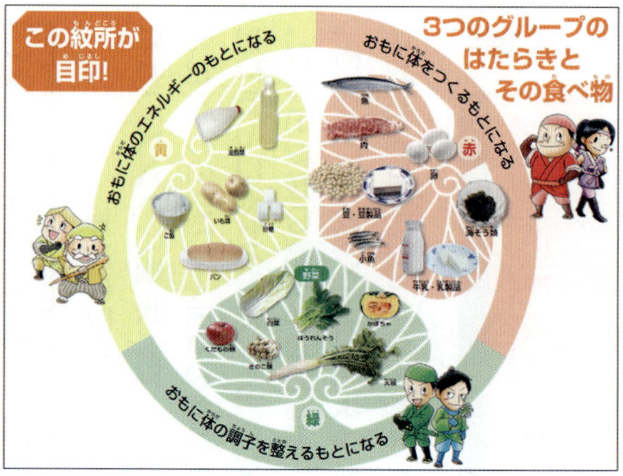

⑥

3つのグループに分《わ》ければよくわかる!
食事《しょくじ》の栄養《えいよう》バランス
学《がっ》校《こう》給《きゅう》食《しょく》
煮《に》びたし
みかん
牛乳《ぎゅうにゅう》
五穀《ごこく》ご飯《はん》
さばのみそ煮《に》
えのきと
わかめのすまし汁
米《こめ》、粟《あわ》、
きび、
ごま
さば、小豆《あずき》、
みそ、なると、
牛乳《ぎゅうにゅう》、わかめ
ほうれん草《そう》、にんじん、
もやし、えのきだけ、
京菜《きょうな》、長《なが》ねぎ、しょうが、
みかん
給食《きゅうしょく》では、3つのグループの食《た》べ物《もの》
がバランスよく使《つか》われています。
食事《しょくじ》のお手本《てほん》にするといいですね。

⑦

3つのグループに分《わ》ければよくわかる!
食事《しょくじ》の栄養《えいよう》バランス
ファストフードの場合《ばあい》
パン、
フライドポテト
(じゃがいも、油《あぶら》)、
炭酸《たんさん》ジュース(砂糖《さとう》)
ハンバーグ(肉《にく》)、
チーズ
たまねぎ、
ピクルス(きゅうり)
どうすると
バランスが
とれるかな?
考《かんが》えてみよう。
おもに体《からだ》の調子《ちょうし》を整《ととの》える
グループの食《た》べ物《もの》が少《すく》ない。

⑧

健康《けんこう》な体《からだ》をつくるために
は、3つのグループの食《た》べ
物《もの》がかたよらないように
毎日《まいにち》きちんと食《た》べること
が大切《たいせつ》なのじゃ!

⑨

パワポ「なりきり壁新聞」

○は写真を挿入できる空枠やさしかえが可能な写真・イラスト

編集・健康教育研究会　発行所・株式会社　健学社　〒102-0071 東京都千代田区富士見1-5-8 大新京ビル　電話03(3222)0557　FAX 03(3262)2615
食育ニュース
10月号
食育水戸黄門
食《た》べ物《もの》には3つのグループがあることを知《し》ろう!
食《た》べ物《もの》には健康《けんこう》や体《からだ》の成長《せいちょう》に欠《か》かせないさまざまな栄養《えいよう》がふくまれています。食《た》べ物《もの》は、そのおもな栄養《えいよう》のはたらきで、大《おお》きく3つのグループに分《わ》けることができます。それぞれのグループから、かたよりなくとることで、栄養《えいよう》バランスのとれた食事《しょくじ》にすることができます。
この紋所《もんどころ》が目印《めじるし》!
3つのグループのはたらきとその食《た》べ物《もの》
おもに体《からだ》のエネルギーのもとになる
黄
油脂類
ご飯
いも類
砂糖
パン
おもに体《からだ》をつくるもとになる
赤
肉《にく》
卵
豆・豆製品
海そう類
小魚
牛乳・乳製品
おもに体《からだ》の調子《ちょうし》を整《ととの》えるもとになる
緑
野菜
白菜
かぼちゃ
ほうれんそう
くだもの類
きのこ類
大根
3つのグループに分《わ》ければよくわかる!
食事《しょくじ》の栄養《えいよう》バランス
学校給食
給食では、3つのグループの食べ物
がバランスよく使われています。
食事のお手本にするといいですね。
ファストフードの場合
パン、
フライドポテト
(じゃがいも、油)、
炭酸ジュース(砂糖)
ハンバーグ(肉)、
チーズ
たまねぎ、
ピクルス(きゅうり)
おもに体の調子を整える
グループの食べ物が少ない。
どうすると
バランスが
とれるかな?
考えてみよう。
健康な体をつくるために
は、3つのグループの食べ
物がかたよらないように
毎日きちんと食べること
が大切なのじゃ!

「食育ニュース」を含めたタイトル部分は変更できます。学校の給食写真に入れ替え、材料を文字データで分類表の上に載せるのも一案です。

編集・健康教育研究会　発行所・株式会社　健学社　〒102-0071 東京都千代田区富士見1-5-8 大新京ビル　電話 03 (3222) 0557　FAX 03 (3262) 2615

食育ニュース

11月号

食育水戸黄門

地域《ちいき》に伝《つた》わる郷土料理《きょうどりょうり》を知《し》ろう!

写真提供／（独）日本スポーツ振興センター・三嶋裕子

日本《にほん》は周《まわ》りを海《うみ》に囲《かこ》まれた南北《なんぼく》に細長《ほそなが》い島国《しまぐに》です。春《はる》・夏《なつ》・秋《あき》・冬《ふゆ》の四季《しき》がはっきりしており、1年《ねん》の気候《きこう》も地域《ちいき》によって大《おお》きく変《か》わるため、私《わたし》たちの先祖《せんぞ》はその土地《とち》に合《あ》った農作物《のうさくぶつ》を育《そだ》て、海《うみ》や山《やま》などでとれる自然《しぜん》の産物《さんぶつ》を上手《じょうず》に利用《りよう》しながら、その土地特有《とちとくゆう》の郷土料理《きょうどりょうり》を生《う》み出《だ》し、伝《つた》えてきました。どの郷土料理《きょうどりょうり》も野菜《やさい》や魚《さかな》などをたっぷり使《つか》った健康的《けんこうてき》な料理《りょうり》です。

ご老公《ろうこう》さま一行《いっこう》と巡《めぐ》る 日本各地《にほんかくち》の郷土料理《きょうどりょうり》

石狩《いしかり》なべは、さけを丸《まる》ごと使《つか》い、大根《だいこん》やねぎ、豆腐《とうふ》などを入《い》れたなべ。冬《ふゆ》に食《た》べると体《からだ》が温《あたた》まるわ！
北海道《ほっかいどう》
石狩《いしかり》なべ
秋田県《あきたけん》
きりたんぽ汁《じる》
ご飯《はん》をすりつぶし棒《ぼう》に巻《ま》き付《つ》けて焼《や》いたものがきりたんぽ。鶏肉《とりにく》やごぼう、きのこなどを入《い》れた汁《しる》ものにする。
宮城県《みやぎけん》
はっと汁《じる》
はっとは小麦粉《こむぎこ》を練《ね》り、薄《うす》くのばしたもの。冬《ふゆ》には野菜《やさい》をたくさん入《い》れ、汁《しる》に仕立《した》てて食《た》べる。
ほうとうは、戦国武将《せんごくぶしょう》の武田信玄《たけだしんげん》が、自《みずか》ら刀《かたな》（宝刀《ほうとう》）をとって作《つく》ったという言《い》い伝《つた》えがある。
山梨県《やまなしけん》
ほうとう
島根県《しまねけん》
うずめめし
干《ほ》ししいたけ、高野豆腐《こうやどうふ》、野菜《やさい》の煮物《にもの》の上《うえ》にご飯《はん》を盛《も》り、薬味《やくみ》をのせて熱《あつ》いだし汁《じる》をかけて食《た》べる。
石川県《いしかわけん》
治部煮《じぶに》
鴨肉《かもにく》などに小麦粉《こむぎこ》をまぶし、だし汁《じる》で煮《に》たものに特産《とくさん》の麸《ふ》や野菜《やさい》などを加《くわ》える。
東京都《とうきょうと》
深川《ふかがわ》めし
東京湾《とうきょうわん》で採《と》れたあさりのむき身《み》のみそ汁《しる》をご飯《はん》にかけたどんぶり。江戸時代《えどじだい》のファストフード。
あなたの住《す》んでいる地域《ちいき》にはどんな郷土《きょうど》料理《りょうり》があるかな？調《しら》べてみよう！
千葉県《ちばけん》
いわしの団子汁《だんごじる》
いわしの団子汁《だんごじる》は、大根《だいこん》を煮《に》て、そこにみそを加《くわ》えて団子《だんご》にしたいわしのすり身《み》を入《い》れて作《つく》る。寒《さむ》い冬《ふゆ》の一番《いちばん》のごちそうだ。
大分県《おおいたけん》
やせうま
佐賀県《さがけん》
がめ煮《に》
沖縄県《おきなわけん》
ソーキ汁《じる》
豚《ぶた》のあばら骨肉《ぼねにく》を昆布《こんぶ》、大根《だいこん》と一緒《いっしょ》に煮込《にこ》んだもの。栄養《えいよう》のバランスのとれた健康料理《けんこうりょうり》。
徳島県《とくしまけん》
ゆで干《ほ》しいもの小倉煮《おぐらに》
ゆで干《ほ》しいもはたくさんとれたさつまいもを長《なが》く保存《ほぞん》するために考《かんが》えられた。
和歌山県《わかやまけん》
目張《めは》りずし
山仕事《やましごと》に行《い》く人《ひと》が持《も》って行《い》ったお弁当《べんとう》がはじまり。高菜《たかな》の漬物《つけもの》で包《つつ》んで作《つく》る。

やせうまは小麦粉《こむぎこ》で作《つく》った平《ひら》たいめんにきな粉《こ》と砂糖《さとう》をまぶしたおやつ。おいしそうだね！
がめ煮《に》は筑前煮《ちくぜんに》ともいわれ、秀吉《ひでよし》の朝鮮出兵《ちょうせんしゅっぺい》のときに作《つく》られた食事《しょくじ》から生《う》まれたそうだ！

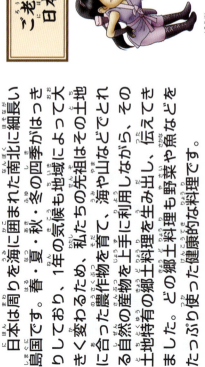

パワポ「プレゼン資料」

＊郷土料理写真はさしかえができます。

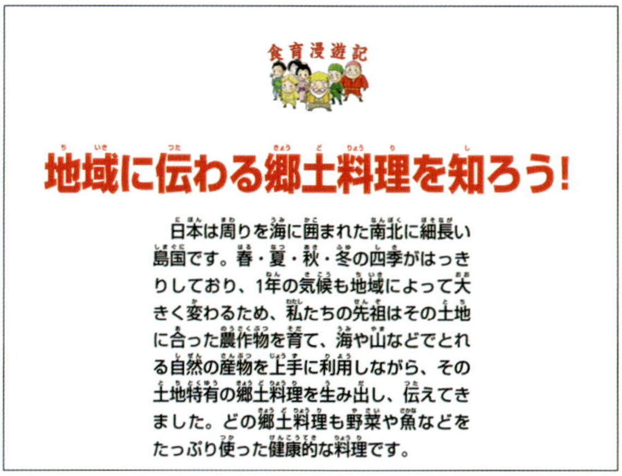

食育漫遊記
地域《ちいき》に伝《つた》わる郷土料理《きょうどりょうり》を知《し》ろう!
日本《にほん》は周《まわ》りを海《うみ》に囲《かこ》まれた南北《なんぼく》に細長《ほそなが》い島国《しまぐに》です。春《はる》・夏《なつ》・秋《あき》・冬《ふゆ》の四季《しき》がはっきりしており、1年《ねん》の気候《きこう》も地域《ちいき》によって大《おお》きく変《か》わるため、私《わたし》たちの先祖《せんぞ》はその土地《とち》に合《あ》った農作物《のうさくぶつ》を育《そだ》て、海《うみ》や山《やま》などでとれる自然《しぜん》の産物《さんぶつ》を上手《じょうず》に利用《りよう》しながら、その土地特有《とちとくゆう》の郷土料理《きょうどりょうり》を生《う》み出《だ》し、伝《つた》えてきました。どの郷土料理《きょうどりょうり》も野菜《やさい》や魚《さかな》などをたっぷり使《つか》った健康的《けんこうてき》な料理《りょうり》です。

①

ご老公《ろうこう》さま一行《いっこう》と巡《めぐ》る
日本各地《にほんかくち》の郷土料理《きょうどりょうり》
あなたの住《す》んでいる地域《ちいき》にはどんな郷土《きょうど》料理《りょうり》があるかな？調《しら》べてみよう！

②

石狩《いしかり》なべは、さけを丸《まる》ごと使《つか》い、大根《だいこん》やねぎ、豆腐《とうふ》などを入《い》れたなべ。冬《ふゆ》に食《た》べると体《からだ》が温《あたた》まるわ！
北海道《ほっかいどう》
石狩《いしかり》なべ
写真提供／（独）日本スポーツ振興センター
秋田県《あきたけん》
きりたんぽ汁《じる》
ご飯《はん》をすりつぶし棒《ぼう》に巻《ま》き付《つ》けて焼《や》いたものがきりたんぽ。鶏肉《とりにく》やごぼう、きのこなどを入《い》れた汁《しる》ものにする。
宮城県《みやぎけん》
はっと汁《じる》
はっとは小麦粉《こむぎこ》を練《ね》り、薄《うす》くのばしたもの。冬《ふゆ》には野菜《やさい》をたくさん入《い》れ、汁《しる》に仕立《した》てて食《た》べる。
ご老公《ろうこう》さま一行《いっこう》と巡《めぐ》る
日本各地《にほんかくち》の郷土料理《きょうどりょうり》

③

東京都《とうきょうと》
深川《ふかがわ》めし
東京湾《とうきょうわん》で採《と》れたあさりのむき身《み》のみそ汁《しる》をご飯《はん》にかけたどんぶり。江戸時代《えどじだい》のファストフード。
いわしの団子汁《だんごじる》は、大根《だいこん》を煮《に》て、そこにみそを加《くわ》えて団子《だんご》にしたいわしのすり身《み》を入《い》れて作《つく》る。寒《さむ》い冬《ふゆ》の一《いち》番《ばん》のごちそうだ。
千葉県《ちばけん》
いわしの団子汁《だんごじる》
ご老公《ろうこう》さま一行《いっこう》と巡《めぐ》る
日本各地《にほんかくち》の郷土料理《きょうどりょうり》
写真提供／（独）日本スポーツ振興センター

④

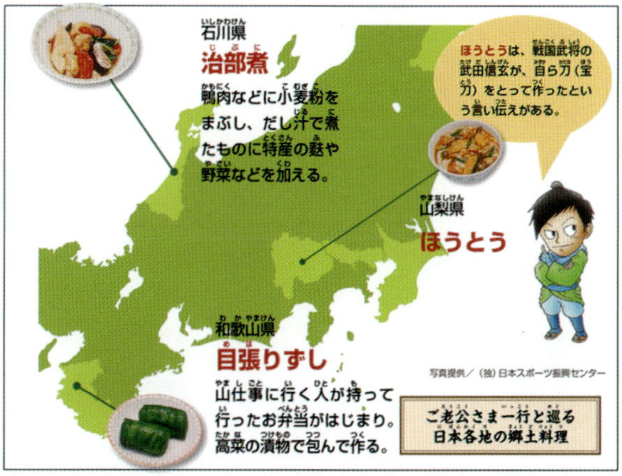

石川県《いしかわけん》
治部煮《じぶに》
鴨肉《かもにく》などに小麦粉《こむぎこ》をまぶし、だし汁《じる》で煮《に》たものに特産《とくさん》の麩《ふ》や野菜《やさい》などを加《くわ》える。
ほうとうは、戦国武将《せんごくぶしょう》の武田信玄《たけだしんげん》が、自《みずか》ら刀《かたな》（宝《ほう》刀《とう》）をとって作《つく》ったという言《い》い伝《つた》えがある。
山梨県《やまなしけん》
ほうとう
和歌山県《わかやまけん》
目張《めは》りずし
山仕事《やましごと》に行《い》く人《ひと》が持《も》って行《い》ったお弁当《べんとう》がはじまり。高菜《たかな》の漬物《つけもの》で包《つつ》んで作《つく》る。
写真提供／（独）日本スポーツ振興センター
ご老公《ろうこう》さま一行《いっこう》と巡《めぐ》る
日本各地《にほんかくち》の郷土料理《きょうどりょうり》

⑤

ご老公《ろうこう》さま一行《いっこう》と巡《めぐ》る
日本各地《にほんかくち》の郷土料理《きょうどりょうり》
島根県《しまねけん》
うずめめし
干《ほ》ししいたけ、高野豆腐《こうやどうふ》、野菜《やさい》の煮物《にもの》の上《うえ》にご飯《はん》を盛《も》り、薬味《やくみ》をのせて熱《あつ》いだし汁《じる》をかけて食《た》べる。
大分県《おおいたけん》
やせうま
やせうまは小麦粉《こむぎこ》で作《つく》った平《ひら》たいめんにきな粉《こ》と砂糖《さとう》をまぶしたおやつ。おいしそうだね！
徳島県《とくしまけん》
ゆで干《ぼ》しいもの小倉煮《おぐらに》
ゆで干《ぼ》しいもはたくさんとれたさつまいもを長《なが》く保存《ほぞん》するために考《かんが》えられた。
写真提供／（独）日本スポーツ振興センター・三嶋裕子

⑥

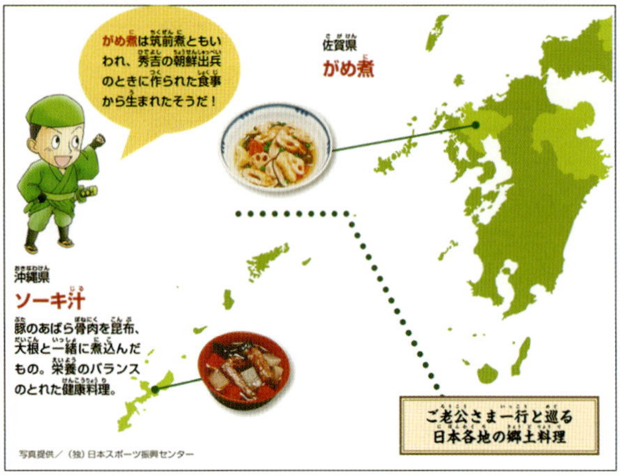
がめ煮《に》は筑前煮《ちくぜんに》ともいわれ、秀吉《ひでよし》の朝鮮出兵《ちょうせんしゅっぺい》のときに作《つく》られた食事《しょくじ》から生《う》まれたそうだ！
佐賀県《さがけん》
がめ煮《に》
沖縄県《おきなわけん》
ソーキ汁《じる》
豚《ぶた》のあばら骨肉《ほねにく》を昆布《こんぶ》、大根《だいこん》と一緒《いっしょ》に煮込《にこ》んだもの。栄養《えいよう》のバランスのとれた健康料理《けんこうりょうり》。
ご老公《ろうこう》さま一行《いっこう》と巡《めぐ》る
日本各地《にほんかくち》の郷土料理《きょうどりょうり》
写真提供／（独）日本スポーツ振興センター

⑦

ご老公さま一行と巡る
日本各地の郷土料理
写真提供／（独）日本スポーツ振興センター・三嶋裕子
石狩なべ
はっと汁
きりたんぽ汁
うずめめし
石川県
治部煮
大分県
やせうま
ほうとう
東京都
深川めし
佐賀県
がめ煮
ソーキ汁
ゆで干しいもの小倉煮
和歌山県
目張りずし
いわしの団子汁

⑧

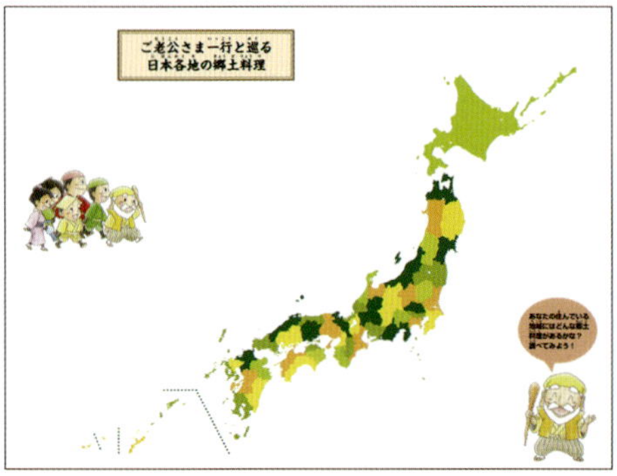
ご老公さま一行と巡る
日本各地の郷土料理

⑨

パワポ「なりきり壁新聞」

は写真を挿入できる空枠やさしかえが可能な写真・イラスト

学校で実施した郷土料理献立の写真を載せて、その地域の出身地の先生から顔写真付きのコメントをいただいて掲載するのも一案です。

・健康教育研究会　発行所・株式会社　健学社　〒102-0071 東京都千代田区富士見1-5-8 大新京ビル　電話03 (3222) 0557　FAX 03 (3262) 2615
食育ニュース
11月号
食育水戸黄門
地域《ちいき》に伝《つた》わる郷土料理《きょうどりょうり》を知《し》ろう!
日本《にほん》は周《まわ》りを海《うみ》に囲《かこ》まれた南北《なんぼく》に細長《ほそなが》い島国《しまぐに》です。春《はる》・夏《なつ》・秋《あき》・冬《ふゆ》の四季《しき》がはっきりしており、1年《ねん》の気候《きこう》も地域《ちいき》によって大《おお》きく変《か》わるため、私《わたし》たちの先祖《せんぞ》はその土地《とち》に合《あ》った農作物《のうさくぶつ》を育《そだ》て、海《うみ》や山《やま》などでとれる自然《しぜん》の産物《さんぶつ》を上手《じょうず》に利用《りよう》しながら、その土地特有《とちとくゆう》の郷土料理《きょうどりょうり》を生《う》み出《だ》し、伝《つた》えてきました。どの郷土料理《きょうどりょうり》も野菜《やさい》や魚《さかな》などをたっぷり使《つか》った健康的《けんこうてき》な料理《りょうり》です。
ご老公《ろうこう》さま一行《いっこう》と巡《めぐ》る
日本各地《にほんかくち》の郷土料理《きょうどりょうり》
あなたの住《す》んでいる地域《ちいき》にはどんな郷土《きょうど》料理《りょうり》があるかな？調《しら》べてみよう！

「食育ニュース」を含めたタイトル部分は変更できます。

編集・健康教育研究会　発行所・株式会社　健学社　〒102-0071 東京都千代田区富士見1-5-8 大新京ビル　電話 03（3222）0557　FAX 03（3262）2615

食育ニュース

12月号

食育水戸黄門

食《しょく》事《じ》の前《まえ》には手《て》洗《あら》いをきちんとしよう！

写真提供／日研生物医学研究所

　寒《さむ》さが日《ひ》増《ま》しに厳《きび》しくなってきました。水道《すいどう》の水《みず》も冷《つめ》たく感《かん》じられて、手《て》洗《あら》いがおっくうになっている人《ひと》はいませんか？

　目《め》には見《み》えなくても、手《て》にはかぜや食《しょく》中毒《ちゅうどく》の原因《げんいん》となるウイルスや細菌《さいきん》がついていることがあります。ウイルスなどを体《からだ》の中《なか》に入《い》れないためには、外《そと》から帰《かえ》ったときや食事《しょくじ》の前《まえ》に手《て》洗《あら》いをきちんと行《おこな》うことが大切《たいせつ》です。

ご老公《ろうこう》さま一行《いっこう》と学《まな》ぶ　正《ただ》しい手《て》洗《あら》い

1. 手《て》に水《みず》をつけ、せっけんをよく泡立《あわだ》てる！
2. 手《て》のひらと甲《こう》をこする。
3. 指《ゆび》の間《あいだ》をよく洗《あら》う。
4. 指《ゆび》の先《さき》を手《て》のひらでこするように洗《あら》う。

よく泡立《あわだ》てると汚《よご》れがよく落《お》ちるのよ！
手《て》の甲《こう》を滑《すべ》って下《お》りる感《かん》じでゴシゴシ！
指《ゆび》で作《つく》ったフォークをかみ合《あ》わせるように！
ネコになった気《き》持《も》ちで指先《ゆびさき》をよくこすろう！
車輪《しゃりん》のようにくるくるねじねじ回《まわ》そう！

5. 親指《おやゆび》は反対《はんたい》の手《て》で握《にぎ》り、回《まわ》すようにして洗《あら》う。
6. 手首《てくび》も同《おな》じように反対《はんたい》の手《て》で握《にぎ》って洗《あら》う。
7. 水道水《すいどうすい》でせっけんをよく洗《あら》い流《なが》す。
8. 清潔《せいけつ》なハンカチでよくふきとる。

手《て》から病気《びょうき》がうつるしくみ

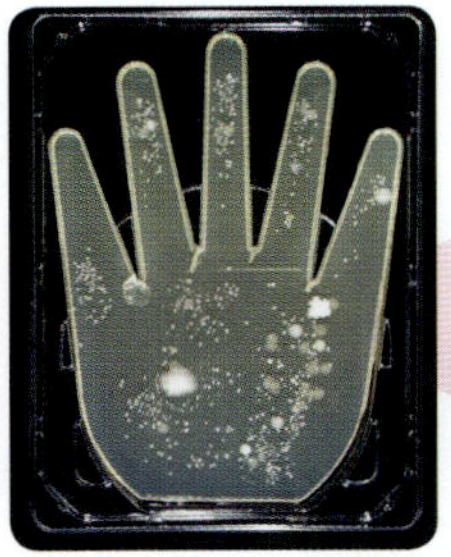

手《て》には、目《め》に見《み》えないほど小《ちい》さい細菌《さいきん》やウイルスなどがついていることがある。

手《て》を洗《あら》わずに食《た》べたり、目《め》や鼻《はな》をさわるとウイルスなどが体《からだ》の中《なか》に入《はい》り込《こ》む。

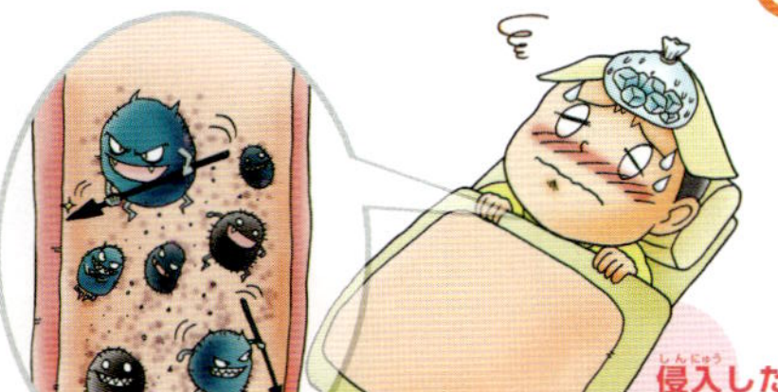

侵入《しんにゅう》したウイルスは、人《ひと》の体内《たいない》で仲間《なかま》を増《ふ》やし、熱《ねつ》や吐《は》き気《け》など病気《びょうき》の症状《しょうじょう》を引《ひ》き起《お》こす。

❗洗《あら》い残《のこ》しが多《おお》い部分《ぶぶん》

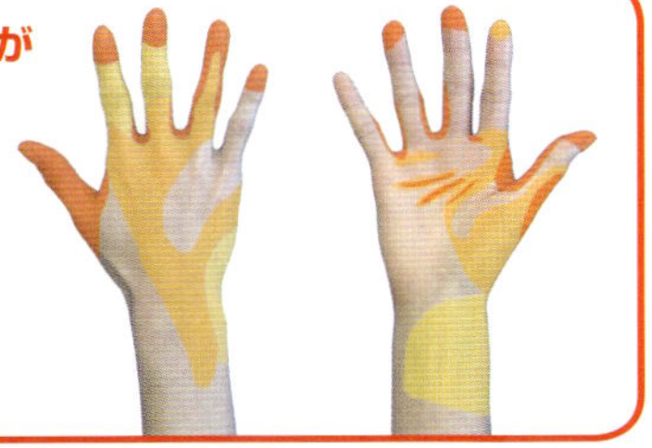

- とくに多《おお》い
- 多《おお》い
- やや多《おお》い

指《ゆび》の先《さき》や間《あいだ》に洗《あら》い残《のこ》しが多《おお》いぞ。時間《じかん》をかけてていねいに洗《あら》うことが大切《たいせつ》じゃ！

(Nursing Times. 12, 54～55, 1978 参照)

パワポ「プレゼン資料」

＊手洗い写真はさしかえができます。

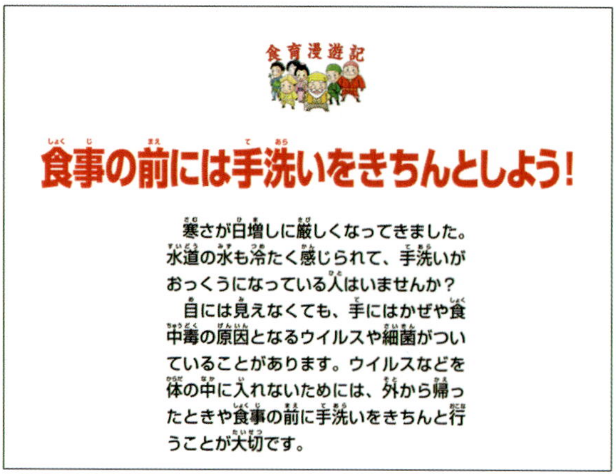
食育漫遊記
食事《しょくじ》の前《まえ》には手洗《てあら》いをきちんとしよう！
寒《さむ》さが日増《ひま》しに厳《きび》しくなってきました。水道《すいどう》の水《みず》も冷《つめ》たく感《かん》じられて、手洗《てあら》いがおっくうになっている人《ひと》はいませんか？
目《め》には見《み》えなくても、手《て》にはかぜや食中毒《しょくちゅうどく》の原因《げんいん》となるウイルスや細菌《さいきん》がついていることがあります。ウイルスなどを体《からだ》の中《なか》に入《い》れないためには、外《そと》から帰《かえ》ったときや食事《しょくじ》の前《まえ》に手洗《てあら》いをきちんと行《おこな》うことが大切《たいせつ》です。

①

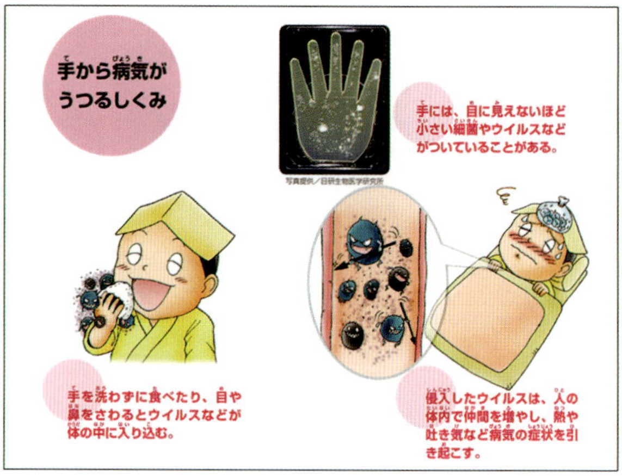
手《て》から病気《びょうき》がうつるしくみ
写真提供／日研生物医学研究所
手《て》には、目《め》に見《み》えないほど小《ちい》さい細菌《さいきん》やウイルスなどがついていることがある。
手《て》を洗《あら》わずに食《た》べたり、目《め》や鼻《はな》をさわるとウイルスなどが体《からだ》の中《なか》に入《はい》り込《こ》む。
侵入《しんにゅう》したウイルスは、人《ひと》の体内《たいない》で仲間《なかま》を増《ふ》やし、熱《ねつ》や吐《は》き気《け》など病気《びょうき》の症状《しょうじょう》を引《ひ》き起《お》こす。

②

ご老公《ろうこう》さま一行《いっこう》と学《まな》ぶ 正《ただ》しい手洗《てあら》い
1 手《て》に水《みず》をつけ、せっけんをよく泡立《あわだ》てる！
2 手《て》のひらと甲《こう》をこする。
よく泡立《あわだ》てると汚《よご》れがよく落《お》ちるのよ！
手《て》の甲《こう》を滑《すべ》って下《お》りる感《かん》じでゴシゴシ！

③

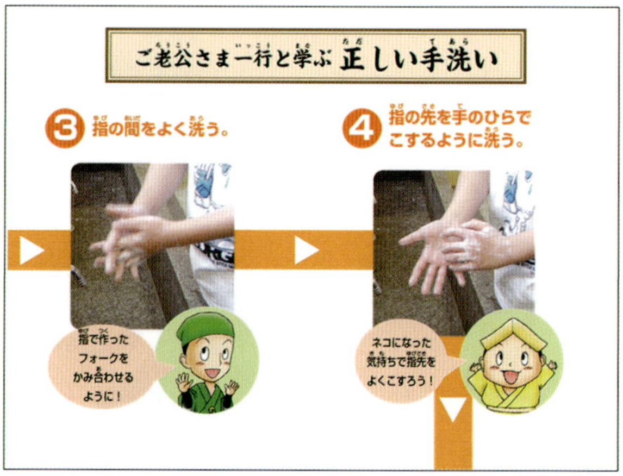
ご老公《ろうこう》さま一行《いっこう》と学《まな》ぶ 正《ただ》しい手洗《てあら》い
3 指《ゆび》の間《あいだ》をよく洗《あら》う。
4 指《ゆび》の先《さき》を手《て》のひらでこするように洗《あら》う。
指《ゆび》で作《つく》ったフォークをかみ合《あ》わせるように！
ネコになった気持《きも》ちで指先《ゆびさき》をよくこすろう！

④

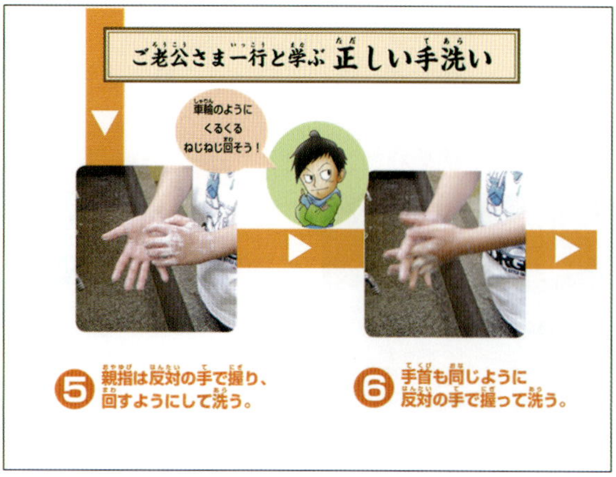
ご老公《ろうこう》さま一行《いっこう》と学《まな》ぶ 正《ただ》しい手洗《てあら》い
車輪《しゃりん》のようにくるくるねじねじ回《まわ》そう！
5 親指《おやゆび》は反対《はんたい》の手《て》で握《にぎ》り、回《まわ》すようにして洗《あら》う。
6 手首《てくび》も同《おな》じように反対《はんたい》の手《て》で握《にぎ》って洗《あら》う。

⑤

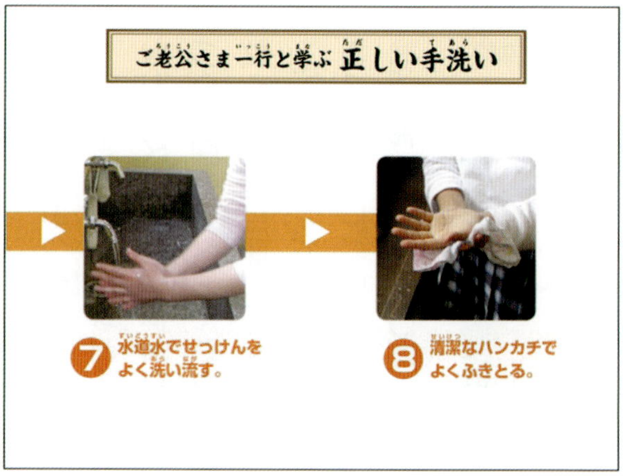
ご老公《ろうこう》さま一行《いっこう》と学《まな》ぶ 正《ただ》しい手洗《てあら》い
7 水道水《すいどうすい》でせっけんをよく洗《あら》い流《なが》す。
8 清潔《せいけつ》なハンカチでよくふきとる。

⑥

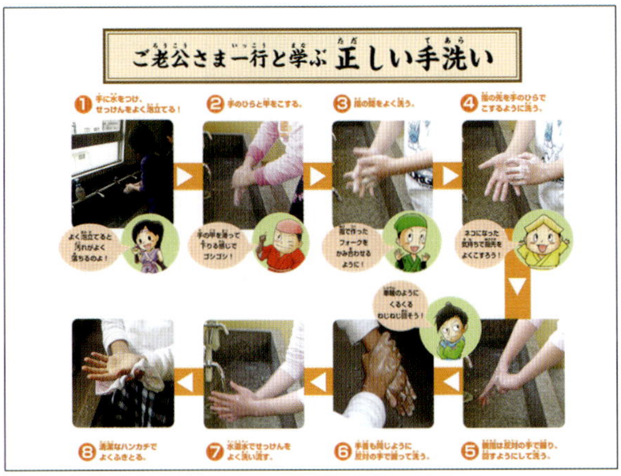

ご老公《ろうこう》さま一行《いっこう》と学《まな》ぶ 正《ただ》しい手洗《てあら》い
❶ 手に水をつけ、せっけんをよく泡立てる！
❷ 手のひらと甲をこする。
❸ 指の間をよく洗う。
❹ 指の先を手のひらでこするように洗う。
よく泡立てると汚れがよく落ちるのよ！
手の甲を滑って下りる感じでゴシゴシ！
指で作ったフォークをかみ合わせるように！
ネコになった気持ちで指先をよくこすろう！
車輪のようにくるくるねじねじ回そう！
❺ 親指は反対の手で握り、回すようにして洗う。
❻ 手首も同じように反対の手で握って洗う。
❼ 水道水でせっけんをよく洗い流す。
❽ 清潔なハンカチでよくふきとる。

⑦

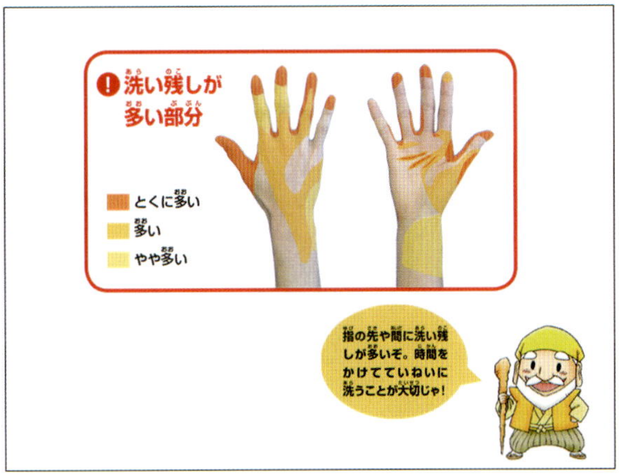

❗洗《あら》い残《のこ》しが多《おお》い部分《ぶぶん》
とくに多《おお》い
多《おお》い
やや多《おお》い
指《ゆび》の先《さき》や間《あいだ》に洗《あら》い残《のこ》しが多《おお》いぞ。時間《じかん》をかけてていねいに洗《あら》うことが大切《たいせつ》じゃ！

⑧

パワポ「なりきり壁新聞」

は写真を挿入できる空枠やさしかえが可能な写真・イラスト

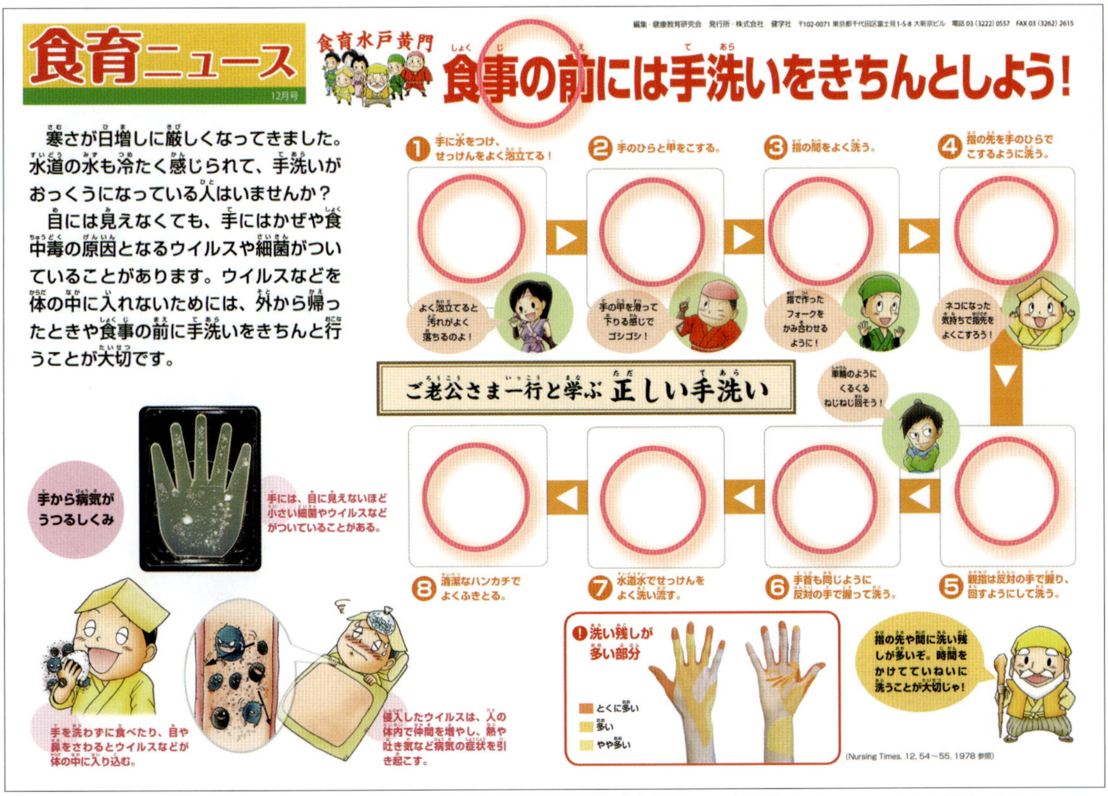

食育ニュース
12月号
食育水戸黄門
編集・健康教育研究会　発行所・株式会社　健学社　〒102-0071 東京都千代田区富士見1-5-8 大新京ビル　電話 03（3222）0557　FAX 03（3262）2615
食事《しょくじ》の前《まえ》には手洗《てあら》いをきちんとしよう！
寒《さむ》さが日増《ひま》しに厳《きび》しくなってきました。水道《すいどう》の水《みず》も冷《つめ》たく感《かん》じられて、手洗《てあら》いがおっくうになっている人《ひと》はいませんか？
目《め》には見《み》えなくても、手《て》にはかぜや食中毒《しょくちゅうどく》の原因《げんいん》となるウイルスや細菌《さいきん》がついていることがあります。ウイルスなどを体《からだ》の中《なか》に入《い》れないためには、外《そと》から帰《かえ》ったときや食事《しょくじ》の前《まえ》に手洗《てあら》いをきちんと行《おこな》うことが大切《たいせつ》です。
手《て》から病気《びょうき》がうつるしくみ
手《て》には、目《め》に見《み》えないほど小《ちい》さい細菌《さいきん》やウイルスなどがついていることがある。
手《て》を洗《あら》わずに食《た》べたり、目《め》や鼻《はな》をさわるとウイルスなどが体《からだ》の中《なか》に入《はい》り込《こ》む。
侵入《しんにゅう》したウイルスは、人《ひと》の体内《たいない》で仲間《なかま》を増《ふ》やし、熱《ねつ》や吐《は》き気《け》など病気《びょうき》の症状《しょうじょう》を引《ひ》き起《お》こす。
ご老公《ろうこう》さま一行《いっこう》と学《まな》ぶ 正《ただ》しい手洗《てあら》い
❶ 手《て》に水《みず》をつけ、せっけんをよく泡立《あわだ》てる！
❷ 手《て》のひらと甲《こう》をこする。
❸ 指《ゆび》の間《あいだ》をよく洗《あら》う。
❹ 指《ゆび》の先《さき》を手《て》のひらでこするように洗《あら》う。
よく泡立《あわだ》てると汚《よご》れがよく落《お》ちるのよ！
手《て》の甲《こう》を滑《すべ》って下《お》りる感《かん》じでゴシゴシ！
指《ゆび》で作《つく》ったフォークをかみ合《あ》わせるように！
ネコになった気持《きも》ちで指先《ゆびさき》をよくこすろう！
車輪《しゃりん》のようにくるくるねじねじ回《まわ》そう！
❽ 清潔《せいけつ》なハンカチでよくふきとる。
❼ 水道水《すいどうすい》でせっけんをよく洗《あら》い流《なが》す。
❻ 手首《てくび》も同《おな》じように反対《はんたい》の手《て》で握《にぎ》って洗《あら》う。
❺ 親指《おやゆび》は反対《はんたい》の手《て》で握《にぎ》り、回《まわ》すようにして洗《あら》う。
❗洗《あら》い残《のこ》しが多《おお》い部分《ぶぶん》
とくに多《おお》い
多《おお》い
やや多《おお》い
指《ゆび》の先《さき》や間《あいだ》に洗《あら》い残《のこ》しが多《おお》いぞ。時間《じかん》をかけてていねいに洗《あら》うことが大切《たいせつ》じゃ！
(Nursing Times, 12, 54～55, 1978 参照)

「食育ニュース」を含めたタイトル部分は変更できます。

編集・健康教育研究会　発行所・株式会社　健学社　〒102-0071 東京都千代田区富士見1-5-8 大新京ビル　電話 03 (3222) 0557　FAX 03 (3262) 2615

食育ニュース

1月号

食育水戸黄門

愛情《あいじょう》のこもった給食《きゅうしょく》を感謝《かんしゃ》して食《た》べよう！

全国学校給食週間《ぜんこくがっこうきゅうしょくしゅうかん》がはじまります。ご老公《ろうこう》さま一行《いっこう》は、給食《きゅうしょく》のことをもっと知《し》るために、作《つく》っているようすを見学《けんがく》してきました。調理員《ちょうりいん》さんは、限《かぎ》られた人数《にんずう》で、たくさんの人の給《きゅう》食《しょく》を作《つく》っています。おいしく安全《あんぜん》に、しかも時間《じかん》を守《まも》って、みなさんが楽《たの》しく食《た》べてくれる姿《すがた》を思《おも》い浮《う》かべながら、一生懸命《いっしょうけんめい》に作《つく》っているのです。

ご老公《ろうこう》さま一行《いっこう》と学《まな》ぶ 給食室《きゅうしょくしつ》のようす

給食《きゅうしょく》づくり

スタート！

働《はたら》く服装《ふくそう》

今日《きょう》もみんなのために がんばるぞ〜！

給食当番《きゅうしょくとうばん》さんも、
この服装《ふくそう》を
心《こころ》がけてね！

- ぼうし（髪《かみ》の毛《け》を出《だ》さない）
- マスク（鼻《はな》までしっかり覆《おお》う）
- 白衣《はくい》（きちんと着《き》る）

手洗《てあら》い

つめブラシ

みんなも給食《きゅうしょく》を
食《た》べる前《まえ》には、
必《かなら》ず手《て》を洗《あら》おう。

調理《ちょうり》の前《まえ》には、手《て》からひじまでていねいに洗《あら》います。つめも各人専用《かくじんせんよう》のつめブラシを使《つか》って、つめの間《あいだ》まで洗《あら》います。

材料《ざいりょう》が届《とど》きます

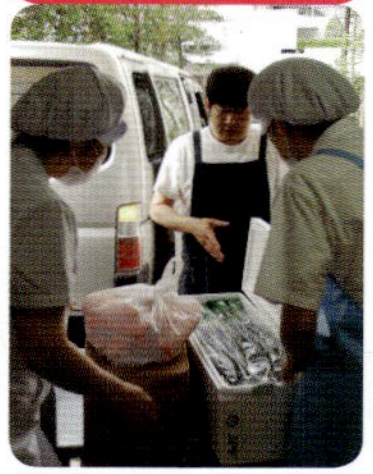

給食《きゅうしょく》で使《つか》う材料《ざいりょう》は、その日《ひ》の朝《あさ》に届《とど》けられます。調理《ちょうり》員《いん》さんは材料《ざいりょう》の数《かず》や状態《じょうたい》をしっかりチェックします。

下準備《したじゅんび》をします

野菜《やさい》は泥《どろ》を落《お》とし、虫《むし》やごみが入《はい》っていないかチェックします。その後《ご》、水《すい》そうを変《か》えて3回《かい》流水《りゅうすい》で洗《あら》います。

おいしく作《つく》るのは
もちろんのこと、
衛生《えいせい》にもとても注意《ちゅうい》して
作《つく》っているんだね！

材料《ざいりょう》を、作《つく》る料理《りょうり》に合《あ》わせて食《た》べやすい大《おお》きさに切《き》りそろえます。

調理《ちょうり》がはじまります

大《おお》きななべ（回《かい》転《てん》がま）を使《つか》って調理《ちょうり》します。

なべが大《おお》きいから、
使《つか》うしゃもじやひしゃくも
大《おお》きいんだね。

中心《ちゅうしん》までしっかり熱《ねつ》が通《とお》ったか、確認《かくにん》します。

完成《かんせい》！

給食当番《きゅうしょくとうばん》さんにバトンタッチ！

クラスごとに食缶《しょくかん》に分《わ》けて完成《かんせい》！その後《ご》、使《つか》った器具《きぐ》や容器《ようき》を洗《あら》い、片付《かたづ》けます。

いただきます

「いただきます」のあいさつをしっかりして、おいしく残《のこ》さず食《た》べることが調理員《ちょうりいん》さんたちへの何《なに》よりの感謝《かんしゃ》になるのじゃ！

後片付《あとかたづ》け

残《のこ》さずきれいに食《た》べ、
食器《しょっき》やはしをそろえて返《かえ》すと、
調理員《ちょうりいん》さんの仕事《しごと》は
少《すこ》し楽《らく》になるんだ。
みんなも協力《きょうりょく》しよう！

食器《しょっき》は、きれいに洗《あら》い、クラスごとに数《かず》をしっかり確認《かくにん》してから、かごに入《い》れ、殺菌《さっきん》・消毒《しょうどく》のために熱風乾燥庫《ねっぷうかんそうこ》で保管《ほかん》します。

パワポ「プレゼン資料」

＊調理員さんや子どもの写真はさしかえができます。パワポスライドでは一部画像処理をしています。

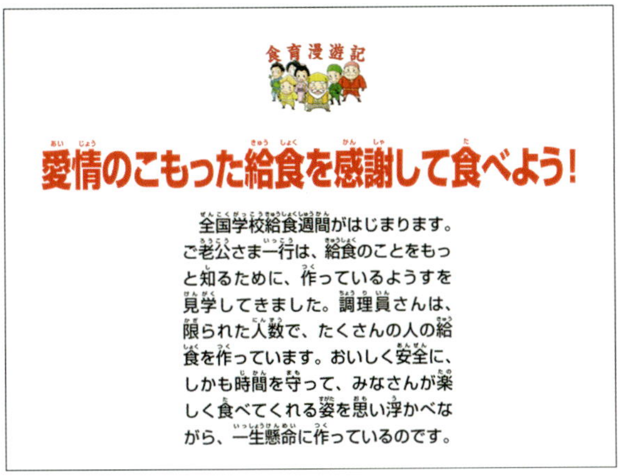
食育漫遊記
愛情《あいじょう》のこもった給食《きゅうしょく》を感謝《かんしゃ》して食《た》べよう！
全国学校給食週間《ぜんこくがっこうきゅうしょくしゅうかん》がはじまります。ご老公《ろうこう》さま一行《いっこう》は、給食《きゅうしょく》のことをもっと知《し》るために、作《つく》っているようすを見学《けんがく》してきました。調理員《ちょうりいん》さんは、限《かぎ》られた人数《にんずう》で、たくさんの人の給《きゅう》食《しょく》を作《つく》っています。おいしく安全《あんぜん》に、しかも時間《じかん》を守《まも》って、みなさんが楽《たの》しく食《た》べてくれる姿《すがた》を思《おも》い浮《う》かべながら、一生懸命《いっしょうけんめい》に作《つく》っているのです。

①

ご老公《ろうこう》さま一行《いっこう》と学《まな》ぶ
給食室《きゅうしょくしつ》のようす
スタート！
今日《きょう》もみんなのために
がんばるぞー！
働《はたら》く服装《ふくそう》
給食当番《きゅうしょくとうばん》さんも、この服装《ふくそう》を心《こころ》がけてね！
ぼうし(髪《かみ》の毛《け》を出《だ》さない)
マスク(鼻《はな》までしっかり覆《おお》う)
白衣《はくい》(きちんと着《き》る)
手洗《てあら》い
つめブラシ
みんなも給食《きゅうしょく》を食《た》べる前《まえ》には、必《かなら》ず手《て》を洗《あら》おう。
調理《ちょうり》の前《まえ》には、手《て》からひじまでていねいに洗《あら》います。つめも各人専用《かくじんせんよう》のつめブラシを使《つか》って、つめの間《あいだ》まで洗《あら》います。

②

給食《きゅうしょく》づくり
おいしく作《つく》るのはもちろんのこと、衛生《えいせい》にもとても注意《ちゅうい》して作《つく》っているんだね！
材料《ざいりょう》が届《とど》きます
給食《きゅうしょく》で使《つか》う材料《ざいりょう》は、その日《ひ》の朝《あさ》に届《とど》けられます。調理《ちょうり》員《いん》さんは材料《ざいりょう》の数《かず》や状態《じょうたい》をしっかりチェックします。
下準備《したじゅんび》をします
野菜《やさい》は泥《どろ》を落《お》とし、虫《むし》やごみが入《はい》っていないかチェックします。その後《ご》、水《すい》そうを変《か》えて3回《かい》流水《りゅうすい》で洗《あら》います。
材料《ざいりょう》を、作《つく》る料理《りょうり》に合《あ》わせて食《た》べやすい大《おお》きさに切《き》りそろえます。

③

給食《きゅうしょく》づくり
調理《ちょうり》がはじまります
大《おお》きななべ(回《かい》転《てん》がま)を使《つか》って調理《ちょうり》します。
なべが大《おお》きいから、使《つか》うしゃもじやひしゃくも大《おお》きいんだね。
中心《ちゅうしん》までしっかり熱《ねつ》が通《とお》ったか、確認《かくにん》します。

④

完成《かんせい》！
給食当番《きゅうしょくとうばん》さんにバトンタッチ！
クラスごとに食缶《しょくかん》に分《わ》けて完成《かんせい》！その後《ご》、使《つか》った器具《きぐ》や容器《ようき》を洗《あら》い、片付《かたづ》けます。

⑤

いただきます
「いただきます」のあいさつをしっかりして、おいしく残《のこ》さず食《た》べることが調理員《ちょうりいん》さんたちへの何《なに》よりの感謝《かんしゃ》になるのじゃ！

⑥

⑦

パワポ「なりきり壁新聞」

◯は写真を挿入できる空枠やさしかえが可能な写真・イラスト

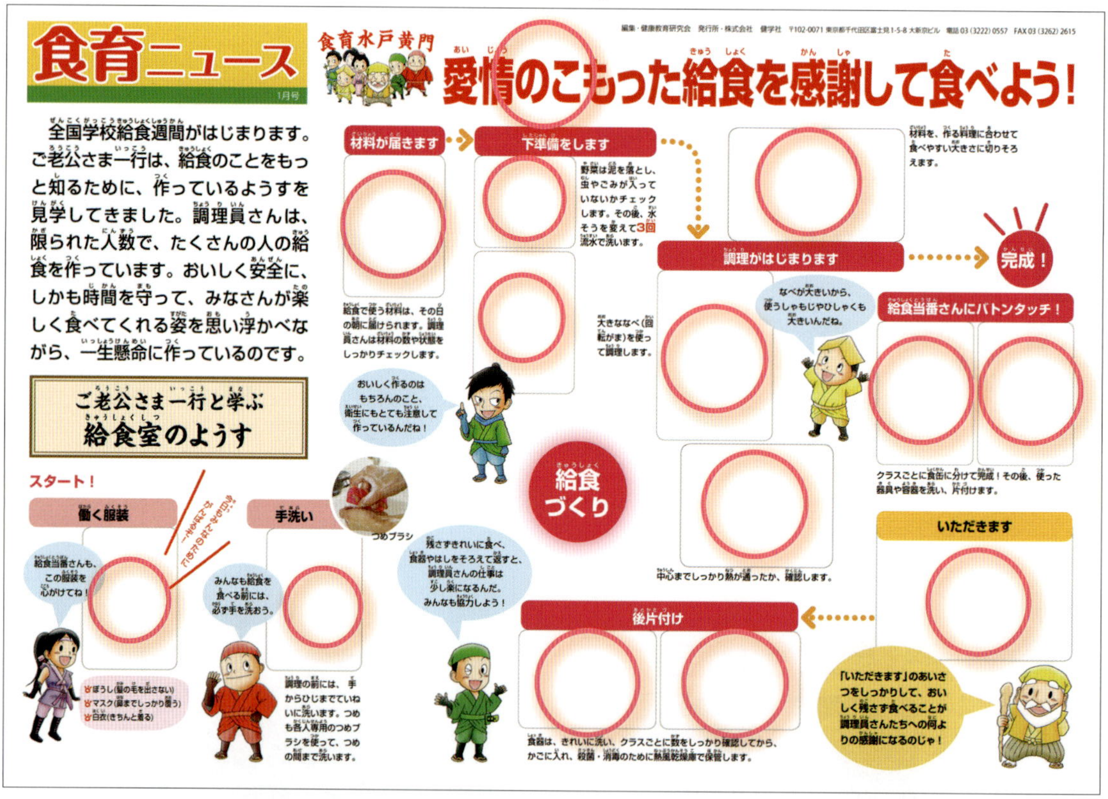

食育ニュース

1月号

食育水戸黄門

愛情《あいじょう》のこもった給食《きゅうしょく》を感謝《かんしゃ》して食《た》べよう！

編集・健康教育研究会　発行所・株式会社　健学社　〒102-0071 東京都千代田区富士見1-5-8 大新京ビル　電話 03（3222）0557　FAX 03（3262）2615

全国学校給食週間《ぜんこくがっこうきゅうしょくしゅうかん》がはじまります。ご老公《ろうこう》さま一行《いっこう》は、給食《きゅうしょく》のことをもっと知《し》るために、作《つく》っているようすを見学《けんがく》してきました。調理員《ちょうりいん》さんは、限《かぎ》られた人数《にんずう》で、たくさんの人の給《きゅう》食《しょく》を作《つく》っています。おいしく安全《あんぜん》に、しかも時間《じかん》を守《まも》って、みなさんが楽《たの》しく食《た》べてくれる姿《すがた》を思《おも》い浮《う》かべながら、一生懸命《いっしょうけんめい》に作《つく》っているのです。

ご老公《ろうこう》さま一行《いっこう》と学《まな》ぶ 給食室《きゅうしょくしつ》のようす

スタート！

働《はたら》く服装《ふくそう》

給食当番《きゅうしょくとうばん》さんも、この服装《ふくそう》を心《こころ》がけてね！

今日《きょう》もみんなのために がんばるぞー！

- ぼうし（髪の毛を出さない）
- マスク（鼻までしっかり覆う）
- 白衣（きちんと着る）

手洗《てあら》い

みんなも給食《きゅうしょく》を食《た》べる前《まえ》には、必《かなら》ず手《て》を洗《あら》おう。

調理《ちょうり》の前《まえ》には、手からひじまでていねいに洗《あら》います。つめも各人専用《かくじんせんよう》のつめブラシを使《つか》って、つめの間《あいだ》まで洗《あら》います。

つめブラシ

材料《ざいりょう》が届《とど》きます

給食《きゅうしょく》で使《つか》う材料《ざいりょう》は、その日の朝に届けられます。調理員《ちょうりいん》さんは材料《ざいりょう》の数《かず》や状態《じょうたい》をしっかりチェックします。

下準備《したじゅんび》をします

野菜《やさい》は泥《どろ》を落《お》とし、虫《むし》やごみが入《はい》っていないかチェックします。その後《ご》、水《すい》そうを変《か》えて3回《かい》流水《りゅうすい》で洗《あら》います。

大《おお》きななべ（回《かい》転《てん》がま）を使《つか》って調理《ちょうり》します。

おいしく作《つく》るのはもちろんのこと、衛生《えいせい》にもとても注意《ちゅうい》して作《つく》っているんだね！

材料《ざいりょう》を、作《つく》る料理《りょうり》に合《あ》わせて食《た》べやすい大《おお》きさに切《き》りそろえます。

給食《きゅうしょく》づくり

調理《ちょうり》がはじまります

なべが大《おお》きいから、使《つか》うしゃもじやひしゃくも大《おお》きいんだね。

中心《ちゅうしん》までしっかり熱《ねつ》が通《とお》ったか、確認《かくにん》します。

完成《かんせい》！

給食当番《きゅうしょくとうばん》さんにバトンタッチ！

クラスごとに食缶《しょっかん》に分《わ》けて完成《かんせい》！その後《ご》、使《つか》った器具《きぐ》や容器《ようき》を洗《あら》い、片付《かたづ》けます。

いただきます

「いただきます」のあいさつをしっかりして、おいしく残《のこ》さず食《た》べることが調理員《ちょうりいん》さんたちへの何《なに》よりの感謝《かんしゃ》になるのじゃ！

後片付《あとかたづ》け

食器《しょっき》は、きれいに洗《あら》い、クラスごとに数《かず》をしっかり確認《かくにん》してから、かごに入《い》れ、殺菌《さっきん》・消毒《しょうどく》のために熱風乾燥庫《ねっぷうかんそうこ》で保管《ほかん》します。

残《のこ》さずきれいに食《た》べ、食器《しょっき》やはしをそろえて返《かえ》すと、調理員《ちょうりいん》さんの仕事《しごと》は少《すこ》し楽《らく》になるんだ。みんなも協力《きょうりょく》しよう！

「食育ニュース」を含めたタイトル部分は変更できます。
「なりきり壁新聞」の本領発揮の回です。給食室やセンターの調理員さんにどんどん登場していただきましょう。

編集・健康教育研究会　発行所・株式会社　健学社　〒102-0071 東京都千代田区富士見1-5-8 大新京ビル　電話 03 (3222) 0557　FAX 03 (3262) 2615

食育ニュース

2月号

食育水戸黄門

主食《しゅしょく》・主菜《しゅさい》・副菜《ふくさい》をそろえて食《た》べよう！

食事《しょくじ》をするときには、ご飯《はん》やパンなどの「主食《しゅしょく》」に、おかずの「主菜《しゅさい》」「副菜《ふくさい》」をそろえて食《た》べると、栄養《えいよう》のバランスがとりやすくなります。また「くだもの」は不《ふ》足《そく》しがちなので、デザートに取《と》り入《い》れるのもいいですね。さらに「牛乳《ぎゅうにゅう》・乳製品《にゅうせいひん》」を取《と》り入《い》れると、日本人《にほんじん》に不足《ふそく》しがちなカルシウムを補給《ほきゅう》することができます。

栄養《えいよう》のバランスをよくするために、これらを取《と》り入《い》れた食事《しょくじ》を心《こころ》がけましょう。

副菜《ふくさい》
野菜《やさい》の煮物《にもの》
野菜《やさい》のてんぷら
海藻《かいそう》サラダ
なすの煮《に》びたし
きんぴら
おひたし
ゆでブロッコリー
主菜《しゅさい》は
肉《にく》・魚《さかな》・卵《たまご》・豆類《まめるい》など
おもに体《からだ》をつくるもとになる
食《た》べ物《もの》を使《つか》った、
食事《しょくじ》の中心《ちゅうしん》となるおかずだ。
主菜《しゅさい》
目玉焼《めだまや》き
とんかつ
あんかけどうふ
さばみそ煮《に》
焼《や》き魚《ざかな》
ハンバーグ
くだもの
りんご
みかん
くだものには、体《からだ》の調子《ちょうし》を整《ととの》える
ビタミンC《シー》などがたっぷり。
デザートやおやつに食《た》べよう。
牛乳《ぎゅうにゅう》・乳製品《にゅうせいひん》
チーズ
牛乳《ぎゅうにゅう》
牛乳《ぎゅうにゅう》・乳製品《にゅうせいひん》には、
カルシウムが多《おお》く
含《ふく》まれているのよ。
みんなのように、
体《からだ》が成長《せいちょう》している時期《じき》に
欠《か》かせない栄養素《えいようそ》です。
副菜《ふくさい》（汁《しる》もの）
みそ汁《しる》
野菜《やさい》スープ
野菜《やさい》や海《かい》そうなどで具《ぐ》だくさんにすると
栄養《えいよう》たっぷりの副菜《ふくさい》に早変《はやが》わりするぞ！
主食《しゅしょく》
パン
うどん
ご飯《はん》
主食《しゅしょく》はおもに体《からだ》を動《うご》かす
エネルギーとなるご飯《はん》や
パン、めん類《るい》などの食《た》べ物《もの》。
食事《しょくじ》では欠《か》かせないよ！
食事《しょくじ》バランスガイドを
知《し》っていますか？
食事《しょくじ》バランスガイドを使《つか》うと、
年齢《ねんれい》や活動量《かつどうりょう》に合《あ》わせた、1日《にち》の食事《しょくじ》の
量《りょう》のめやすもわかるぞ。

副菜《ふくさい》は野菜《やさい》などおもに
体《からだ》の調子《ちょうし》を整《ととの》える
はたらきをする食《た》べ物《もの》を
使《つか》ったおかずだ。

料理《りょうり》をそろえるだけでなく 食《た》べ方《かた》も大切《たいせつ》！

時間《じかん》を決《き》めてとる

生活《せいかつ》リズムをととのえるために、朝《あさ》・昼《ひる》・夕《ゆう》の3食《しょく》をそれぞれ決《き》まった時間《じかん》に食《た》べましょう。食事《しょくじ》の前後《ぜんご》や寝《ね》る前《まえ》にはおやつを食《た》べないようにしましょう。

よくかんで食《た》べる

よくかむと、消化《しょうか》を助《たす》け、食《た》べ物《もの》の栄養《えいよう》がよく吸収《きゅうしゅう》されます。脳《のう》の働《はたら》きも活発《かっぱつ》になります。1口《くち》30回《かい》をめやすによくかんで食《た》べましょう。

30回

「ばっかり食《た》べ」をしない

“ばっかり食《た》べ”では、途中《とちゅう》で満腹《まんぷく》になり、主食《しゅしょく》、主菜《しゅさい》、副菜《ふくさい》をバランスよく食《た》べられなくなります。ご飯《はん》やおかずをそれぞれ交互《こうご》に食《た》べるように心《こころ》がけましょう。

＊料理写真はさしかえができます。

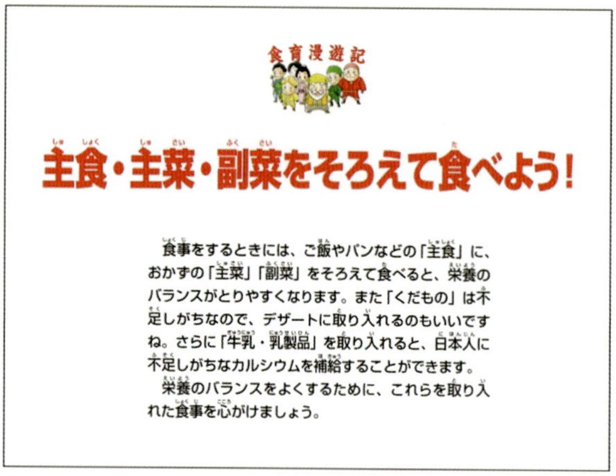
食育漫遊記
主《しゅ》食《しょく》・主《しゅ》菜《さい》・副《ふく》菜《さい》をそろえて食《た》べよう！
食事《しょくじ》をするときには、ご飯《はん》やパンなどの「主食《しゅしょく》」に、おかずの「主菜《しゅさい》」「副菜《ふくさい》」をそろえて食《た》べると、栄養《えいよう》のバランスがとりやすくなります。また「くだもの」は不《ふ》足《そく》しがちなので、デザートに取《と》り入《い》れるのもいいですね。さらに「牛乳《ぎゅうにゅう》・乳製品《にゅうせいひん》」を取《と》り入《い》れると、日本人《にほんじん》に不足《ふそく》しがちなカルシウムを補給《ほきゅう》することができます。
栄養《えいよう》のバランスをよくするために、これらを取《と》り入《い》れた食事《しょくじ》を心《こころ》がけましょう。

①

主食《しゅしょく》
パン
うどん
ご飯《はん》
主食《しゅしょく》はおもに体《からだ》を動《うご》かすエネルギーとなるご飯《はん》やパン、めん類《るい》などの食《た》べ物《もの》。食事《しょくじ》では欠《か》かせないよ！

②

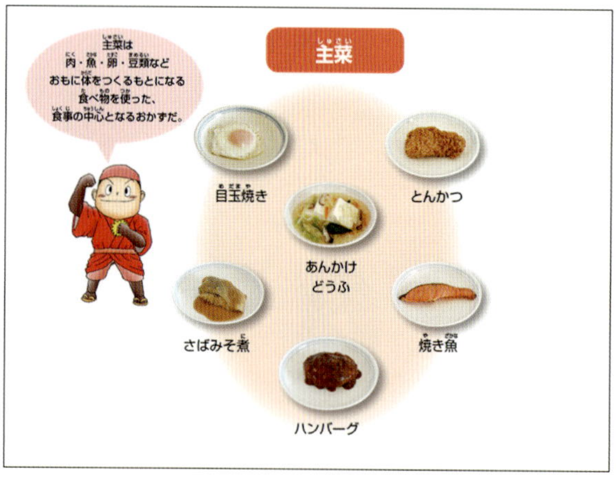
主菜《しゅさい》は肉《にく》・魚《さかな》・卵《たまご》・豆類《まめるい》などおもに体《からだ》をつくるもとになる食《た》べ物《もの》を使《つか》った、食事《しょくじ》の中心《ちゅうしん》となるおかずだ。
主菜《しゅさい》
目玉焼《めだまや》き
とんかつ
あんかけどうふ
さばみそ煮《に》
焼《や》き魚《ざかな》
ハンバーグ

③

副菜《ふくさい》
野菜《やさい》の煮物《にもの》
野菜《やさい》のてんぷら
海藻《かいそう》サラダ
なすの煮《に》びたし
きんぴら
おひたし
ゆでブロッコリー
副菜《ふくさい》は野菜《やさい》などおもに体《からだ》の調子《ちょうし》を整《ととの》えるはたらきをする食《た》べ物《もの》を使《つか》ったおかずだ。

④

副菜《ふくさい》（汁《しる》もの）
野菜《やさい》スープ
みそ汁《しる》
野菜《やさい》や海《かい》そうなどで具《ぐ》だくさんにすると栄養《えいよう》たっぷりの副菜《ふくさい》に早変《はやが》わりするぞ！

⑤

くだものには、体《からだ》の調子《ちょうし》を整《ととの》えるビタミンC《シー》などがたっぷり。デザートやおやつに食《た》べよう。
牛乳《ぎゅうにゅう》・乳製品《にゅうせいひん》
くだもの
りんご
みかん
チーズ
牛乳《ぎゅうにゅう》
牛乳《ぎゅうにゅう》・乳製品《にゅうせいひん》には、カルシウムが多《おお》く含《ふく》まれているのよ。みんなのように、体《からだ》が成長《せいちょう》している時期《じき》に欠《か》かせない栄養素《えいようそ》です。

⑥

食事《しょくじ》バランスガイドを
知《し》っていますか？
食事《しょくじ》バランスガイドを使《つか》うと、
年齢《ねんれい》や活動量《かつどうりょう》に合《あ》わせた、1日《にち》の食事《しょくじ》の
量《りょう》のめやすもわかるぞ。

⑦

料理《りょうり》をそろえるだけでなく
食《た》べ方《かた》も大切《たいせつ》！
時間《じかん》を決《き》めてとる
生活《せいかつ》リズムをととのえるために、朝《あさ》・昼《ひる》・夕《ゆう》の3食《しょく》をそれぞれ決《き》まった時間《じかん》に食《た》べましょう。食事《しょくじ》の前後《ぜんご》や寝《ね》る前《まえ》にはおやつを食《た》べないようにしましょう。
よくかんで食《た》べる
よくかむと、消化《しょうか》を助《たす》け、食《た》べ物《もの》の栄養《えいよう》がよく吸収《きゅうしゅう》されます。脳《のう》の働《はたら》きも活発《かっぱつ》になります。1口《くち》30回《かい》をめやすによくかんで食《た》べましょう。
30回
「ばっかり食《た》べ」をしない
“ばっかり食《た》べ” では、途中《とちゅう》で満腹《まんぷく》になり、主食《しゅしょく》、主菜《しゅさい》、副菜《ふくさい》をバランスよく食《た》べられなくなります。ご飯《はん》やおかずをそれぞれ交互《こうご》に食《た》べるように心《こころ》がけましょう。

⑧

パワポ「なりきり壁新聞」

は写真を挿入できる空枠やさしかえが可能な写真・イラスト

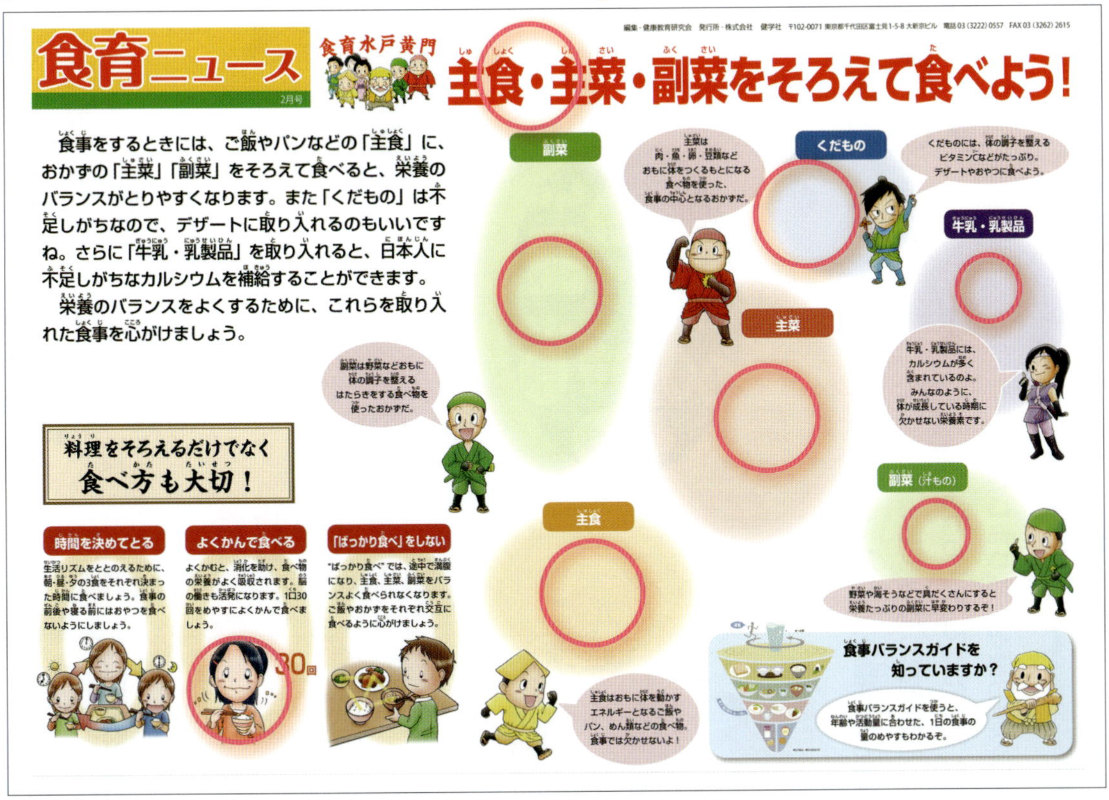
編集・健康教育研究会　発行所・株式会社　健学社　〒102-0071 東京都千代田区富士見1-5-8 大新京ビル　電話 03 (3222) 0557　FAX 03 (3262) 2615
食育ニュース
2月号
食育水戸黄門
主《しゅ》食《しょく》・主《しゅ》菜《さい》・副《ふく》菜《さい》をそろえて食《た》べよう！
食事《しょくじ》をするときには、ご飯《はん》やパンなどの「主食《しゅしょく》」に、おかずの「主菜《しゅさい》」「副菜《ふくさい》」をそろえて食《た》べると、栄養《えいよう》のバランスがとりやすくなります。また「くだもの」は不《ふ》足《そく》しがちなので、デザートに取《と》り入《い》れるのもいいですね。さらに「牛乳《ぎゅうにゅう》・乳製品《にゅうせいひん》」を取《と》り入《い》れると、日本人《にほんじん》に不足《ふそく》しがちなカルシウムを補給《ほきゅう》することができます。
栄養《えいよう》のバランスをよくするために、これらを取《と》り入《い》れた食事《しょくじ》を心《こころ》がけましょう。
副菜《ふくさい》
副菜《ふくさい》は野菜《やさい》などおもに体《からだ》の調子《ちょうし》を整《ととの》えるはたらきをする食《た》べ物《もの》を使《つか》ったおかずだ。
主菜《しゅさい》は肉《にく》・魚《さかな》・卵《たまご》・豆類《まめるい》などおもに体《からだ》をつくるもとになる食《た》べ物《もの》を使《つか》った、食事《しょくじ》の中心《ちゅうしん》となるおかずだ。
くだもの
くだものには、体《からだ》の調子《ちょうし》を整《ととの》えるビタミンCなどがたっぷり。デザートやおやつに食《た》べよう。
牛乳《ぎゅうにゅう》・乳製品《にゅうせいひん》
主菜
牛乳《ぎゅうにゅう》・乳製品《にゅうせいひん》には、カルシウムが多《おお》く含《ふく》まれているのよ。みんなのように、体《からだ》が成長《せいちょう》している時期《じき》に欠《か》かせない栄養素《えいようそ》です。
副菜《ふくさい》（汁《しる》もの）
野菜《やさい》や海《かい》そうなどで具《ぐ》だくさんにすると栄養《えいよう》たっぷりの副菜《ふくさい》に早変《はやが》わりするぞ！
主食
主食《しゅしょく》はおもに体《からだ》を動《うご》かすエネルギーとなるご飯《はん》やパン、めん類《るい》などの食《た》べ物《もの》。食事《しょくじ》では欠《か》かせないよ！
料理《りょうり》をそろえるだけでなく
食《た》べ方《かた》も大切《たいせつ》！
時間《じかん》を決《き》めてとる
生活《せいかつ》リズムをととのえるために、朝《あさ》・昼《ひる》・夕《ゆう》の3食《しょく》をそれぞれ決《き》まった時間《じかん》に食《た》べましょう。食事《しょくじ》の前後《ぜんご》や寝《ね》る前《まえ》にはおやつを食《た》べないようにしましょう。
よくかんで食《た》べる
よくかむと、消化《しょうか》を助《たす》け、食《た》べ物《もの》の栄養《えいよう》がよく吸収《きゅうしゅう》されます。脳《のう》の働《はたら》きも活発《かっぱつ》になります。1口《くち》30回《かい》をめやすによくかんで食《た》べましょう。
30回
「ばっかり食《た》べ」をしない
“ばっかり食《た》べ” では、途中《とちゅう》で満腹《まんぷく》になり、主食《しゅしょく》、主菜《しゅさい》、副菜《ふくさい》をバランスよく食《た》べられなくなります。ご飯《はん》やおかずをそれぞれ交互《こうご》に食《た》べるように心《こころ》がけましょう。
食事《しょくじ》バランスガイドを
知《し》っていますか？
食事《しょくじ》バランスガイドを使《つか》うと、
年齢《ねんれい》や活動量《かつどうりょう》に合《あ》わせた、1日《にち》の食事《しょくじ》の
量《りょう》のめやすもわかるぞ。

「食育ニュース」を含めたタイトル部分は変更できます。
各料理は給食で出した写真を載せたり、「プレゼン資料」から選んでコピペで貼り付けることもできます。
「よくかんで食べる」のイラストはよい食べ方をしている子どもの写真のさしかえて載せてあげるのも一案です。

食育ニュース

3月号

編集・健康教育研究会　発行所・株式会社　健学社　〒102-0071 東京都千代田区富士見1-5-8 大新京ビル　電話 03 (3222) 0557　FAX 03 (3262) 2615

食育水戸黄門

1年間《ねんかん》をふり返《かえ》ってみよう！

ご老公《ろうこう》さまとの1年間《ねんかん》の食育《しょくいく》の旅《たび》も最後《さいご》となりました。この1年《ねん》をふり返《かえ》り、きちんとできたところ、もう少《すこ》しがんばった方《ほう》がよかったところを確認《かくにん》してみましょう。そして新《あたら》しい学年《がくねん》に向《む》けて、自分《じぶん》の目標《もくひょう》を立《た》てましょう！

4月《がつ》

食事《しょくじ》の準備《じゅんび》や後片付《あとかたづ》けをきちんとして楽《たの》しく食《た》べていますか？

きれいなハンカチ
給食当番用にもう1枚用意するといいぞ！
さあ仕事だ！
格さん

5月《がつ》

はしを正《ただ》しく使《つか》えるようになりましたか？

6月《がつ》

よくかんで食《た》べていますか？

7月《がつ》

朝《あさ》ごはんをしっかり食《た》べていますか？

さあさあ言って聞かせやしょう
朝ごはんの大切さ！

8月《がつ》

おやつは栄養《えいよう》、量《りょう》、時間《じかん》を考《かんが》えて食《た》べていますか？

おやつは栄養・量・時間を考えて食べよう！
ヒュ～
ヒュ～

9月《がつ》

日本《にほん》の伝統的《でんとうてき》な食《た》べ物《もの》のよさがわかりましたか？

10月《がつ》

食《た》べ物《もの》の栄養《えいよう》やそのはたらきがわかりましたか？

おもに体のエネルギーのもとになる
おもに体をつくるもとになる
おもに体の調子を整えるもとになる

11月《がつ》

地域《ちいき》に伝《つた》わる料理《りょうり》を知ることができましたか？

石狩なべ
はっと汁
きりたんぽ汁
うずめめし
治部煮

12月《がつ》

手洗《てあら》いをきちんとして食《た》べていますか？

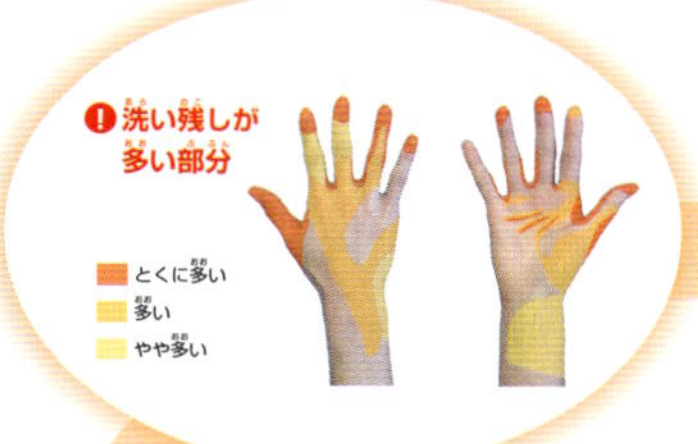
洗い残しが多い部分
とくに多い
多い
やや多い

1月《がつ》

感謝《かんしゃ》して食《た》べていますか？

いただきます
「いただきます」のあいさつをしっかりして、おいしく残さず食べることが調理員さんたちへの何よりの感謝になるのじゃ！

2月《がつ》

栄養《えいよう》バランスを考《かんが》えて食事《しょくじ》をしていますか？

ご老公《ろうこう》さまと一緒《いっしょ》に歌《うた》おう！

ああ、食育《しょくいく》に幸《さち》あり
食事《しょくじ》は食《た》べ方《かた》大切《たいせつ》だ
マナーを守《まも》ればみなハッピー
主食《しゅしょく》に主菜《しゅさい》に副菜《ふくさい》を
毎食《まいしょく》そろえて、よくかんで
食事《しょくじ》は協力《きょうりょく》大切《たいせつ》だ
準備《じゅんび》と片付《かたづ》けしっかりと
手洗《てあら》いするのも忘《わす》れずに
きれいなハンカチ、身《み》に付《つ》けて
人生《じんせい》食《た》べるの大切《たいせつ》だ
体《からだ》も心《こころ》も満《み》たされる
感謝《かんしゃ》の気持《きも》ちを忘《わす》れずに
元気《げんき》な声《こえ》で「いただきます」

1年間《ねんかん》、ありがとう！

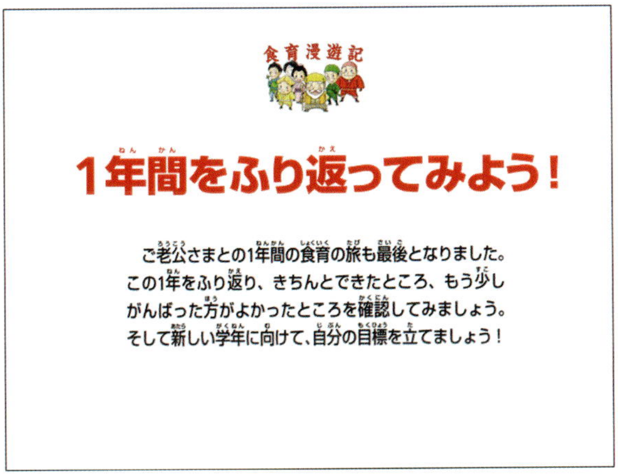
食育漫遊記
1年《ねん》間《かん》をふり返《かえ》ってみよう！
ご老公《ろうこう》さまとの1年間《ねんかん》の食育《しょくいく》の旅《たび》も最後《さいご》となりました。
この1年《ねん》をふり返《かえ》り、きちんとできたところ、もう少《すこ》し
がんばった方《ほう》がよかったところを確認《かくにん》してみましょう。
そして新《あたら》しい学年《がくねん》に向《む》けて、自分《じぶん》の目標《もくひょう》を立《た》てましょう！

①

1年《ねん》間《かん》をふり返《かえ》ってみよう！
4月《がつ》
食事《しょくじ》の準備《じゅんび》や後片付《あとかたづ》け
をきちんとして楽《たの》しく
食《た》べていますか？
きれいなハンカチ
給食当番用にもう1枚
用意するといいぞ！
さあ仕事だ！
5月《がつ》
はしを正《ただ》しく使《つか》えるよう
になりましたか？

②

1年《ねん》間《かん》をふり返《かえ》ってみよう！
朝ごはんの大切さ！
7月《がつ》
朝《あさ》ごはんをしっかり食《た》べていますか？
6月《がつ》
よくかんで
食《た》べていま
すか？

③

1年《ねん》間《かん》をふり返《かえ》ってみよう！
9月《がつ》
日本《にほん》の伝統的《でんとうてき》な食《た》
べ物《もの》のよさがわか
りましたか？
おやつは栄養《えいよう》、量《りょう》、時間《じかん》を
考《かんが》えて食《た》べていますか？
8月《がつ》
おやつは
栄養・量・時間を
考えて食べよう！
ヒュ〜
ヒュ〜

④

1年《ねん》間《かん》をふり返《かえ》ってみよう！
おもに体のエネルギーのもとになる
おもに体をつくるもとになる
おもに体の調子を整えるもとになる
10月《がつ》
食《た》べ物《もの》の栄養《えいよう》やその
はたらきがわかりま
したか？
11月《がつ》
地域《ちいき》に伝《つた》わる料理《りょうり》
を知《し》ることができ
ましたか？
❶洗い残しが
多い部分
とくに多い
多い
やや多い
手洗《てあら》いをきちんとして食《た》べていますか？
12月《がつ》

⑤

1年《ねん》間《かん》をふり返《かえ》ってみよう！
いただきます
「いただきます」のあいさ
つをしっかりして、おい
しく残さず食べることが
調理員さんたちへの何よ
りの感謝になるのじゃ！
1月《がつ》
感謝《かんしゃ》して食《た》べて
いますか？
2月《がつ》
栄養《えいよう》バランスを
考《かんが》えて食事《しょくじ》をし
ていますか？

⑥

1年間をふり返ってみよう！

⑦

ご老公《ろうこう》さまと一緒《いっしょ》に歌《うた》おう！
ああ、食育《しょくいく》に幸《さち》あり
食事《しょくじ》は食《た》べ方《かた》大切《たいせつ》だ
マナーを守《まも》ればみなハッピー
主食《しゅしょく》に主菜《しゅさい》に副菜《ふくさい》を
毎食《まいしょく》そろえて、よくかんで
食事《しょくじ》は協力大切《きょうりょくたいせつ》だ
準備《じゅんび》と片付《かたづ》けしっかりと
手洗《てあら》いするのも忘《わす》れずに
きれいなハンカチ、身《み》に付《つ》けて
人生食《じんせいた》べるの大切《たいせつ》だ
体《からだ》も心《こころ》も満《み》たされる
感謝《かんしゃ》の気持《きも》ちを忘《わす》れずに
元気《げんき》な声《こえ》で「いただきます」
1年間《ねんかん》、ありがとう！

⑧

パワポ「なりきり壁新聞」

◯は写真を挿入できる空枠やさしかえが可能な写真・イラスト

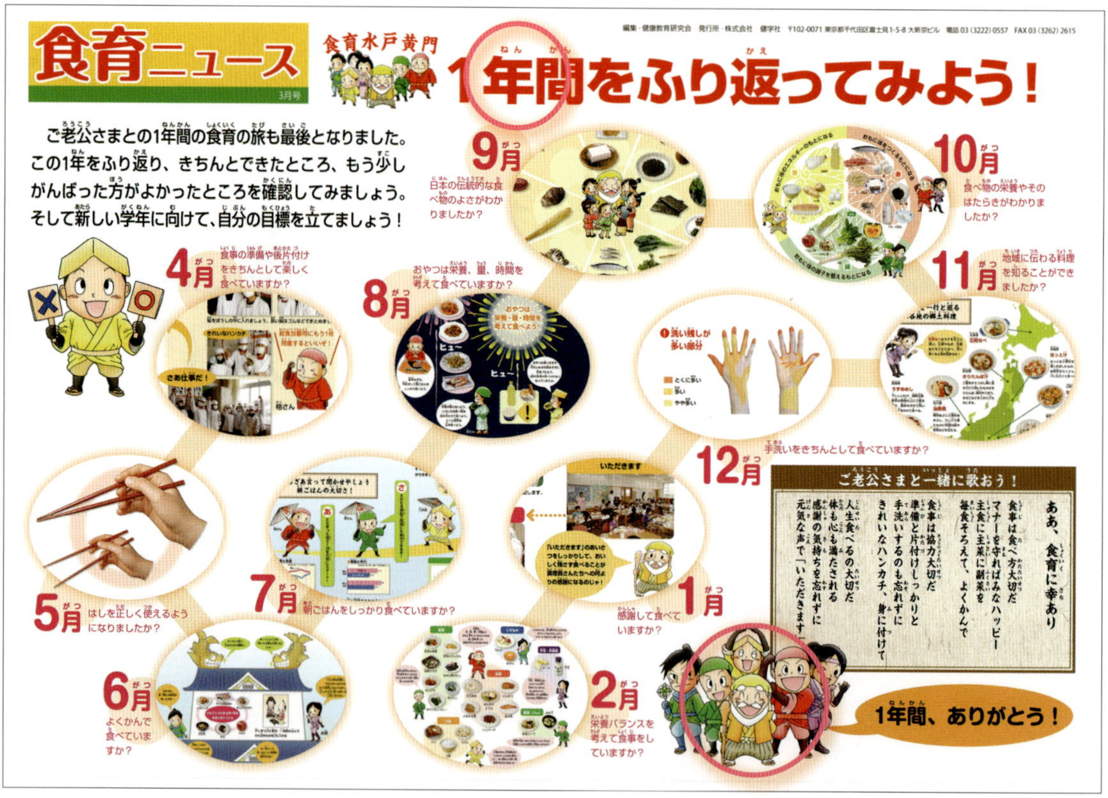
食育ニュース
3月号
食育水戸黄門
編集・健康教育研究会　発行所・株式会社　健学社　〒102-0071 東京都千代田区富士見1-5-8 大新京ビル　電話 03（3222）0557　FAX 03（3262）2615
1年間《ねんかん》をふり返《かえ》ってみよう！
ご老公《ろうこう》さまとの1年間《ねんかん》の食育《しょくいく》の旅《たび》も最後《さいご》となりました。この1年《ねん》をふり返《かえ》り、きちんとできたところ、もう少《すこ》しがんばった方《ほう》がよかったところを確認《かくにん》してみましょう。そして新《あたら》しい学年《がくねん》に向《む》けて、自分《じぶん》の目標《もくひょう》を立《た》てましょう！
4月 食事《しょくじ》の準備《じゅんび》や後片付《あとかたづ》けをきちんとして楽《たの》しく食《た》べていますか？
5月 はしを正《ただ》しく使《つか》えるようになりましたか？
6月 よくかんで食《た》べていますか？
7月 朝《あさ》ごはんをしっかり食《た》べていますか？
8月 おやつは栄養《えいよう》、量《りょう》、時間《じかん》を考《かんが》えて食《た》べていますか？
9月 日本《にほん》の伝統的《でんとうてき》な食《た》べ物《もの》のよさがわかりましたか？
10月 食《た》べ物《もの》の栄養《えいよう》やそのはたらきがわかりましたか？
11月 地域《ちいき》に伝《つた》わる料理《りょうり》を知《し》ることができましたか？
12月 手洗《てあら》いをきちんとして食《た》べていますか？
1月 感謝《かんしゃ》して食《た》べていますか？
2月 栄養《えいよう》バランスを考《かんが》えて食事《しょくじ》をしていますか？
ご老公《ろうこう》さまと一緒《いっしょ》に歌《うた》おう！
ああ、食育《しょくいく》に幸《さち》あり
食事《しょくじ》は食《た》べ方《かた》大切《たいせつ》だ
マナーを守《まも》ればみなハッピー
主食《しゅしょく》に主菜《しゅさい》に副菜《ふくさい》を
毎食《まいしょく》そろえて、よくかんで
食事《しょくじ》は協力大切《きょうりょくたいせつ》だ
準備《じゅんび》と片付《かたづ》けしっかりと
手洗《てあら》いするのも忘《わす》れずに
きれいなハンカチ、身《み》に付《つ》けて
人生食《じんせいた》べるの大切《たいせつ》だ
体《からだ》も心《こころ》も満《み》たされる
感謝《かんしゃ》の気持《きも》ちを忘《わす》れずに
元気《げんき》な声《こえ》で「いただきます」
1年間《ねんかん》、ありがとう！

「食育ニュース」を含めたタイトル部分は変更できます。
下のイラストはご老公さま一行のイラストを少し小さくして、１年間活動してきた給食委員会の子どもたちに登場してもらうのも一案です。

スーパー資料ブック

給食・食育だより

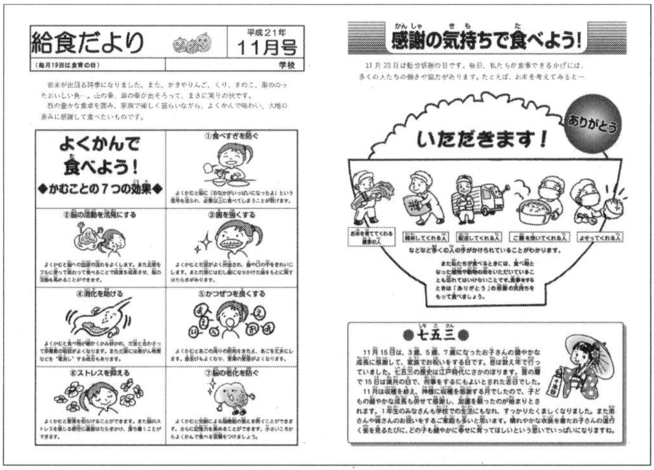

給食だより
平成21年
11月号
学校
よくかんで食べよう！
◆かむことの7つの効果◆
①食べすぎを防ぐ
③歯を強くする
④消化を助ける
⑤かつぜつを良くする
⑥ストレスを抑える
⑦脳の老化を防ぐ
感謝《かんしゃ》の気持《きも》ちで食《た》べよう！
11月23日は勤労感謝の日です。毎日、私たちが食事できるかげには、多くの人たちの働きや協力があります。たとえば、お米を考えてみると…
いただきます！
ありがとう
などなど多くの人の手がかけられていることがわかります。
七五三《しちごさん》

壁新聞・プレゼン資料と連動して

「食育西遊記」「食育水戸黄門」と連動する内容で構成した「給食・食育だより」です。「給食だより」のタイトルのものは、「食育西遊記」と一緒に、「食育だより」のものは「食育水戸黄門」と一緒に作りましたが、もちろん学校での指導に合わせ、内容の一部を入れ替えたり、別の月のおたよりに回していただくこともできます。タイトル部分はワードの文字データで作っていますので、「給食 / 食育」の入れ替えや、学校名を入れたおたよりにアレンジすることも簡単にできます。

　また巻頭の「付属 CD-ROM の使い方」でも紹介しましたように、「プレゼン資料」のカラーイラストデータを使っておたよりを構成されると、壁新聞ポスターなどの校内掲示物、そして指導時に使われたプレゼンや紙芝居といった資料との連動性も高まります。

給食だより

年
4月号

（毎月19日は食育の日）　　　学校

入学、進級おめでとうございます。今年度も学校給食がスタートします。１年間、どうぞよろしくお願いします。

給食は準備から後片付けまでしっかりと

学校における給食指導は、その準備から後片付けまで含め、大切な教育活動の１つです。担任の先生はじめ、すべての教職員が協力して指導計画にそって継続して指導することで、子どもたちの基本的な食に関する実践力を養っていきます。給食当番の活動はもちろんですが、当番以外の人でも、食事前の手洗いや換気、整理整とんなど協力して、みんなが気持ちよく楽しく食べられる給食にしましょう。

ここがポイント　給食の準備　チェックしてみましょう

◆給食当番の人◆

- □ きちんと手洗いをし、清潔なハンカチで手をふきましたか？
- □ 伸びたつめは短く切りそろえていますか？
- □ 身につける白衣・エプロンは清潔なものですか？
- □ 髪の毛が出ないようにきちんとぼうしをかぶりましたか？
- □ サンプルケースをよく見て、盛りつけ方や量を確認しましたか？
- □ 食器や食缶は途中床などに置かず、配膳台まできちんと運べましたか？
- □ クラス全員にきれいに盛りつけてあげることができましたか？

◆給食当番以外の人◆

- [ ] 机の上をきちんと片付けましたか？
- [ ] 窓を開けて教室の換気をしましたか？
- [ ] 教室はきれいになっていますか？（ごみなどは拾いましょう）
- [ ] 手洗いをし、清潔なハンカチで手をふきましたか？
- [ ] 決められたグループをつくり、静かに待てましたか？
- [ ] 配膳のとき、きちんと列をつくっていますか？
- [ ] よそってもらうとき、おしゃべりなどしていませんか？

学校給食の目標

学校給食では7つの目標を定めています。	 ①適切な栄養の摂取による健康の保持増進を図る。	 ②日常生活における食事について正しい理解を深め、健全な食生活を営むための判断力を培い、望ましい食習慣を養う。	 ③学校生活を豊かにし、明るい社交性と協同の精神を養う。
 ④食生活が自然の恩恵によって成り立つことを理解し、生命を尊重して自然環境を大切にする態度を養う。	 ⑤食生活がさまざまな人の活動に支えられていることを理解し、勤労を重んずる態度を養う。	 ⑥わが国や各地域の優れた伝統的な食文化についての理解を深める。	 ⑦食料の生産、流通、消費について正しい理解に導く。

食育だより

年
4月号

（毎月19日は食育の日）

学校

草花が一斉に芽を出し、春到来です。ご入学・ご進級おめでとうございます。新しい学年、新しい教室での１年がはじまりますね。学校給食では子どもたちの発育に必要な栄養バランスのとれた食事を提供するだけでなく、安全でおいしく、心も豊かになれるように心を込めて作っていきます。今年度もどうぞよろしくお願いします。

学校での食の指導の6つのポイント

現在、子どもたちへの食育の重要性が各方面から指摘されています。学校でも毎日の給食の時間はもちろんですが、子どもたちの発達段階に合わせ、各教科、領域等の指導にも関連づけて、計画的に食の指導を進めています。学校食育はおもに次の６つの観点から進められます。

●食事の重要性●

食事の重要性、食事の喜び、楽しさを理解する。

●心身の健康●

心身の成長や健康の保持増進のうえで望ましい栄養や食事のとり方を理解し、自ら管理していく能力を身に付ける。

●食品を選択する能力●

正しい知識・情報に基づいて、食物の品質および安全性などについて自ら判断できる能力を身に付ける。

●感謝の心●

食べ物を大切にし、食物の生産などにかかわる人々へ感謝する心をもつ。

●社会性●

食事のマナーや食事を通した人間関係形成能力を身に付ける。

●食文化●

各地域の産物、食文化や食にかかわる歴史などを理解し、尊重する心をもつ。

給食当番さん、よろしくお願いします

みなさんが楽しみにしている給食がはじまります。給食を楽しくおいしく食べるためにはクラス全員の協力が必要です。とくに給食当番の仕事は、みなさんが食べる給食を運び、盛りつけ、片付ける大切な仕事です。食べ物にふれる仕事ですから、衛生には十分に気を配り、しっかり取り組みましょう。給食当番の仕事のポイントを紹介します。

 トイレをすませて、手をせっけんできれいに洗ってから着替える。白衣を着てトイレに行ってはいけません。	 白衣がきれいか確認し、ぼうしの中に髪をしっかり入れてかぶります。長い髪の人はゴムやピンでまとめましょう。	 鼻と口をしっかりおおうようにしてマスクをつけましょう。
 給食室にあるサンプルケースなどで盛りつけ方や量を確認します。	 食器や食缶は丁寧に運びます。重いものは２人で持ちます。運ぶ途中で床などに置いてはいけません。	 汁ものなどはよくかきまぜてみんなが同じになるようにします。こぼさないように丁寧に配りましょう。

今年度もよろしくお願いします。

みなさんが食べている給食を作っている人は、
　　　　　　にいる　　人の調理員さんです。

調理員さんたちは毎日うでによりをかけて、一生懸命に作っています。みなさんがおいしく、残さず食べてくれることがお仕事の一番の励みになります。

調理員さんたちは今年度もがんばります！

給食に関してのご意見・ご感想などございましたらお寄せください。またお子さまの食に関してのご相談や給食レシピなどについてもどうぞお気軽にお問い合わせください。お待ちしております。

給食だより

年
5月号

（毎月19日は食育の日）

学校

　新緑がまぶしい季節になりました。楽しい食事は、心を満たし和やかな気持ちにします。学校の給食時間も、午前中の授業が終わって、担任の先生やクラスメートと一緒に仲良く食べる楽しいひとときです。

　しかし、いくら楽しい時間だからといって、好き勝手なことをして食べてしまっては、みんなが気持ちよく食べることができません。自分だけでなくまわりの人たちも楽しく食事できるようにするために、だれが見ても気持ちのよい食べ方をしましょう。

　他人の迷惑にならない食事のマナーを身につけることは、とても大切なことです。

マナーを守って
給食を食べましょう

正しく気持ちのよい食べ方をしましょう

よい姿勢で食べる

背筋を伸ばして食べることで、胃（おなか）が圧迫されず、消化もよくなります。

主食とおかずを交互に食べる

主食とおかずを交互に食べることで、どちらもおいしくいただけます。かたよりなく食べることで、給食の栄養がバランスよくとれます。

よくかんで食べる

よくかむことで、だ液の分泌をうながし、消化吸収がよくなります。さらに食べすぎを防ぎ、脳の血流をよくして活性化します。

守っていますか？ 食事のマナー

食器を正しく持って食べる

茶わんや汁わんは手に持って食べましょう。

好ききらいをしない

献立全体で栄養バランスが考えられ、調理も工夫しています。苦手なものも、チャレンジして食べるようにしましょう。

口に食べ物を入れたまま話さない

食べ物が飛び散って、周りの人が迷惑します。

食べている途中で立ち歩かない

ほこりが舞ったり、ほかの人が落ち着いて食べられなくなります。早く食べ終わっても時間まで自分の席で静かに待ちましょう。

食事にふさわしい会話を選び、大声は出さない

聞いて気分が悪くなるような、きたない話や気持ち悪い話はやめましょう。また大声を出すと、ほかの人の迷惑になります。

楽しく食事をする

自分だけでなく、一緒に食べる人みんなが楽しい雰囲気で食事ができるように気を配りましょう。

後片付けもしっかりしましょう

きまりを守って片付ける

食器はかごに重ねて置きます。また、はしやスプーンの向きはそろえましょう。リサイクルや分別回収を行っているものは、きまりを守って集めます。

食器には食べ残しがついていないかな

使った食器を給食室に返す人、食器を洗ってくれる人のことも考え、食べ残したものは、学校の決まりを守って食缶などに戻し、食器をきれいにして返しましょう。

机や配膳台の上もきれいにしよう

こぼしてしまったものを片付け、よごれてしまったときは、きれいにふき取ります。配膳台も清潔な台ぶきんでふいて、きれいにしておきましょう。

食育だより

年
5月号

（毎月19日は食育の日）　　　学校

窓から心地よいそよ風が入ってくる時季です。新学期がスタートして１ヵ月。大型連休もあり、新しい環境の緊張感からも少しほっとできますね。新緑のまぶしい５月は、八十八夜、立夏、端午の節句、そして母の日と行事もたくさんあります。そらまめや、さやえんどう、新たまねぎ、山菜、初がつおなど初夏の訪れを伝える旬の食べ物も出回ってきますね。ぜひご家庭での食を通した楽しいコミュニケーションづくりに役立ててみてはいかがでしょうか。

はしを上手に持てるようになりたいな

日本人の食事の作法は、よく「はしに始まり、はしに終わる」といわれます。正しいはし使いは、「つまむ」「はさむ」「すくう」「切る」といった、はしが持つ、いくつもの性能を引き出すだけでなく、その所作は周りからとても美しく見えます。学校給食でも今、ほとんどがはしでの食事です。給食でも家庭でも正しいはし使いを心がけながら食べるようにしましょう。

正しくはしを持つためのポイント

1

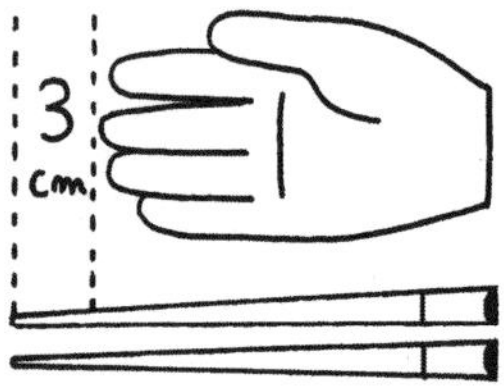

自分の手の大きさに合ったはしを選びます。目安は手のひらの長さプラス 3cm くらいです。

2

はしを１本取り、えんぴつのように持ちます。

3

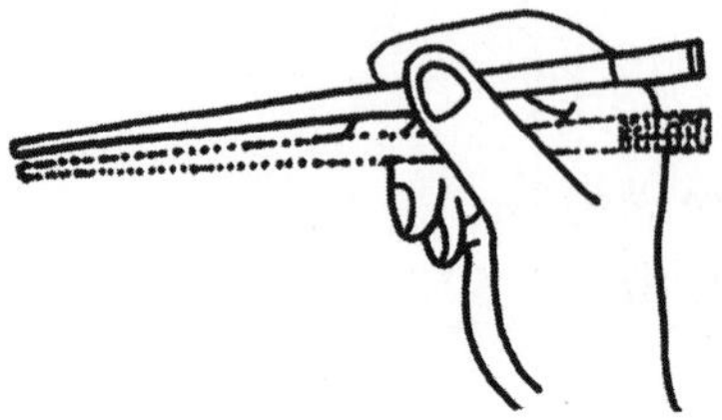

もう１本のはしを親指の根もとから薬指の先を横にのせるように通し、はしの先をそろえます。

4

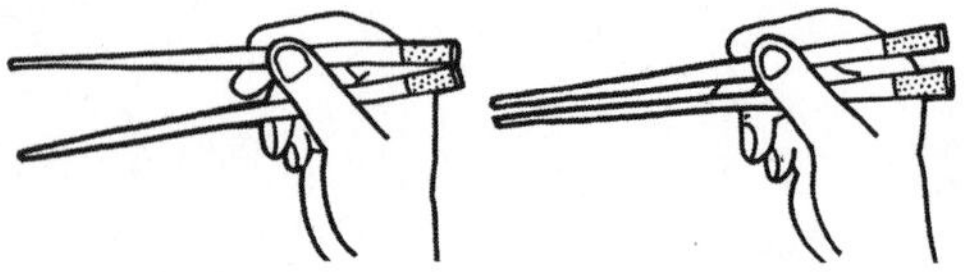

上のはしを少し動かしてみます。そのとき、下のはしは動かしません。食べ物をつまむと、はしの先を頂点とした二等辺三角形ができます。

はし使いの禁じ手!

はしは持ち方だけでなく使い方にもさまざまなマナーがあります。気をつけていないと、ついしてしまうものもありますが、大切なのは周りの人に不快感を与えないというマナーの大原則です。はし使いの「禁じ手」は、きちんと覚えておきましょう。

①まよいばし

どれにしようかとはしを料理の上であちこち動かす。

②さしばし

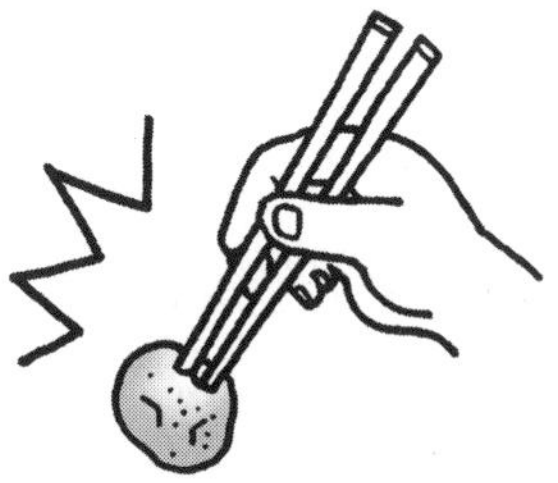

はしをくしのように使い、刺して食べる。

③かみばし・ねぶりばし

はしの先をかんだり、はしの先をなめる。

④よせばし

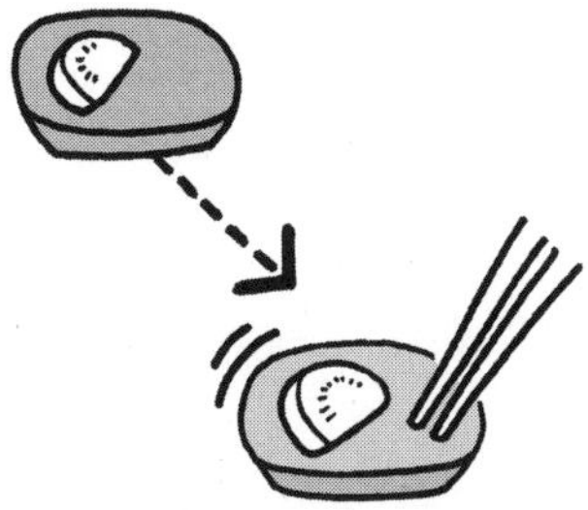

はしを使って料理の器を引き寄せる。

⑤ふりあげばし

はしを振り上げながら、おしゃべりする。

⑥つきたてばし

はしをご飯の上に立てる。

◆休みのときこそしっかりとりたい朝ごはん!◆

「朝ごはん」を英語で“breakfast”といいます。これはもともと「断食を破る」という意味からできた言葉だそうです。前日の夕ご飯の後、寝ている間も体はエネルギーを使っています。朝ごはんを食べないと、お昼まで 10 数時間以上も“断食状態”が続いてしまうことになります。さらに朝ごはんには体に朝が来たことを知らせ、規則正しい生活リズムをつくってくれる役割もあり、とても大切な食事です。休みのときこそ朝食をしっかり食べて、健康的な生活を送りましょう。

給食だより

年
6月号

（毎月19日は食育の日）

学校

梅雨入りのたよりも聞かれ始め、高温でじめじめする時季です。毎年６～７月、また夏休み明けの９月は食中毒の事故が多く発生しています。よく誤解されている方が多いのですが、食中毒を起こす細菌が食べ物に付いても、味やにおいの変化ではわからないものが多いのです。気づかずに食べて、あとで「食中毒だ！」とならないよう、日ごろから気をつけましょう。さらに食事前の手洗いは、夏の食中毒予防だけではなく、冬のかぜ・インフルエンザの予防、また最近では季節に関係なく起こるようになったノロウイルス感染予防にも大変効果的です。この機会にぜひ習慣づけましょう。

手には、目に見えないよごれがたくさんついています。
このようなときには必ず手を洗いましょう！

グラウンドから
帰ってきたとき
給食の前
そうじの後
ハンカチ・タオルはきれいなものを使ってね!
トイレに行った後

食中毒に気をつけよう！

食中毒とは、一般に飲食物を介してからだに取り込まれた病原微生物や有毒物質により引き起こされる病気です。一般に腐ったり、変質してしまったときのように、においや糸を引くなどの外見上の変化がないため、見た目では判断できないケースもあります。予防に努めることが大切です。

○生ものはなるべくとらず、熱を加えたものを食べる。

○調理したものはなるべく早めに食べる。残ったものは冷蔵庫で保存し、早めに食べきる。

○調理前には必ず手をよく洗い、まな板や食器は常に清潔に保つ。野菜や果物はよく洗って食べる。

○消費期限表示のあるものは、よく確かめてから購入する。

○ペットボトルの飲料は飲みきれるサイズのものを選び、開封したら早めに飲みきる。

○変だと感じたものは口に入れず、思い切って処分する。

◆６月は「食育月間」です◆

平成 17 (2005) 年６月に成立した食育基本法を踏まえて、政府により決定された食育推進基本計画では、食育推進運動を重点的かつ効果的に実施し、食育の国民への浸透を図るため、毎年６月を「食育月間」に定めました。６月中は、学校はもちろんですが、官民を挙げて全国的な食育推進運動が展開され、さまざまなイベントも行われます。「食」についての正しい知識を身につけ、家族の食生活をふり返り、健康で充実した生活を送っていきたいものですね。

食育だより

年
6月号

（毎月１９日は食育の日）

学校

６月は梅雨入りの時季です。これから夏に向かって湿気が多く、蒸し暑くなります。細菌の活動が活発になり、少しの油断から食中毒も起こりやすくなります。身の回りを清潔に保ち、食事や調理前には手洗いをしっかり行います。料理は中までしっかり火を通してから食べることを心がけ、食品の保存にも十分に気をつけましょう。

よくかんで食べよう！

みなさんは１回の食事でどのくらいかんで食べていますか？

よくかんで食べると体にとてもよい効果があります。かむことの大切さを知り、よくかんで食べる習慣を身に付けましょう。

歯が丈夫になり、消化もよくなります

かめばかむほど歯を使うので歯と歯茎が丈夫になります。食べ物がだ液と合わさって細かくなるので消化もよくなります。

脳のはたらきが活発になります

よくかんであごをたくさん動かすと脳への血液の流れがよくなります。記憶力や集中力が高まるといわれています。

病気の予防になります

よくかむとだ液がたくさん出ます。だ液には細菌の活動や発がん性物質を抑えるはたらきもあります。

味覚が発達し、食べすぎを防ぎます

よくかむと食べ物の味がよくわかるようになります。また脳の満腹中枢を刺激して食べすぎを防いでくれます。

よくかんで食べるコツは

1口30回を目標によくかんで食べます。
さらに食べ方にも工夫をすることで、よくかんで食べる習慣が身に付きます。

はしを使い、少しずつ口に運んで食べる。

口に入れたら、一度はしを置いて、ゆっくりよくかむ。

汁ものやお茶などの水分といっしょに流し込まない。

食物繊維の多い野菜や豆類、きのこ、海そうなどを食事に多く取り入れる。

カレーなど、やわらかいメニューのときには、かみごたえのある食材を加える。

食事時間に余裕をもたせ、ゆったりとした気分で楽しみながら食べる。

6月は食育月間です

なぜ、今、食育を推し進めなければならないのでしょうか？

❶

栄養バランスの偏った食事や朝食欠食など不規則な食事が増加している。

❷

肥満や糖尿病などの生活習慣病が増え、国民の医療費が増大している。

❸

過度の痩身志向。「自分は太っている」と考える人が10代女性にも増えている。

❹

食事や食べ物を大切にする心が欠如しがちで、食品のむだや大量廃棄の問題が起こっている。

❺

食品の流通経路が国内外に拡大・複雑化して、食の安全性にかかわる問題もよく起きている。

❻

食の海外への過度の依存。日本の食料自給率は40%台からなかなか増加しない。

❼

伝統的な食文化が失われつつあり、料理や食に関しての知識や知恵の伝承がうまく行われていない。

このような問題を解決するために、国では、食育基本法に基づき、食育推進基本計画を定め、毎年6月を「食育月間」、毎月19日を「食育の日」にしました。この機会にぜひ日ごろの食生活をふり返り、「食」についてみんなで考えてみましょう。

給食だより

年
7月号

（毎月19日は食育の日）

学校

梅雨明けのたよりを聞くと、いよいよ本格的な夏です。もうすぐ待ちに待った夏休みが始まります。給食も夏の間しばらくお休みですね。でも、こんな時期だからこそ、１日の食生活について各自でもう一度しっかり考え、体調をととのえて元気に夏を過ごしていきましょう。

間食（おやつ）を上手にとろう

①栄養のことも考えて食べよう

甘いものや好きなものばかり食べてはいませんか？「おやつ＝甘いもの」ではありません。おにぎりやチーズ、くだものもよいおやつになります。成長に必要なたんぱく質、カルシウム、ビタミンを補えるものを選びましょう。

②食べる時間を決めましょう

時間を決めずにだらだらと食べていると、いつまでたっても口の中がきれいにならず、むし歯ができやすくなります。食べる時間を決め、むし歯を予防しましょう。またテレビを見ながら、本を読みながらなどの「ながら食べ」をしていると、ついついだらだら食べてしまうので気をつけましょう。

③食べる量を決めましょう

おやつをたくさん食べすぎると、食事の時間になってもおなかがすかず、食事をおいしく食べられません。さらに糖分の多い甘いお菓子やジュース、脂質の多いスナック菓子などはエネルギーの過剰摂取につながり、肥満や生活習慣病の原因にもなります。間食の量の目安は、１日の摂取量の１割程度（約 200kcal ＝ご飯１杯分）です。スナック菓子は大きい袋から分けて食べる、ジュースは氷を入れてコップで飲むなどの工夫をしましょう。

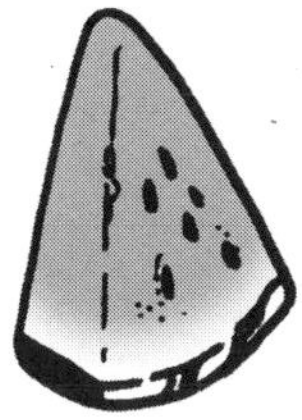 すいか 1切れ（150g）56kcal	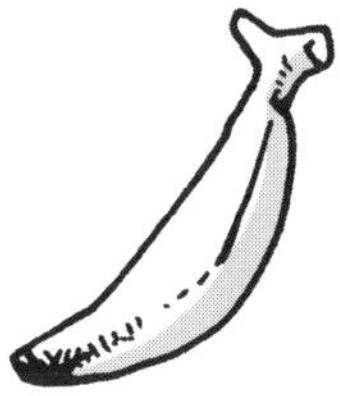 バナナ 1本（150g）129kcal	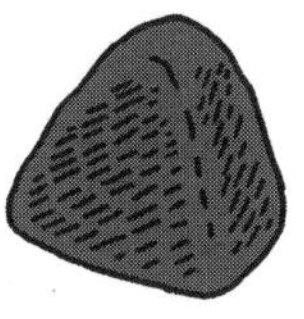 おにぎり 1個（120g）215kcal	 ふかしいも 半個（100g）134kcal	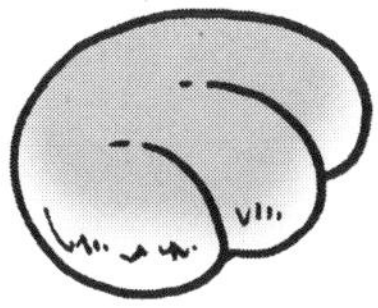 クリームパン 1個（70g）214kcal
 ハンバーガー 1個 241kcal	 ドーナッツ 1個（50g）194kcal	**おやつのカロリー** 栄養バランスや量を考え、上手に組み合わせましょう	 ラクトアイス 1カップ（190ml） 235kcal	 ポテトチップス 1袋（60g）337kcal
 プレーンヨーグルト 100g　62kcal	 牛乳 1杯（200g）134kcal	 100%オレンジジュース 1杯（200g）76kcal	 スポーツドリンク 1本（500ml）105kcal	 麦茶 1本（500ml）5kcal

◆のどが渇いたときの１杯は？◆

暑くてのどが渇いているとき、ジュースで水分をとろうとすると、ついつい飲みすぎて糖分のとりすぎにつながります。さらに血液中に取り込まれた糖分によって、脳はにせの満腹感を覚え、肝心の食事のときに食欲がわかなくなります。なるべく水か糖分のない麦茶などからのどが渇く前にこまめにとるのがおすすめです。一度にたくさん汗が出たときは、スポーツ飲料や経口補水液を活用するのもよいでしょう。

運動するときは運動前にかならず水分をとり、運動中も時間を決めて水分補給をしてください。また運動後ですが、食事前にたくさん水分をとりすぎると、おなかがふくらんで食事が食べられなくなります。みそ汁などの汁物はもちろん、ご飯やおかず、くだものなど食べ物からも水分は補給できます。柔軟に考えて暑い夏を乗り切ってください。

食育だより

年
7月号

（毎月19日は食育の日）

学校

梅雨が明ければ、暑い夏がやってきます。楽しい夏休みももうすぐですね。暑くなってくると食欲がなくなったり、疲れがとれにくくなります。いわゆる「夏ばて」です。夏ばてにならないためにも、規則正しい生活をし、食事の内容にも気をつけましょう。とくに朝ごはんは健康的な生活リズムをつくり、１日を元気に過ごすための大切な食事です。

朝食をしっかり食べていますか？

朝食には、ご飯やパンなどの主食に加え、肉や魚、卵、大豆製品などのたんぱく質源となるメインの主菜と、緑黄色野菜や海そうなどビタミンやミネラルをとるための副菜や汁物をそろえるとバランスのよい食事になります。

主食《しゅしょく》

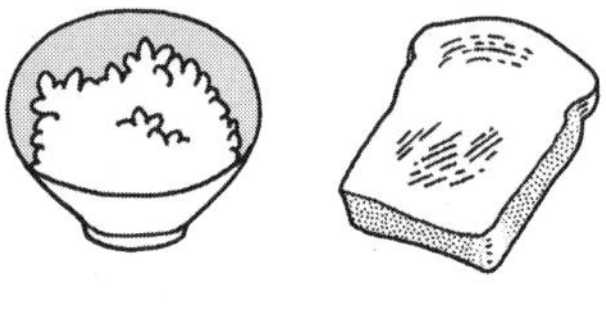

ご飯やパンなどの穀物に含まれる炭水化物（糖質）は脳や体のエネルギー源になります。

主菜《しゅさい》

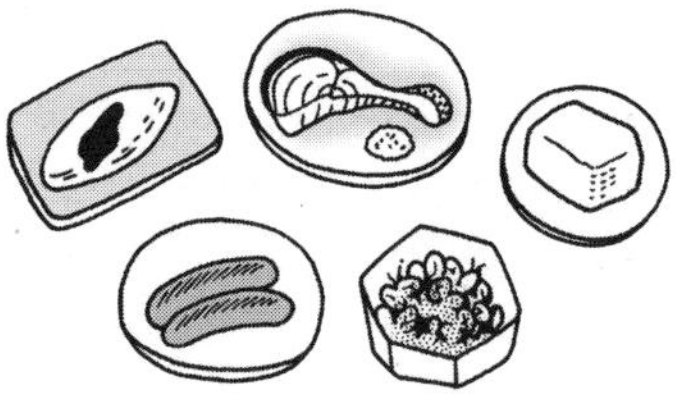

たんぱく質や脂質は体を作る材料となります。体温を上げ、長時間のスタミナ源としても役立ちます。

副菜《ふくさい》

（汁物）

体の調子を整えるビタミン・無機質（ミネラル）。主食や主菜の栄養が体の中でうまく働くようにします。

忙しい朝、毎日いろいろな料理を作るのは大変です。そんなときは、納豆、佃煮、チーズ、冷凍野菜など日持ちするものをストックしておくと便利です。そして野菜やチーズ入りのオムレツ、具だくさんのみそ汁、スープなどを作ると栄養たっぷりのおかずになります。またよく「朝のくだものは金」といわれます。季節のぶどうやもも、ソルダムやバナナなど、ビタミンたっぷりのくだものを１つ加えるだけで、さらに充実したおいしい朝ごはんになりますよ。

朝ごはんをしっかりとるには？

朝食をおいしく食べるコツは夕食から朝食まで７～９時間、時間を空けることです。すると「おなかがすいた～」と空腹感を感じながら朝食をとることができます。また目が覚めてから胃が活動を始めるまでには少し時間もかかります。起きてから30分くらい時間をおいて食べ始めるとよいでしょう。早起きして、朝ごはんまでお手伝いをしたり、軽い運動や読書をしてもいいですね。「早起き」→「空腹で朝ごはん」→「１日元気に活動」→「寝る前は食べない」→「早寝」といった生活リズムをつくりましょう。

朝食は１日の元気の源！

朝食に菓子パンなどのお菓子を食べたり、「忙しい人のために」と、ビスケットや流動食でとる食事スタイルも宣伝されています。でも、このような食事は栄養の偏りを生むだけでなく、食べることそのものを粗末にしているのではないでしょうか。朝食は「手を動かす」「かむ」「飲み込む」といった動作、そして「見る」「においをかぐ」「音を聞く」「味わう」といった五感の刺激で眠った体を起こし、元気に１日を始めるために大切な食事です。慌ただしい時間ではありますが、家族そろっての食卓での会話やコミュニケーションは、子どもたちにとって大切な「心の糧」になります。朝食は１日の元気の源。決しておろそかにしないように心がけたいものですね。

季節の食べ物
ゴーヤー

「にがうり」「つるれいし」ともよばれます。代表的な夏野菜でビタミンＣがたっぷりあり、無機質（ミネラル）も豊富です。またカリウムという、体のむくみをとってくれる栄養素もあります。ちょっと苦いかもしれませんが、暑い夏を元気に過ごすためにおすすめの野菜です。

給食だより

年
8月号

（毎月19日は食育の日）

学校

残暑も厳しい中、長い休み中に生活リズムがくずれてしまい食欲があまり出ない人も見かけます。夏ばて解消には、栄養バランスのとれた食事をして、ぐっすり眠ることが何よりも大切です。１日も早く生活リズムをととのえましょう。

まずは朝食から～生活リズムをととのえよう!～

夏休みに生活リズムをくずしてしまった人はいませんか？ 生活リズムをくずしたままでいると、朝は起きられず、体調はいまひとつで、勉強にも集中できなくなります。生活リズムを取り戻すには、１日３食を決まった時間に食べることがよいといわれます。まずは朝食を決まった時間に食べることからはじめ、生活リズムをととのえましょう。

朝食の３つの役割

①生活リズムをととのえる

朝食は１日のスタートです。全身にエンジンをかけてくれます。朝食を食べると午前中から元気が出て、活発に勉強や運動ができます。昼間元気に活動すると、夜はぐっすりと眠れ、翌朝もすっきり起きられる健康的な生活リズムが生まれます。生活リズムがくずれかけているなと思ったら、がんばって少し早起きし、朝食を決まった時間に食べて、健康的な生活リズムを早く取り戻しましょう。

②体温が上がる

朝食を食べると体温はすぐに上がり始め、午前中はそのまま体温が上がった状態が続きます。では、朝食を食べないとどうなってしまうのでしょう。通学で体を動かすと上がりますが、午前中の間にまた下がり、給食を食べるまで体温は低いままです。体温が上がらないと、勉強や活動になかなかやる気が出ません。

③脳にエネルギーを補給する

脳が活動するためのエネルギー源は、ご飯に多く含まれているでんぷんが体内で分解してできるブドウ糖です。たとえば夕食を午後７時にとり、翌朝に朝食を食べないと、お昼の給食までの 17 時間、脳はエネルギーがない状態になります。すると集中力が続かず、イライラして攻撃的になってしまうこともあります。

夏ばて度チェック ～こんな人はいませんか？～

□ 朝起きるのがつらい 	□ 朝ごはんを食べられない 	□ 頭がぼんやりしてやる気が起きない 
□ 勉強になかなか集中できない 	□ なんだかイライラする 	□ すぐに座りたくなる 
□ おやつを食べすぎて、ごはんが食べられないことがある 	□ 寝る時間が夏休み前よりも遅くなった 	□ 夜食を食べるようになった 

夏ばては、蒸し暑い夏の疲れが出たり、長い休みの間に不規則な生活を送って体調をくずしてしまうことが原因で起こります。自分の生活を見直し、生活リズムをととのえ、１日も早く元気な体を取り戻しましょう。

◆気をつけよう、食中毒！◆

１年中で最も食中毒が多いのはこれから９月にかけての時期です。食べ物に食中毒の細菌がつくと、あっという間に増えます。また細菌の中には、食べ物の中で増えても、味やにおいの変化ではわからないものもあります。

食中毒を防ぐために、普段の生活から以下のことに気をつけましょう。

1. 調理前や食事前はせっけんで手をよく洗いましょう。
2. 調理は中までよく火を通し、なるべく早く食べきりましょう。
3. 新鮮なものを必要な分だけ購入し、冷蔵庫の詰めすぎにも注意しましょう。
4. 肉や魚を切った包丁やまな板は、一度熱湯で消毒し、できれば野菜用と別にしましょう。
5. 変だと感じたものは、食べないようにしましょう。

食育だより

年
8月号

（毎月19日は食育の日）

学校

　毎日蒸し暑い日が続きます。この時季は、体が疲れやすく、食欲もなくなりがちです。また学校のない長い休み中は、気をつけないと早寝・早起き・朝ごはんの健康的な生活リズムが崩れがちです。夏休みを元気に過ごすためにも毎日の食事を規則正しくしっかり食べましょう。

夏の食生活で気をつけること

1日３食 しっかり食べよう

休みに入ると、よく朝食と昼食がいっしょになる人がいます。１日に必要な栄養は、朝・昼・夕の３食からむらなくしっかりとりましょう。

冷たいものの食べすぎ、飲みすぎに気をつけよう

冷たいものばかり食べたり、飲んだりしていると、おなかが冷えて食欲がなくなってきます。夏ばての原因にもなります。

ビタミンやカルシウムをたっぷりとろう

給食がない休み期間中は、とくにこれらの栄養素が不足しがちです。食事では野菜を必ず食べ、牛 乳や乳製品も食事やおやつやでとるようにしましょう。

食中毒に 気をつけよう

夏は食 中毒が発生しやすくなります。色やにおいに表れなくても食 中毒菌に汚染されている場合があります。なまものには十分に気をつけ、よく火を通し、作ったら早く食べきりましょう。

夏ばてしないように気をつけて、元気に夏休みを過ごしましょう。

8月31日は『野菜の日』です！

8月31日は『野菜の日』です。野菜は1日におよそ350gとるのが目安とされます。これは刻んだ生野菜で両手に3杯くらいになる量です。1回の食事でとると考えるととても多く感じますが、おひたし、煮物、炒め物など野菜料理にすると約5皿分くらいです。具だくさんのみそ汁やスープなどにしながら、朝、昼、夕の3回に分けて食べることで、無理なくこの1日の目安量分の野菜をとることができます。

野菜350gってどのくらい?

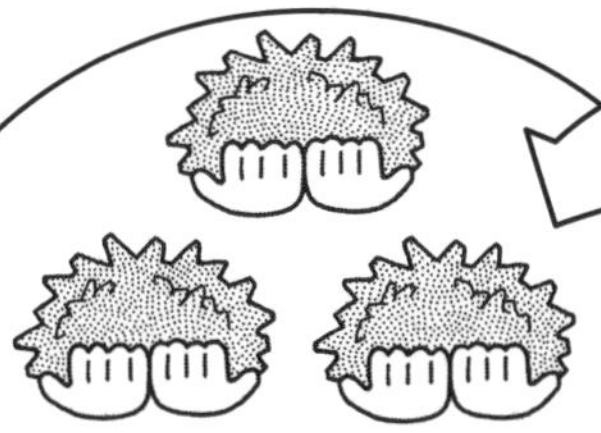

刻んだ生野菜で両手に
3杯くらいの量です。

野菜料理の小鉢で約5皿分です。
これらのおかずを3食に分けて
食べると、無理なく食べられます。

野菜の重さの目安

サニーレタス 1枚	ピーマン1個 （普通サイズ）	なす1本 （普通サイズ）	きゅうり1本 （中サイズ）	トマト1個 （中サイズ）
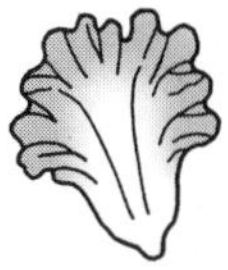	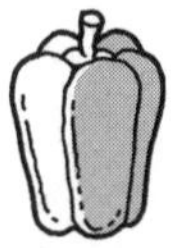	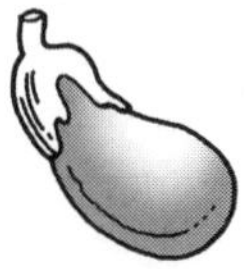	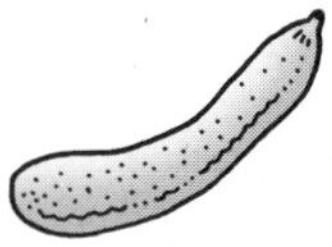	
およそ 20g	およそ 30～40g	およそ 70～80g	およそ 100g	およそ 200g

おやつを作ってみよう!

フレンチトースト

材料（2～3人分）

- 食パン……………………………2枚
- 砂糖…………………… 大さじ1杯
- 卵…………………………………1個
- 牛乳………………………100cc
- バター……………… 大さじ1杯

作り方

①ボウルに卵を溶きほぐし、砂糖と牛乳を入れてよく混ぜる。

②パンを食べやすい大きさに切って、①の液に浸す。

③フライパンにバターを溶かし、弱火でこんがり焼く。

※ お好みで①にバニラエッセンスやオレンジリキュールを数滴加えたり、出来上がったものにグラニュー糖やシナモン、きな粉などをふりかけてもおいしいです。

給食だより

年
9月号

（毎月19日は食育の日）

学校

夏休みが終わり、学校が始まりました。休み中は元気に過ごせましたか？　夏の疲れが残っている人は、バランスのよい食事を心がけ、夜も早く休んで、健康的な生活リズムに整えましょう。

バランスよく食べよう

食べ物は体の中での栄養のはたらきにより、大きく３つのグループに分けることができます。毎日の食事でも、献立にそれぞれのグループの食べ物がそろっているか、注意してみましょう。

赤　ぐ～んと成長

おもに体をつくるもとになる食べ物のグループで、肉、魚、大豆・豆製品、卵、牛乳、海そうなどがあります。成長に欠かせない、たんぱく質やカルシウムなどの無機質（ミネラル）が多く、不足すると、じょうぶな骨や筋肉をつくることができず、貧血にもなります。

黄　もりもりパワー

生きるために必要なエネルギーの源になる食べ物のグループで、米、小麦粉、砂糖、いも類、油などがあります。脳もはたらくときに、このエネルギーを使います。不足すると体力が低下し、元気や集中力が出ません。

緑　すこやかバランス

体の調子を整える食べ物のグループで、野菜や果物などがあります。皮ふを健康に保ったり、体の抵抗力を強くしたり、食べ物がエネルギーに変わるのを助けたりと、体のいろいろなところで働いています。不足するとかぜをひきやすくなったり、健康を害してしまうこともあります。

３つのグループの食品をバランスよく食べましょう。給食の献立は、いつもこのバランスを考えて作られています。ぜひ参考にしてください。

しっかり食べよう！

食べなければ疲労は
残ってしまいます

◆疲労回復のための食べ物４カ条◆

1. 疲れをとるために、まずエネルギーとなる炭水化物（糖質）を補充しましょう。
2. 筋肉を回復させるために、たんぱく質を十分にとりましょう。
3. 効率よくエネルギーを利用するために、ビタミンB_1を一緒にとりましょう。
4. 筋肉や肝臓の回復を早めるといわれるクエン酸も一緒にとるとよいでしょう。

○炭水化物（糖質）…ご飯、パン、うどん
（主食になるものです）

○たんぱく質…肉、魚、大豆、卵、牛乳など

○ビタミンB_1…豚肉、麦、ねぎ、たまねぎ、にんにく、
にら、うなぎなどに多く含まれます。

○クエン酸…梅干し、みかん、レモンなどに多く含まれています。

さらに牛乳や乳製品、海そうや野菜もしっかり食べて、ビタミンや無機質（ミネラル）の補給をしましょう。

疲れていて、どうしても食欲がわかないときは…

雑炊、煮込みうどん、リゾット、シチューなどがおすすめです。水分を多く含ませて、じっくり煮込むと消化もよくなり、食べやすくなります。でも食べるときは流し込んで食べずに、意識してよくかんで食べるようにしましょう。

●休養も大切です

～早寝・早起きして睡眠を十分にとろう～

食べ物だけ気をつけても、十分な睡眠をとらなければ疲れはとれません。十分な睡眠は体力・気力を回復します。子どもの時期にとくに大切な成長ホルモンが分泌されるのもこの睡眠中です。「食事・運動・休養」の３つが毎日バランスよくとれるよう、生活習慣を整えましょう。

食育だより

年
9月号

（毎月19日は食育の日）

学校

夏休みが終わり、学校が始まりました。夏の間、少し静かになっていた学校にも再びにぎやかな声があふれています。暑い夏の疲れが残りがちです。朝・昼・夕の３食をしっかりとり、生活リズムをととのえて、元気に登校できるようにしましょう。

秋の給食がスタート

２学期が始まりましたみにあまり規則正しい生活が送れなかった人は、はじめの１週間で生活リズムの立て直しをしましょう。まずは早起きして、時間に余裕をもって朝ごはんを食べましょう。そして夜は早く寝てしっかり休み、疲れを取りましょう。そのほか、こんなことにも気をつけましょう。

充実した朝ごはんを食べよう！

朝ごはんは元気な１日の出発点です。３つのグループの食品をそろえて、よくかんでしっかり食べてから登校しましょう。

冷たいものの取りすぎには注意しよう！

暑いからといって、冷たいおやつやジュースばかり食べたり、飲んでいると胃腸のはたらきを弱め、食欲をなくします。

食事を通して生活リズムをととのえよう！

朝･昼･夕の３食をきちんと食べ、おやつも時間と量を決めて食べましょう。寝る前におやつを食べるのは控えましょう。

敬老の日

おじいちゃん、おばあちゃんの知恵、伝統食材を取り入れよう

「まごわ（は）やさしい」。どこかで聞いたことはありませんか。これは健康づくりを支えてくれる、日本で昔から親しまれ、食べられてきた伝統食材の頭文字を並べたものです。低カロリーでヘルシー、そして食物繊維やビタミン、無機質（ミネラル）など体によい成分が豊富に含まれ、世界からも注目されている食材です。

まめ

（豆類、大豆製品）

ごま

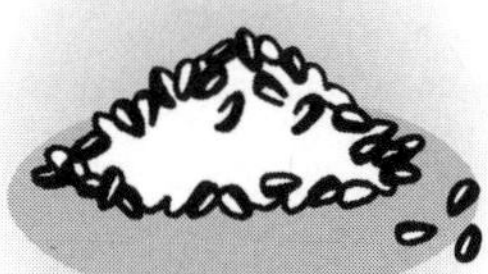

（種実類・雑穀）

わかめ

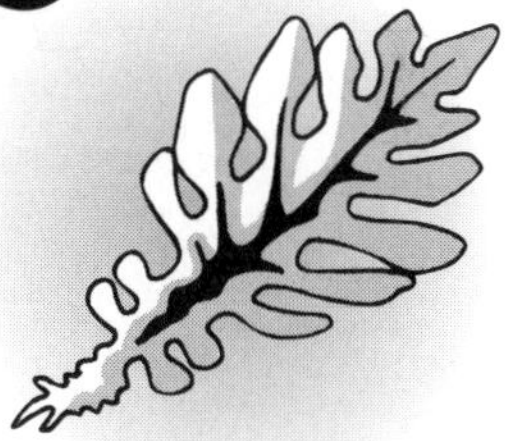

（海藻類）

やさい

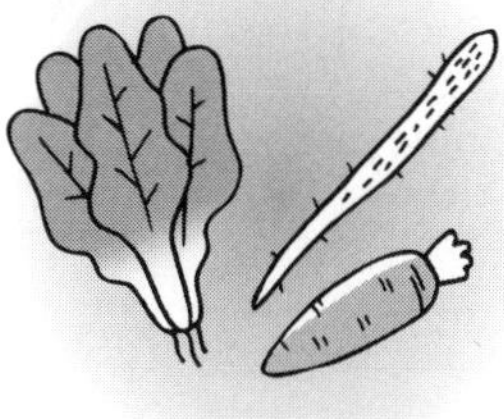

（野菜類）

さかな

（魚介類）

しいたけ

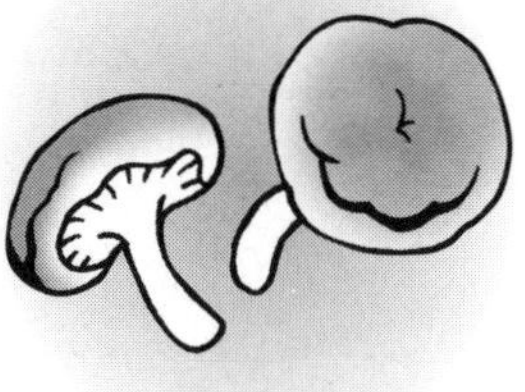

（きのこ類）

いも

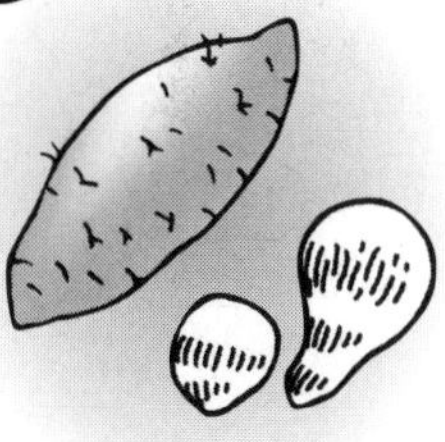

（いも類）

伝統食材を身近な味で！

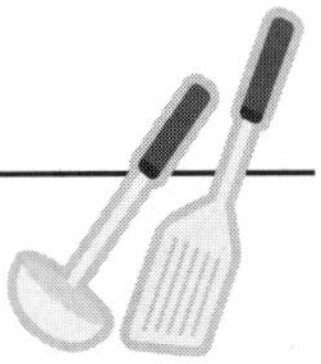

切り干し大根の明太マヨサラダ

材料(1人分)

・切り干し大根 30g
・明太子 ....30g（好みで増減）
・マヨネーズ ....30 ～ 45g
・レモン汁 .... 少々
小さじ 1 ～ 2 杯ほど（好みで増減）
・白ごま .... 小さじ 1 杯
・いんげん 50g

作り方

①切り干し大根は水の中でもみ洗いした後、10 分ほど水に漬けて戻す。
②①をさっとゆでる（歯ごたえが残るくらいの硬さに）。
いんげんもゆでて 3 ～ 4cm で斜めに切っておく。
③明太子とマヨネーズ、レモン、白ごまをよく混ぜておく。
④冷まして水をよくしぼった切り干し大根といんげんに③を加え、
よく混ぜて出来上がり。

給食だより

年
10月号

（毎月19日は食育の日）

学校

天高く馬肥ゆる秋です。スポーツの秋、芸術の秋ともいわれるように、学校だけでなく地域でもさまざまな行事や催し物が開かれます。

ところで何事をするにも、「まずは腹ごしらえから」とよくいわれます。とくに朝ごはんは、元気に１日をスタートさせるための大切な食事です。

大切な朝ごはん

あ さのはじまり、朝ごはん

さ あ、しっかり食べよう！

ご 飯におかずはもちろん
くだものも食べるとベター

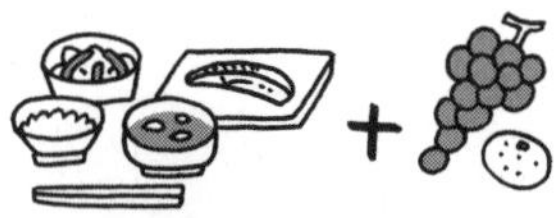

は やおきして体を動かし、
もりもり食べよう

ん 、スルっとすっきり毎日トイレ
をすませ、気持ちよく登校！

朝ごはんは1日を気持ちよくスタートさせる大切な食事

朝ごはんには大切な役割が3つあります

1．元気はつらつ！…体温を上げる

朝食を食べると、体温が上がり始め、午前中はそのままの状態が続きます。では、朝食を食べないとどうでしょう。通学で体を動かすと少し上がりますが、午前中の間にまた下がり、給食を食べるまで体温が低いままです。体温が上がらないと、勉強や運動にもやる気が出ません。

2．脳が活発に！…脳にエネルギーを補給

脳のエネルギーの源は、ご飯に多く含まれているブドウ糖です。夕食を午後7時にとり、朝食を抜いてしまうと、脳は給食までの17時間ほどはエネルギーをとっていない状態になります。エネルギー源のない脳では、集中力がなくなったり、イライラして攻撃的になったりしがちです。

3．排便快調！… 体のリズムを整える

朝食は1日が始まったことを体に知らせます。毎日決まった時間に朝ごはんを食べることで体には規則正しい生活リズムが生まれます。食べたものは胃腸を刺激し、通じも出やすくなります。また早起きすることで、日中、活発に勉強や運動ができ、夜は早くに眠くなり、翌朝もすっきりと起きられる好循環が生まれます。夜ふかしをしても、朝はなるべく決まった時間に食べ、体のリズムを整えましょう。

●ハロウィーンとカボチャ●

10月31日はハロウィーンです。ハロウィーンはキリスト教の万霊節（諸聖人の祝日“All Hallows”ともよばれる）の前夜に行われる行事ですが、アメリカに渡り、仮装を楽しんだり、子どもがお菓子をもらえる盛大なお祭りになりました。カボチャをくりぬいて作った有名な顔は「ジャック・オ・ランタン」といいます。

現在では日本でもパンプキンパイなど、カボチャを使った料理がこの時季よく出回るようになりました。カボチャは夏にとれますが、保存が効くため、冬までおいしくいただける野菜です。カロテンたっぷりで、かぜの予防にもなりますよ。12月の「冬至かぼちゃ」まではもう少し間がありますが、たくさん食べて元気に過ごしましょう。

食育だより

年
10月号
（毎月19日は食育の日）
学校

実りの秋を迎えました。なし、かき、くり、りんごなど旬の果物が店頭に並ぶ時季です。さといもやさつまいも、北海道からはじゃがいもなど、たくさんのいも類が収穫されます。にんじん、ごぼう、れんこんなどの根菜類もおいしくなりますね。また魚では、さんま、さば、戻りがつおなど脂ののった魚が勢ぞろいします。食事の栄養バランスをチェックしながら、味覚の秋を大いに楽しみましょう。

食べ物の3つのグループを知ろう！

食べ物にはさまざまな栄養素が含まれています。その中でも中心となる栄養素のはたらきで食べ物を３つのグループに分け、それぞれを黄・赤・緑の色で表した栄養指導を行っています。中学生からの家庭科では、この３つのグループをさらに「6 つの食品群」に分けて学習していきます。栄養バランスのとれた食事をとるために、ぜひ身に付けておきたい知識です。

	黄		赤		緑	
おもなはたらき	体のエネルギーとなる		体をつくるもととなる		体の調子をととのえる	
食品（群）	穀類 いも類 砂糖（5群）	油脂 種実類 （6群）	魚・肉 卵・豆 豆製品（1群）	牛乳 小魚 海そう（2群）	緑黄色野菜 （3群）	その他の野菜 果物 きのこ類(4群)
おもな栄養素	炭水化物 （糖質）	脂質	たんぱく質	カルシウム	カロテン	ビタミンC
キャッチフレーズ	パワーチャージ!		ビッグ&タフ!		ヘルシー&ビューティー!	

おやつを見直してみよう

みなさんの好きなおやつは何ですか。ケーキ、アイスクリーム、チョコレート…？これらのお菓子には、じつはたくさんのさとうやあぶらが使われているものがあります。食べすぎていないか、時間を決めて食べているかよく考えてみましょう。おにぎり、干しいも、果物、チーズなどもよいおやつになります。日頃食べているおやつの内容を見直してみましょう。

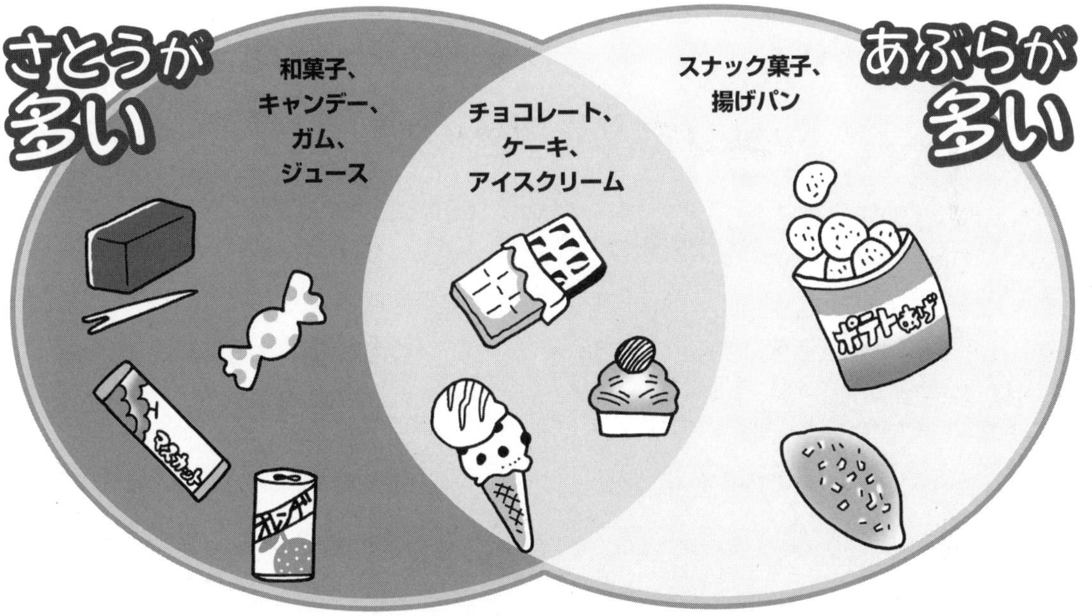

とりすぎが続くと…

こわい生活習慣病の原因になります！

さとう（糖分） むし歯や太りすぎ、糖尿病に…

あぶら（脂質） 太りすぎや血液がドロドロに…

旬の食べ物 かぶ

かぶは人類が最も古い時期から食用にしてきた野菜と考えられ、世界各地で栽培されています。ロシア民話の『おおきなかぶ』のお話も有名ですね。わが国でも『日本書紀』に記載があり、長い歴史の中で各地の風土に合わせて品種改 良され、さまざまな「ご当地かぶ」が生まれました。漬物やかぶら蒸しのほか、いためもの、みそ汁やスープの具にしてもおいしいですね。葉と実（根）を切り離して別々に保存するのが長持ちさせる秘けつです。実（根）にはビタミンC、消化を助ける酵素、葉にはカロテンやカルシウムなどが多く含まれています。ぜひ両方ともおいしく召し上がってください。

給食だより

年
11月号

（毎月19日は食育の日）

学校

新米が出回る時季になりました。また、かきやりんご、くり、きのこ、脂ののったおいしい魚…。山の幸、海の幸が出そろって、まさに実りの秋です。

秋の豊かな食卓を囲み、家族で楽しく語らいながら、よくかんで味わい、大地の恵みに感謝して食べたいものです。

よくかんで食べよう！
～かむことの７つの効果～

①食べすぎを防ぐ

よくかむと脳に「おなかがいっぱいになったよ」という信号を送られ、必要以上に食べてしまうことが防げます。

②脳の活動を活発にする

よくかむと脳への血液の流れをよくします。また五感をフルに使って味わって食べることで味覚を成長させ、脳の活動を高めることができます。

③歯を強くする

よくかむとだ液がよく分泌され、歯や口の中をきれいにします。またた液にはむし歯になりかけた歯をもとに戻すはたらきがあります。

④消化を助ける

よくかむと食べ物が細かくかみ砕かれ、だ液と合わさって栄養素の吸収がよくなります。またた液には発がん物質などを“毒消し”する成分もあります。

⑤かつぜつを良くする

よくかむとあごの周りの筋肉をきたえ、あごを丈夫にします。歯並びもよくなり、言葉の発音がよくなります。

⑥ストレスを抑える

よくかむと緊張を和らげることができます。また脳のストレスを感じる部分に直接はたらきかけ、落ち着くことができます。

⑦脳の老化を防ぐ

よくかむと加齢による脳機能の衰えを防ぐことができます。さらに記憶力を高めることができます。小さいころからよくかんで食べる習慣をつけましょう。

感謝の気持ちで食べよう！

11 月 23 日は勤労感謝の日です。毎日、私たちが食事できるかげには、多くの人たちの働きや協力があります。たとえば、お米を考えてみると…

ありがとう

いただきます！

お米を育ててくれる農家の人
精米してくれる人
配送してくれる人
ご飯を炊いてくれる人
よそってくれる人

などなど多くの人の手がかけられていることがわかります。

また私たちが食べるときには、食べ物となった植物や動物の命をいただいていることも忘れてはいけないことです。食事をするときは「ありがとう」の感謝の気持ちをもって食べましょう。

●七五三●

千歳飴

11 月 15 日は、3 歳、5 歳、7 歳になったお子さんの健やかな成長に感謝して、家族でお祝いをする日です。昔は数え年で行っていました。七五三の歴史は江戸時代にさかのぼります。昔の暦で 15 日は満月の日で、何事をするにもよいとされた吉日でした。

11 月は収穫を終え、神様に収穫を感謝する月でしたので、子どもの健やかな成長も併せて感謝し、加護を願ったのが始まりとされます。1 年生のみなさんも学校での生活にもなれ、すっかりたくましくなりました。また弟さんや妹さんのお祝いをするご家庭も多いと思います。晴れやかな衣装を着たお子さんの道行く姿を見るたびに、どの子も健やかに幸せに育ってほしいという思いでいっぱいになりますね。

食育だより

年
11月号

（毎月19日は食育の日）

学校

秋も終わりに差し掛かり、朝晩は肌寒さを感じるようになりました。温かい食べ物がおいしくなる季節ですね。11 月には文化の日、勤労感謝の日があります。勤労感謝の日は、宮中でお米の収穫を祝う儀式が行われる日です。今、お米を中心にした日本型の食生活のよさが世界中から注目されています。「和食」もユネスコ無形文化遺産に登録されました。そして地域の産物を上手に利用して生み出された郷土料理など、日本の食文化をこれからも大切にしていきたいものです。

日本型食生活を見直してみよう

近年、日本では和食離れが進んでいるといわれますが、欧米諸国を中心に低カロリーでヘルシーであると、今、日本食のブームが起きています。日本人である私たちも、いま一度、伝統的な和食や、ご飯を中心にした日本型の食生活を見直していきたいものです。日本は春・夏・秋・冬の四季がはっきりし、季節ごとに旬の野菜や魚介類がとれます。これらの食べ物をおいしく食べる知恵が、食品を通して、今も私たちに伝えられています。

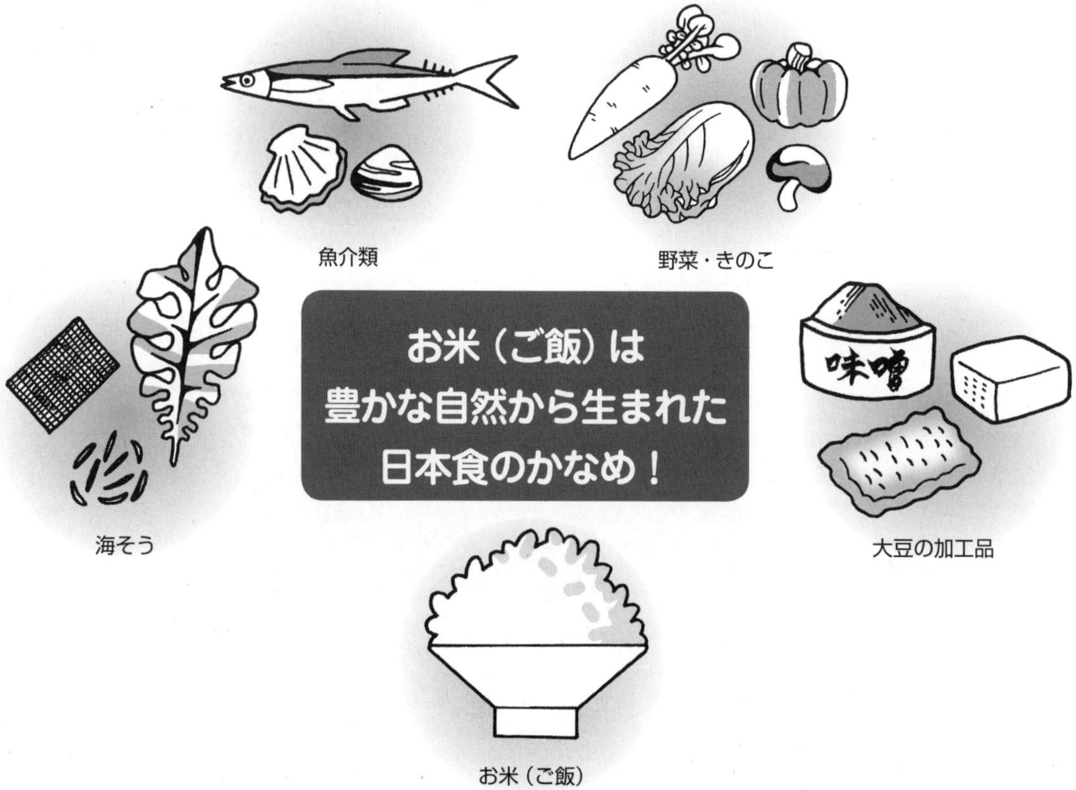

魚介類
野菜・きのこ
お米（ご飯）は
豊かな自然から生まれた
日本食のかなめ！
海そう
味噌
大豆の加工品
お米（ご飯）

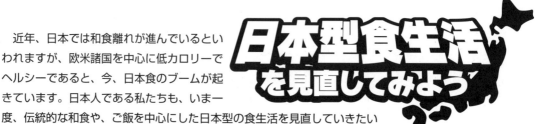

地域に伝わる郷土料理を知ろう！

各地に伝わる郷土料理は、私たちの祖先が地域の産物などを上手に使い生み出したものです。郷土料理が生まれ、名がつけられた背景には、おもしろいエピソードもたくさん秘められています。おいしく食べるための知恵や願いが料理を通じ、今の私たちに伝えられているのです。

郷土料理㊙びっくり話

はっと汁

（岩手県・宮城県）

「はっと」は小麦粉を練って薄くのばしたもの。たくさんの野菜と一緒に煮た汁物にします。

江戸時代、この地ではとれた米のほとんどをよそで売り、藩のお金にしました。そのため農民は小麦を食べていましたが、工夫しておいしい料理を作りました。殿様が農民がもう米作りをしなくなるのではと心配し、その料理を「はっと法度（禁止）」にしたことからこの名前がついたと伝えられています。

ほうとう

（山梨県）

独特の太いめんにかぼちゃ、大根などの野菜を入れて、きのこや鶏肉、油揚げなどを加え、みそで煮込みます

戦国武将の武田信玄が伝家の宝刀で、太いめんを切って作ったことからこの名がついたという言い伝えがあり、戦国最強といわれた騎馬軍団の陣中食にされたといわれます。また昔の中国のお菓子「ハクタク」がお寺などを通して伝えられ、生まれたという説もあります。

がめ煮

（福岡県・佐賀県）

最初に具材をすべて炒めて、だし汁と調味料を入れ、具の鶏肉や野菜などがやわらかくなるまで煮ます。

豊臣秀吉の朝鮮出兵のとき、この地に本部を置き、全国から大名と兵士を集めました。兵士たちが当時「どぶがめ」とよばれていたスッポンと有り合わせの材料を寄せ集めて煮込んで食べたのが始まりとも伝えられています。今は鶏肉がおもに使われ、「筑前煮」ともよばれます。

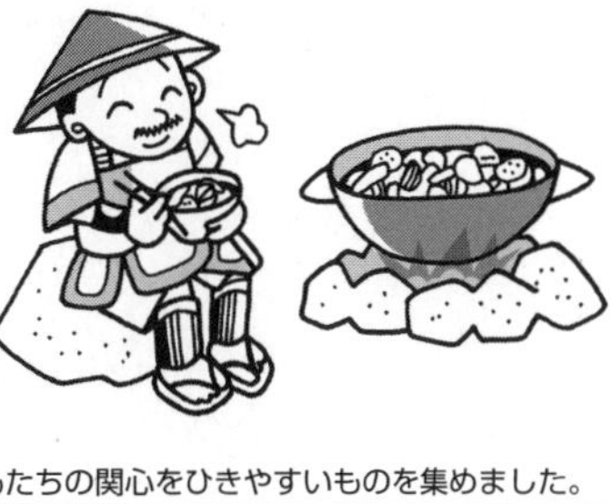

※紹介した郷土料理の由来には諸説ありますが、ここでは日本の歴史などと関連づけられ、子どもたちの関心をひきやすいものを集めました。

給食だより

年
12月号

（毎月19日は食育の日）

学校

今年も残すところ、あと1ヵ月となりました。12月は「師走」ともいわれます。年の暮れは「師（先生）」に限らず、何かと忙しく慌ただしい時季ですが、健康管理に気をつけ、1年の締めくくりをしましょう。

冬のエースはビタミンACE《エース》

冬においしい食べ物には、ビタミンA（カロテン）、ビタミンC、ビタミンEがたくさん含まれているものが多くあります。これら3つのビタミンはまとめて「ビタミンACE（エース）」とよばれることがあります。それぞれに体の抵抗力を強め、抗酸化作用を持ち、体内で増えすぎた活性酸素を除去して生活習慣病を予防してくれます。また、これら3つのビタミンをいっしょにとると、お互いのはたらきを高め合い、相乗効果でいっそう体の健康を保つのに役立ちます。

ビタミンA	ビタミンC	ビタミンE

レバー、うなぎ、銀ムツ、にんじん、小松菜、ほうれん草、ぎんなん、干しがき	かき、みかん、いちご、大根、はくさい、じゃがいも、さつまいも	サケ、マグロの缶詰（ツナ）、カレイ、ひまわり油、かぼちゃ、にら、アーモンド
のどの粘膜のはたらきを高め、かぜなどのウイルスの侵入を防ぐのにも役立つ。	体の中の免疫のはたらきを高める。冬に多い肌荒れを防ぐのにも役立つ。	血液の流れをよくし、冷え性などを防ぐ。体の細胞の老化を防ぐのにも役立つ。

●インフルエンザ、かぜを予防しましょう●

食生活で注意すること

空気が乾燥し、インフルエンザやかぜの流行が心配される時季です。食生活などで注意することは何でしょうか？

食べる前、外出時には指先や指の間までしっかりと手洗いをしましょう。またうがいも忘れずにしましょう。

外が寒くても、定期的にしっかり換気をしましょう。（閉め切った部屋にはウイルスがいつまでも浮かんでいます）

朝・昼・夕の３食を、好き嫌いせず、栄養バランスに気をつけながらしっかり食べましょう。

規則正しい生活をし、夜更かしせずに睡眠を十分にとって、体力をつけましょう。部屋の湿度にも気をつけ、暖房で部屋が乾燥しすぎないようにしましょう。

せきやくしゃみが出る人はしぶきを飛ばさないように「エチケットマスク」をつけます。鼻をかんだティッシュは、すぐにふたつきのごみ箱に捨てましょう。

流行時の外出には、予防のためにマスクをつけ、人込みにはあまり近づかないようにしましょう。のどを冷やさないようマフラーなどで首も温めましょう。

◆「運盛り」で冬を元気に、ハッピーに！◆

冬至の日には「かぼちゃ」を食べる習慣がありますが、この日に末尾に「ん」のつく食べ物を食べると縁起が良いとされています。「なんきん（かぼちゃ）」「にんじん」「れんこん」「ぎんなん」「かんてん」「きんかん（ぽんかん）」「うんどん（うどん）」の７つは言葉の中に２回「ん」があり、とくに運を呼び込むとされます。栄養学的な見地からも、ビタミンA、C、E、食物繊維など体によい栄養素が豊富に含まれていて、冬の健康維持にも、ひと役買いそうです。

食育だより

年
12月号

（毎月19日は食育の日）

学校

今年も残りわずかとなりました。12月は「師走」ともいいます。社会も学校も新年を迎える準備で大忙しです。冬休みも控え、クリスマスや年越し、そしてお正月など楽しい行事がたくさんありますが、そんな時季だからこそ、生活リズムを守り、朝・昼・夕の3食をしっかり食べることを心がけましょう。

新年、学校でまた元気に会いましょう。

食べる前は手洗いをきちんとしよう！

日増しに寒さが厳しくなります。水道の水も冷たくなり、なんとなく手洗いがおっくうになりがちです。冬はかぜやインフルエンザ、ノロウイルスによる食中毒などの流行が心配されますが、じつはこれらのウイルスへの感染の大部分は、手を介した感染（接触感染）です。せっけんで手洗いをきちんとすることで、この手による感染ルートがシャットアウトでき、とても有効な予防法になります。

手を介したウイルス感染のしくみ

①手には目に見えないかぜや食中毒を起こすウイルスがついていることがある。

②ウイルスなどのついた手で食べ物を食べたり、目や鼻の粘膜にふれると、ウイルスがそこから体の中に侵入する。

③ウイルスには、のどや腸など種類ごとに好む場所がある。人間の細胞を使って自分の仲間を増やそうとするとき、熱や下痢などの症状が起こる。

せっけんをよく泡立て、すみずみまでよく手を洗うことで、手についたウイルスが落ち、感染を防ぐことができる。

楽しく元気に過ごそう 冬休み！

早起きで朝ごはんがおいしい！

朝ごはんは１日を元気に過ごすための大切な食事です。冬休み中も同じです。早起きを心がけることで夜更かしを防ぎ、規則正しい生活リズムを保つことができます。

1日1杯牛乳を！

カルシウムは日本人に不足しがちな栄養素で、とくに成長期のみなさんにはとても大切です。休みの日にもコップ１杯の牛乳を飲み、チーズやヨーグルトなどの乳製品も積極的に食べましょう。

バランスよく食べて元気な体！

給食がないと、ついつい好きな物ばかり食べていませんか。食べ物を好ききらいなく、バランスよく食べて、体を元気にしましょう。とくに野菜は毎日しっかり食べましょう。

おやつの食べすぎ要注意！

休み中は自由な時間が増えて、ついついお菓子に手が伸びてしまいます。おやつは時間と量を決めて食べるようにし、天気のよい日は、外で元気に体を動かしましょう。

冬の定番！ 鍋料理

寒い季節に欠かせないのがおいしい鍋料理です。
栄養的にも、さまざまなよいところがあります。

体を温める

芯から体を温め、冷えから起こるかぜなどを防ぎます。

たくさんの野菜がとれる

煮ることで野菜のかさが減り、たくさん食べられます。

油を使わずとてもヘルシー

油を使わず、いろいろな食品を一度に食べられます。

給食だより

年
1月号

（毎月19日は食育の日）　　　　学校

新年あけましておめでとうございます。今年もよろしくお願いいたします。

1月24～30日は全国学校給食週間です。食べ物が満ちあふれている現代ですが、学校給食で伝えたいことはたくさんあります。多くの人の努力や協力によって食べられること、動植物の命をいただいて生きていることへの感謝、そして食文化…。この機会に、ぜひ給食の意義、そして食べることの大切さを感じてもらいたいものです。

感謝して食べよう！

～食べ物のふるさとを訪ねて～

私たちが食べている食べ物はすべて生きものから作られます。私たちは食べ物となった生きものの命をいただいて生きています。またそうした食べ物が私たちに届くまでにはたくさんの人の手がかかっています。みなさんにおなじみの黄・赤・緑の食べ物の３つのグループのふるさとを訪ねてみましょう。

おもにエネルギーのもとになる（黄）	おもに体をつくるもとになる（赤）	おもに体の調子を整える（緑）

主食となるお米は、水田で作られます。春の田植えから秋の収穫まで、農家の人は手間ひまかけて稲の世話をし、水田の管理をしています。	主菜となる魚、肉、卵などは、漁師の人が大変な思いをして捕ってきたり、牧場や畜舎で牛や豚、にわとりなどの世話を１年中休みなく行ってくれる人のおかげで食べられます。	副菜となる野菜やくだものは、農家の人が畑や果樹園で丹精して育ててくれたものです。おいしく立派に育てるためには多くの手間ひまと努力があります。

感謝の気持ちを込めて「いただきます」のあいさつをしましょう。

給食に感謝しましょう　全国学校給食週間

1月24～30日は「全国学校給食週間」です。

この行事は、第二次世界大戦後の物のない時代、ユニセフの救援物資によって日本の学校給食が再開されたことを記念して行われます。給食は大切な学校教育の1つとして始まり、子どもの食育が重要視されるようになった今では、バランスのとれた栄養摂取、食生活の手本となるような献立づくりはもちろん、食事を通した人間形成、マナーの習得、地産地消による地域振興、食文化の伝承といった大きな役割も担っています。

いつも何気なく食べている給食ですが、みなさんの口に入るまでには、生産者の方をはじめさまざまな人の協力があります。そんな人々に感謝の思いを届ける1週間にしましょう。

給食の材料を運んでくれる人、そして給食を作ってくれる人

みんなに給食を配膳してくれる給食当番さん

昔の人が生み出した食べ物の知恵「発酵食品」

発酵食品とは、野菜やお米、牛乳などの動植物の原料を、目に見えない小さな微生物の発酵というはたらきを利用して作られる食品のことです。日本には、みそ、しょうゆ、納豆、酢、清酒、かつお節、漬物などたくさんの発酵食品があります。またキムチやチーズ、ヨーグルトも発酵食品です。発酵食品には原料となった食品にはない風味があり、保存が利く利点があります。さらに科学的にも微生物のはたらきで栄養価が増し、腸のはたらきをととのえてくれるなど、体によい効果があることがわかっています。

食育だより

年
1月号

(毎月19日は食育の日)

学校

あけましておめでとうございます。

冬休み中は、楽しい行事がたくさんあって、ついつい食べすぎたり、夜更かしをしたりして生活リズムがくずれがちになります。朝・昼・夕の３食を規則正しくとって、早寝・早起きを心がけ、生活リズムを整えましょう。寒さも一段と厳しくなってきます。食事前のせっけんでの手洗い、栄養バランスのとれた食事、そして十分な睡眠と休養を心がけながら、３学期元気に過ごしましょう。

給食づくり 大公開!

給食室ではみんなの笑顔を思い浮かべながら、愛情をたっぷり込めて毎日給食を作っています。給食づくりの様子を大公開します。

働く服装

髪の毛を出さないようにぼうしをしっかりかぶり、マスクもきちんとして、毎日清潔な白衣を身に付けています。給食当番さんもこの服装を見習ってくださいね。

手洗い

給食を作る前は、手をひじまでよく洗います。また、それぞれ専用のブラシでつめの間まで、ていねいに洗います。みんなも給食準備や食べる前には、必ず手を洗ってくださいね。

調理開始です!

材料はすべて朝に届きます。ごみなどが入っていないかしっかり確認し、野菜は水そうをかえて３回洗います。材料を食べやすいように切りそろえ、大きな回転がまを使って調理します。中心までしっかり火が通ったかを温度計で確認します。

後片付け

使った食器をきれいに洗い、クラスごとに数を確認し、清潔な場所で保管します。みなさんが残さずに食べ、食器やはしをきちんと返却すると、作業がとてもはかどります。

海の野菜?! 海そう

四方を海で囲まれた日本では、古くから海でとれる海そうを上手に毎日の食事に取り入れてきました。海そうは食事で不足しがちな食物せんいやカルシウムなどのミネラルをたっぷり含んだ健康食品として、今、とても注目されています。

海そうのひみつ

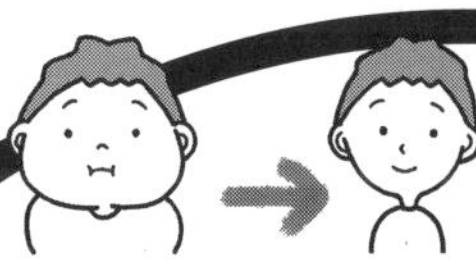

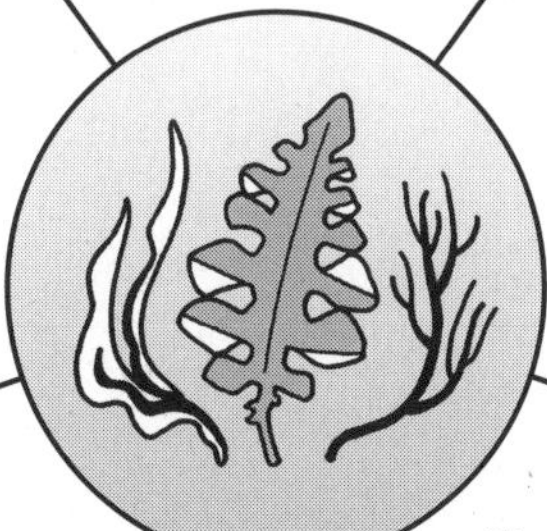

低《てい》カロリー

食物せんいが多い海そうは全般にエネルギーが少ないのが特徴です。料理にうまく利用することで、太りすぎを防ぐことができます。

カルシウム

歯や骨を強くしたり、筋肉を動かしたり、神経伝達を正常に保つための大切なはたらきをしています。

鉄

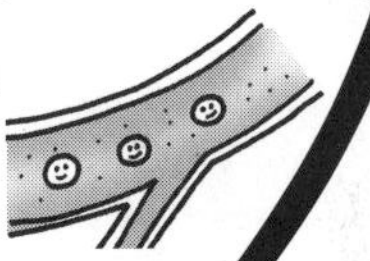

体内に酸素を運ぶ赤血球の成分であるヘモグロビンをつくります。不足すると貧血になり、体の疲れなどの症状が出ます。成長期にはとくに必要です。

その他の無機質（ミネラル）

体に必要な量はわずかですが、体のはたらきを助ける大切な物質です。海そうにはマグネシウムやクロム、ヨウ素などの成分が多く含まれています。

食物せんい

腸のそうじをするほか、腸内にいる善玉菌の活動を高め、体の免疫機能などにも深くかかわっていることが近年明らかになっています。

◇◇◇◇◇◇◇◇◇◇◇◇◇◇◇◇◇◇◇◇ 全国学校給食週間です ◇◇◇◇◇◇◇◇◇◇◇◇◇◇◇◇◇◇◇◇

日本の学校給食は明治 22(1889) 年、山形県鶴岡市にあった私立忠愛小学校で始まりました。第二次世界大戦中は一時中断されましたが、戦後諸外国から届けられた救援物資をもとに再開されました。昭和 29(1954) 年に学校給食法が成立し、給食は学校で行う教育活動の 1 つに位置づけられました。しかし当時の大きな課題は、不足しがちな子どもたちの栄養を補うことでした。

その後、日本経済が復興・発展するにつれ、日本人のライフスタイルは変化し、学校給食の役割や意義も変化していきます。現在では、栄養バランスはもとより、和食や郷土料理など伝統的な食文化の継承、マナーなども含め、食事の大切さを伝える『食育』を担う“生きた教材”としての役割がとくに強く求められています。毎年 1 月 24 日から 30 日までの 1 週間は「全国学校給食週間」です。学校給食の意義や役割についての理解を、子どもたちはもちろん、保護者のみなさまにも深めていただけたらと願っています。

給食だより

年
2月号

（毎月19日は食育の日）　学校

２月になりました。まだ寒い日が続きますが、梅の開花のたよりも日本の各地で聞かれるようになるころです。学校では年度末に向けて、これまでの学習や活動の総仕上げに取りかかる時期です。春までもうひと息。食事前の手洗い・うがいを忘れずに行い、しっかり１日３回の食事を食べ、十分な睡眠をとって健やかに過ごしましょう。

小さな体に大きな力！●●●豆《まめ》

大豆は脳や神経細胞の構成成分として重要なリン脂質のレシチンや牛肉にも負けない良質のたんぱく質、丈夫な骨や歯をつくるカルシウム、腸の健康を維持するために欠かせない食物繊維、体の中で炭水化物（糖質）が、エネルギーに変わるのを助け、疲労回復に効果があるというビタミンB_1などを豊富に含む、すぐれた食べ物です。日本では古くから大豆を加工してさまざまな食品を作り出し、食卓を豊かにしてきました。給食献立にも大豆や大豆の加工品、またほかの豆類も数多く登場しています。

豆	大豆製品

大豆（煮物、サラダ、甘辛揚げ） 赤えんどう豆（みつ豆） 白いんげん豆（スープ、シチュー、コロッケ） 金時豆（煮豆） レンズ豆（カレー） ひよこ豆（カレー）	豆腐 納豆 きな粉 高野豆腐 油揚げ 厚揚げ みそ しょうゆ 豆乳 甘納豆 ………… もやし

みその力

みそは大豆をおもな原料にし、昔から日本で作られ、料理に使われてきた食品です。みその栄養やはたらきについてまとめてみました。

みその栄養

みその主な栄養成分はたんぱく質、炭水化物（糖質）、脂質、ビタミン、ミネラルです。原料の大豆の栄養成分が発酵菌の酵素で分解されるため、大豆そのものを食べるよりも、みその状態で食べた方が栄養が吸収されやすくなっています。また大豆製品はご飯（米）との相性がとてもよく、ご飯に不足するたんぱく質（必須アミノ酸）をみそが補ってくれます。また、みそ汁に野菜や海そうの具を入れることで、食物繊維やビタミン、ミネラルも併せてとることができます。

みそのはたらき

みそは味をつけるほかにも、以下のようなさまざまなはたらきがあり、調理に欠かせないものになっています。

○においを消す	○油との相性がとてもよい	○食品を長持ちさせる
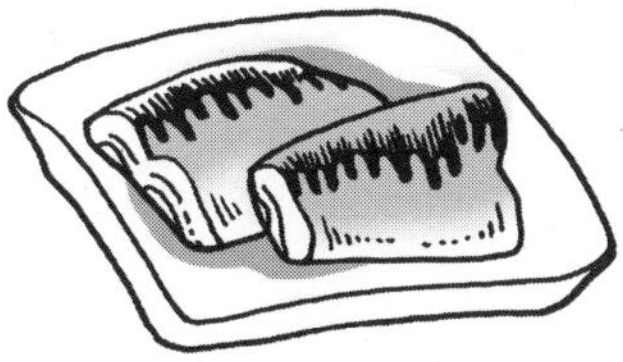		
みそがにおいのもとを吸収するため、肉や魚の生臭みを和らげてくれます。みそ焼きやみそ煮などの調理法によく用いられます。	油との相性がよく、みそがほどよく油を吸着してくれるため、味に奥行きが出ます。みそ炒めや、またあまり気づかれませんが、マーボー豆腐などに用いられています。	肉や魚をみそに漬け込むこと（みそ漬け）で、食品を長く保存することができます。変わったところでは、卵の黄身をみそ漬けにすることもできます。とてもおいしいですよ。

旬　大豆とじゃこの甘辛揚げ

学校ではきまりで前日調理ができないため、豆を戻すのも煮るのも当日の朝から行っています。ご家庭では水煮の缶詰を利用したり、豆を一晩じっくり水に漬け、豆が大きくふくらむのをお子さんと観察しながら作れるので楽しいですよ。

材料（4人分くらい）

大豆…………1カップ	A	しょうゆ……100ml
かたくり粉…大さじ2	A	さとう…………100g
じゃこ……………50g	A	みりん…………100ml
揚げ油		白ごま…………大さじ2

作り方

①大豆は一晩水に漬けてもどす。
②大豆の水気を切り、かたくり粉をまぶして油で揚げる。
③じゃこはからいりしておく。
④Aのたれを合わせて、煮立たせる。
⑤④のたれの中に②③を入れてからめ、仕上げに白ごま（一度からいりしておくと風味がよくなる）をふる。
※少し軟らかめが好きな方は、もどした大豆を少し煮るとよいです。

食育だより

年 2月号

（毎月19日は食育の日）　　学校

２月には節分、そして立春があります。春の訪れを告げる月ですが、まだまだ寒い日が続きます。食事は、主食に、主菜・副菜のおかずをそろえることで、栄養のバランスが整いやすくなります。十分な睡眠と適度な運動も心がけ、寒さに負けないで元気に過ごしましょう。

主食・主菜・副菜をそろえて食べよう

食事では、「主食」「主菜」「副菜」をそろえて食べ、分量は主食３に対し、主菜１、副菜２の割合を目安にすると栄養バランスがとりやすくなります。とくに現代の食事は、主菜でたんぱく質をとりすぎる傾向があり、副菜の野菜の量は不足しがちです。野菜は煮たりゆでたりすることでかさが減り無理なく食べられます。具だくさんの汁物にするのもおすすめです。牛乳・乳製品、くだものも食事やおやつで食べると、さらに健康的な内容になります。

副菜
おもに体の調子を整えるはたらきをする野菜などのおかず

主菜
おもに体をつくるもとになる肉・魚・卵・豆類を使った食事の中心となるおかず

くだもの
ビタミンＣが豊富

牛乳
日本人に不足しがちなカルシウムを補う

主食
おもに体を動かすエネルギーのもとになるご飯、パン、めん類など

副菜（汁物）
具だくさんの汁物で、副菜を２品にすることで野菜が無理なくとれる。

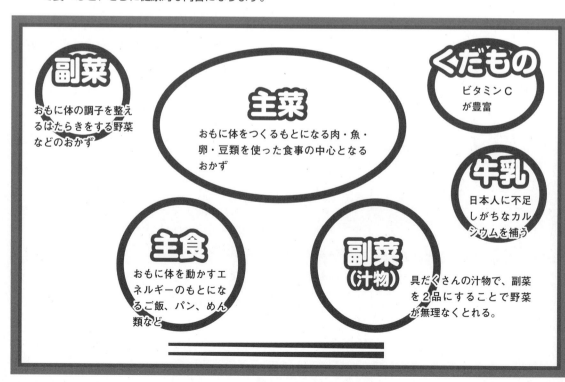

大豆パワーのあれこれ、紹介します！

大豆アラカルト

節分には、いった大豆で豆まきをします。豆といえば「まめに働く」「まめに暮らす」など、健康できびきびと生活する人の代名詞です。大豆のすぐれた栄養を紹介します。

良質のたんぱく質

大豆は「畑の肉」といわれるほどで、とくにご飯と組み合わせるとたんぱく質の“質”（アミノ酸スコア）が高まります。

食物繊維

お通じをよくし、腸の中の環境をととのえます。腸内の善玉菌の活動を助け、免疫力も高めてくれるそうです。

体によい油

大豆には、じつは油（脂質）もたくさん含まれています。大豆の油には悪玉コレステロールを下げるはたらきがあります。

カルシウム

カルシウムといえば、牛乳が有名ですが、大豆も牛乳と同じようにカルシウム源となります。

鉄

体が急速に成長する時期は、女子だけでなく男子も貧血になることがあります。しっかりとりましょう。

ビタミンE

「若返りのビタミン」といわれます。血行をよくし、体の“さびつき”を防いでくれます。

ビタミンB群

体の中でエネルギーを作り出すときに欠かせない役割をするビタミンです。納豆になるとさらに増えます。

ビタミンK（納豆）

骨の健康に欠かせないビタミンです。納豆菌の力で発酵させ、納豆にする段階で豊富になります。

作ってみませんか

焼きねぎと大根のスープ

薬膳料理の１つです。まだまだ寒いです。温かいスープで体の芯から温めましょう。

材料（2～4人分）

ねぎ　５本
大根　小さめのもの２分の１本
にんじん　１本
鶏肉　骨付きもも肉１～２本
　※手羽や手羽もとでもよい
にんにく　１かけ
昆布　10㎝ほど
水　５カップ
しょうゆ　大さじ１
塩　小さじ１
こしょう　少々

作り方

❶なべに昆布と水、２～３㎝の厚さに切った大根と、輪切りにしたにんじんを入れ、火にかける。
❷沸騰したら、鶏肉とにんにくを入れる。あくをすいくながら、やわらかくなるまで煮る。
❸しょうゆ、塩、こしょうで味付けし、味がよくしみるまで煮る。
❹ぶつ切りにしたねぎを、ガスの直火で焼いて焼き目をつけ、③に入れる。少し煮てから盛りつける。

給食だより

年
3月号

（毎月19日は食育の日）

学校

　3月は学校では1年の総仕上げをする月です。給食もやはりしめくくりの月として、いつもにも増して力を注ぎたいと思っています。それは長い間給食を楽しみにしてくれた卒業生のみなさんに最後のよい思い出にしてもらいたいからです。この1年間、みなさんは目標どおりに学校生活を送ることができましたか。1年間の総点検をして、新学年での目標を立ててみましょう。

バイキング給食は
主食・主菜・副菜をそろえて楽しもう!

　バイキング給食では、いろいろな料理の中から自分で選んで食べることができます。でもただ好きなものだけを選んでしまうのではなく、「主食・主菜・副菜」をそろえて選ぶようにすると栄養バランスがとれやすくなります。

料理を選ぶ基本のかたち

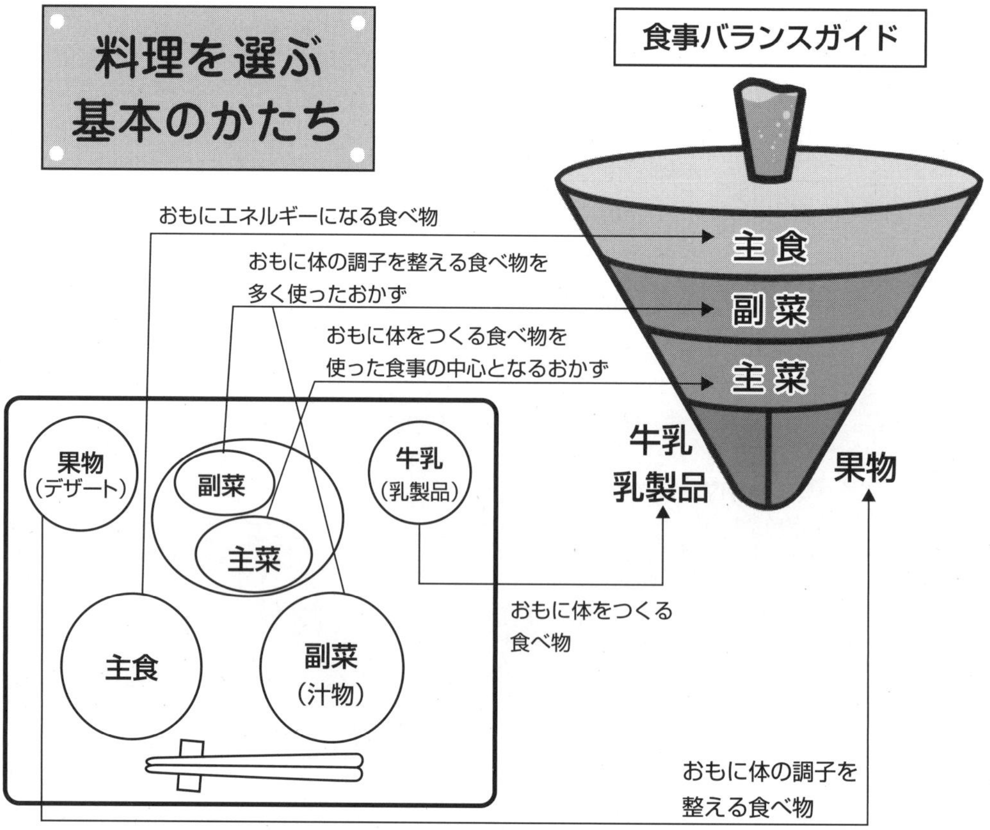

楽しく健康に食べよう！ バイキング給食

バ ランス考え料理を選ぼう！

イ つも頭に「主食・主菜・副菜」のイメージを。

キ れいに色どりよく盛りつけてね！

ン ～と迷ったら、一度列から外れましょう。

グ ッドなチョイスで楽しく健康！

1 年間の反省をしましょう

この 1 年、栄養バランスに気をつけ、楽しく気持ちよく食べることができましたか。1 年間をふり返ってみましょう。

食事の前の手洗いは、いつもしっかりできましたか？

「いただきます」「ごちそうさま」のあいさつは大きな声できちんとできましたか？

食べずぎらいをせず、苦手なものでも口に運んで食べてみましたか？

汁物や飲み物で流しこまず、よくかんで食べることができましたか？

毎日、朝ごはんを食べてきましたか？

はしを正しく持って、食べることができましたか？

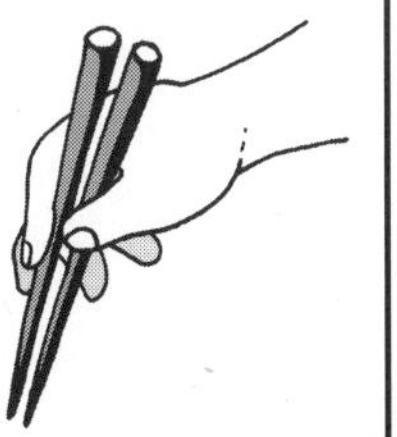

給食当番の仕事はしっかりできましたか？

食事のマナーを守って、みんなと楽しく食べられましたか？

後片付けは、きまりを守って、しっかりできましたか？

食育だより

年
3月号

(毎月19日は食育の日)

学校

春一番が吹き、これからは日ごとにだんだん春らしくなっていきます。木の芽や花のつぼみがふくらみはじめていますね。3月は学年のまとめ、そして旅立ちのための準備の月です。それぞれの新しい扉を4月から元気いっぱいに開けられるように、学年最後の月を心残りなく過ごせるといいですね。

1年間をふり返ろう

1年間、学校では水戸黄門に似たご老公さまと一緒に食育について学ぶ壁新聞を掲示してきました。これまで学んだことをふり返り、楽しい歌にしました。一緒に歌いながら、1年間、きちんとできたかを確認し、新しい学年での食生活の目標を立てましょう。

ああ、食育に幸あり

一
食事は 食べ方大切だ
マナーを守れば みなハッピー
主食に主菜に 副菜を
毎食そろえて、よくかんで

二
食事は 協力大切だ
準備と片付け しっかりと
手洗いするのも 忘れずに
きれいなハンカチ、身に付けて

三
給食当番 大切だ
クラスの期待を 背負ってる
白衣にぼうしに マスクつけ
サンプルよく見て、盛りつけよう

四
子どもの食事は 大切だ
大人になっては 戻られぬ
むし歯に肥満に 骨粗しょう(症)
食べ方気をつけ、防ぎましょう

五
食事は 伝統大切だ
ご飯は左で、汁は右
きちんとおはしも 使おうね
「まごわ(は)やさしい」、和のおかず

六
人生 食べるの大切だ
体も心も 満たされる
感謝の気持ちを 忘れずに
元気な声で「いただきます」

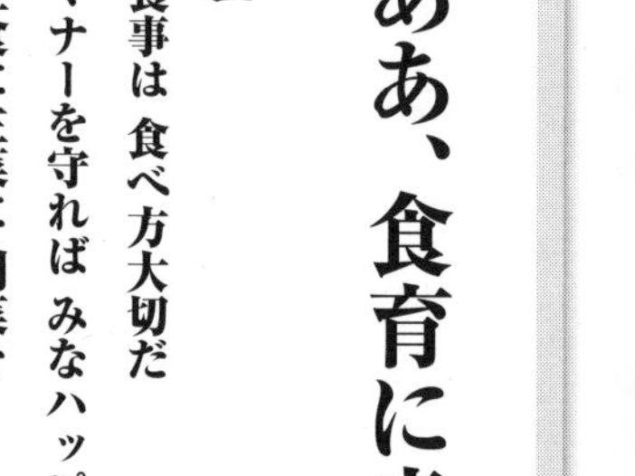

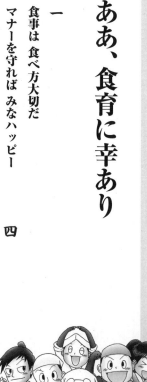

食べ物 仕分けクイズ！

ぼくが作ったごはんの材料だよ。食べ物の３つのグループに分けられるかな？

ぶり大根
ぶり、だいこん
みかん
れんこんの煮物
れんこん、にんじん、
しいたけ
ヨーグルト
ヨーグルト
ごはん
みそしる
とうふ、ねぎ、みそ、わかめ

おもにエネルギーのもとになる（黄）	
おもに体をつくるもとになる（赤）	
おもに体の調子を整える（緑）	

楽しく、ゆったり食事を

食卓を囲み、楽しい雰囲気で食事をすると、胃液の分泌をよくし消化をよくするといわれています。何よりもおいしい物をみんなで食べ、会話をはずませながら食事することは心をリラックスさせ、ストレス解消にもつながります。できればテレビを消して、１日に起こったことや楽しかったことなどを話しながら、ゆったり食事の時間を過ごしてみませんか。

給食・食育だより さくいん

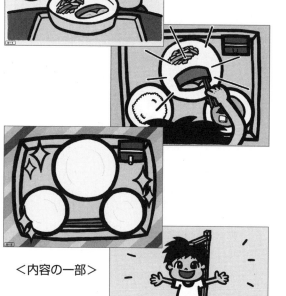

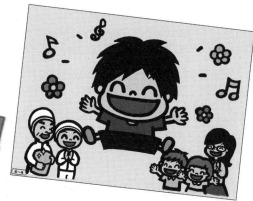

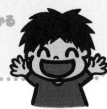

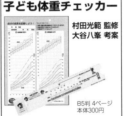

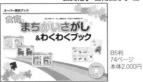

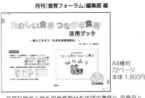

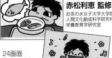

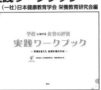

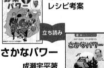

Coloring Beauty!

たべものスライドクイズ

作成キット注文票

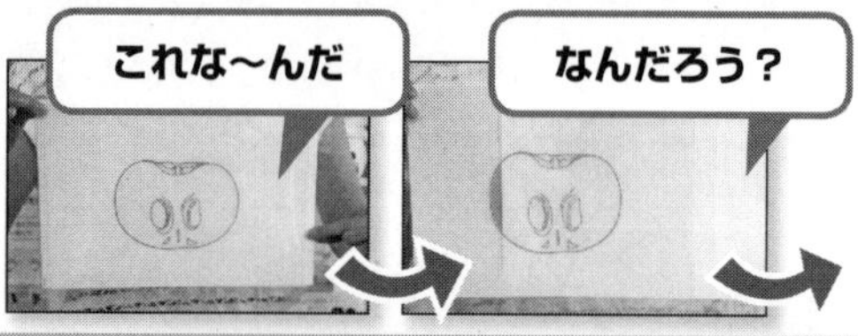

春のたべもの編（5食品画・シュリンク）

キャベツ

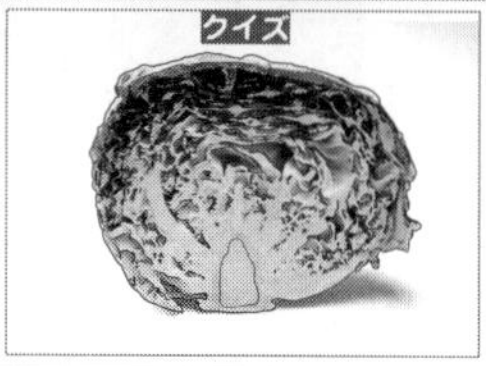

たけのこ

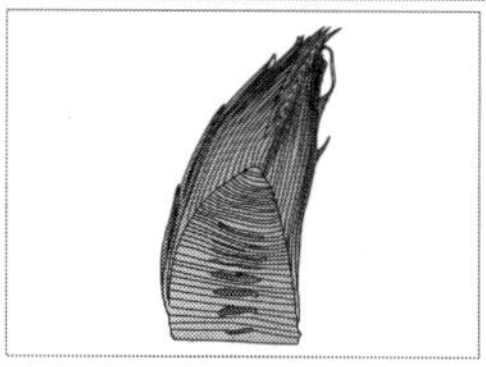

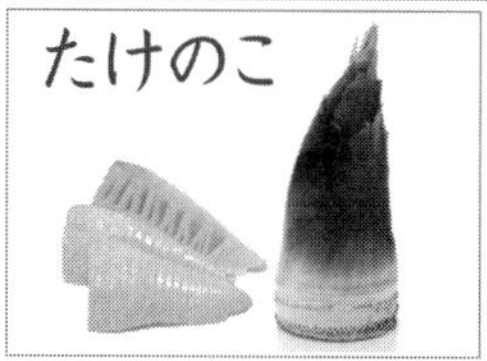

さやえんどう

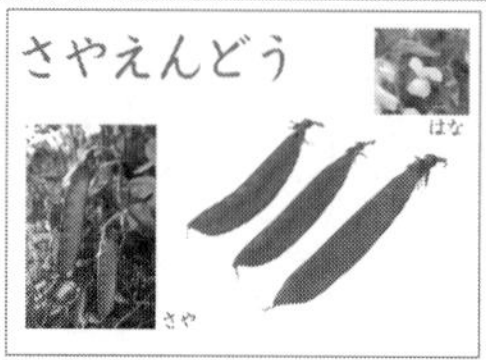

たまねぎ

ピーマン（横）

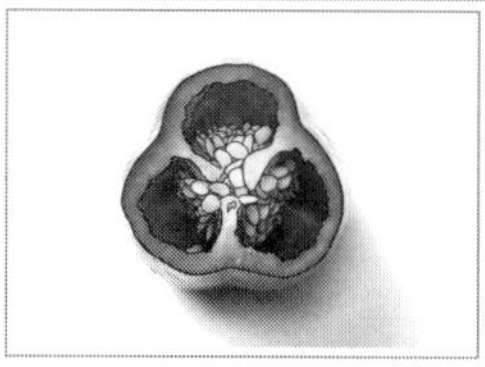

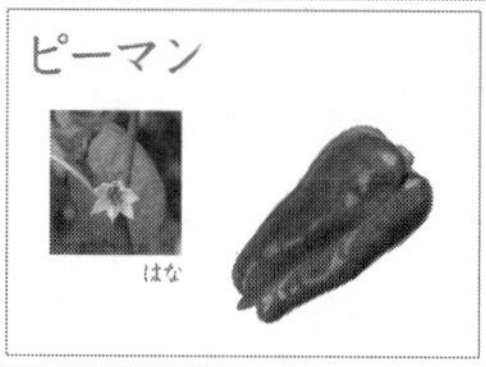

初夏のたべもの編（5食品画・シュリンク）

トマト

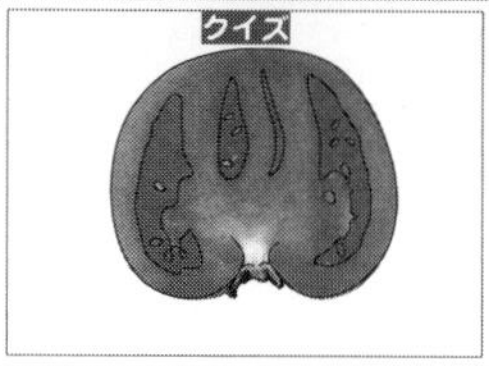

オクラ

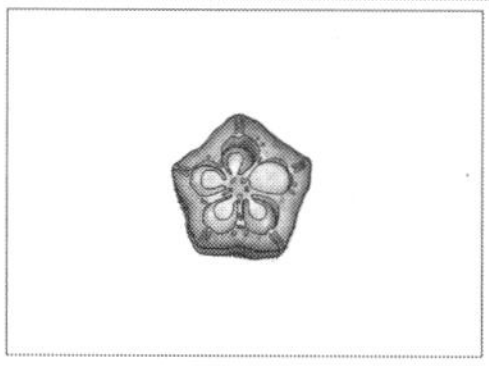

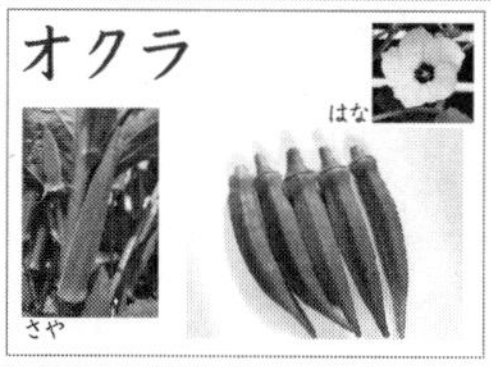

ゴーヤー

ピーマン（縦）

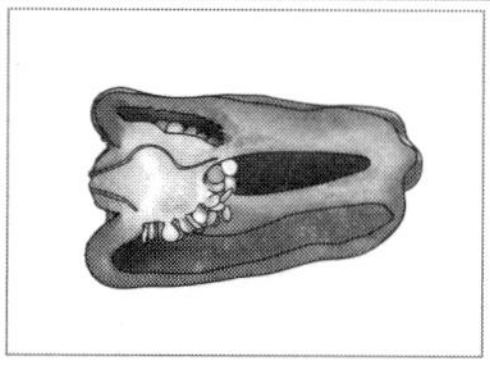

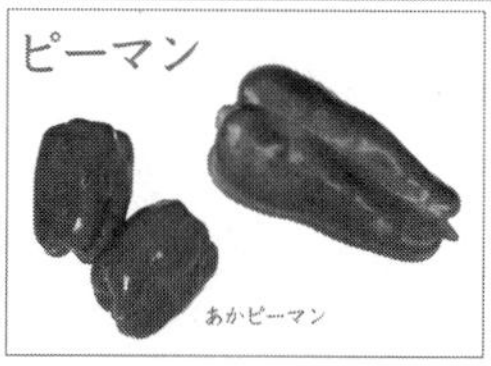

あじ

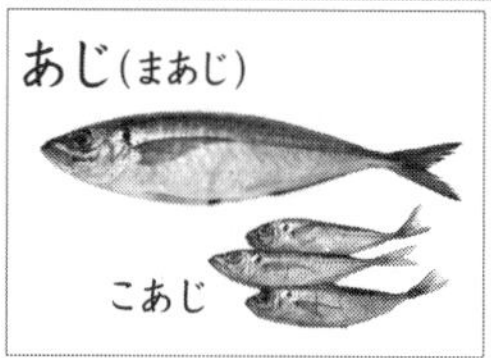

春編５品・自分で作成セット　1,280円 （輪郭線ガイド、予備シュリンク３枚、厚紙２枚付）　部	初夏編５品・自分で作成セット　1,280円 （輪郭線ガイド、予備シュリンク３枚、厚紙２枚付）　部
春編５品・すぐに始めるセット　3,500円 （輪郭線印刷済フィルム、厚紙２枚付）　部	初夏編５品・すぐに始めるセット　3,500円 （輪郭線印刷済フィルム、厚紙２枚付）　部

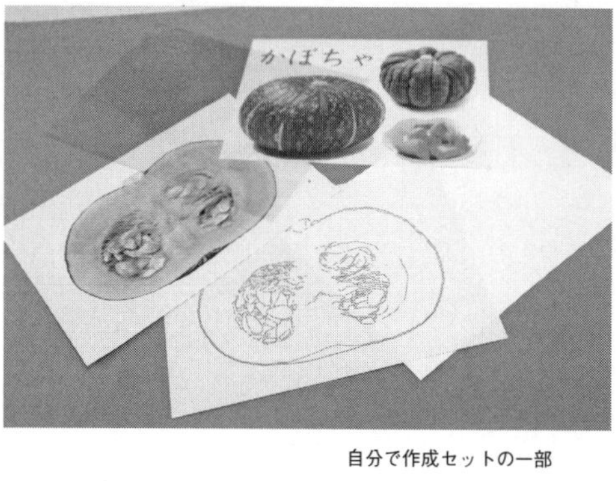

自分で作成セットの一部

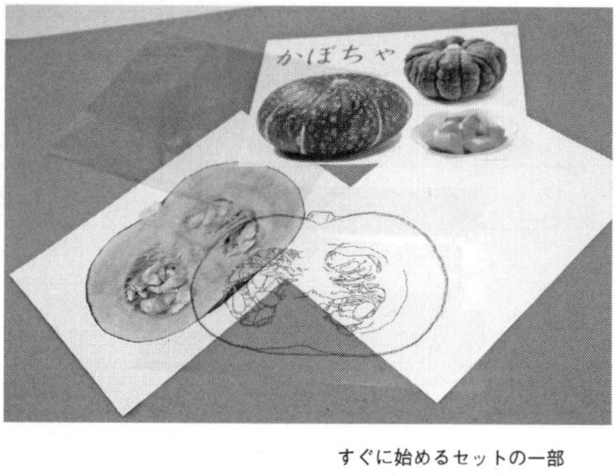

すぐに始めるセットの一部

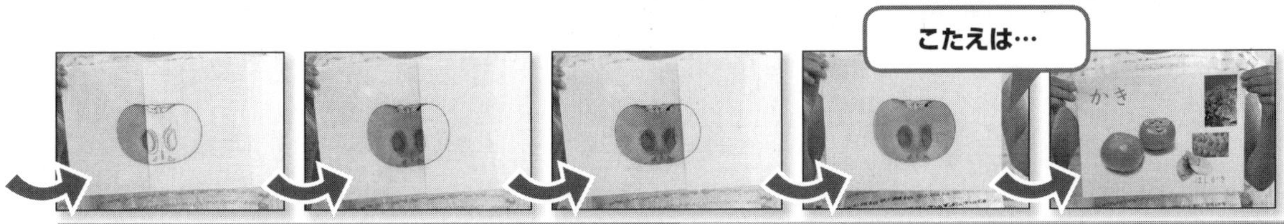

秋のたべもの編（5食品画・シュリンク）	冬のたべもの編（5食品画・シュリンク）

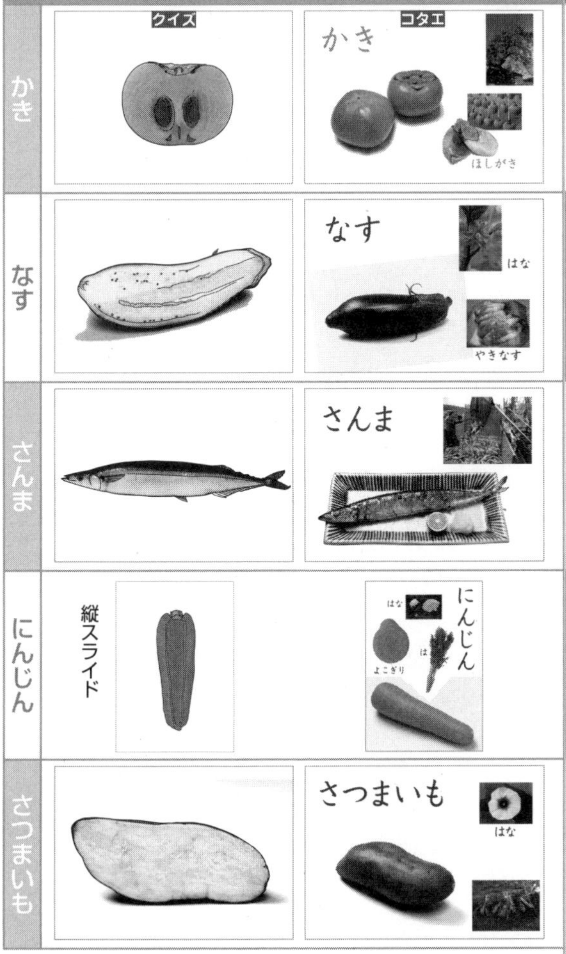

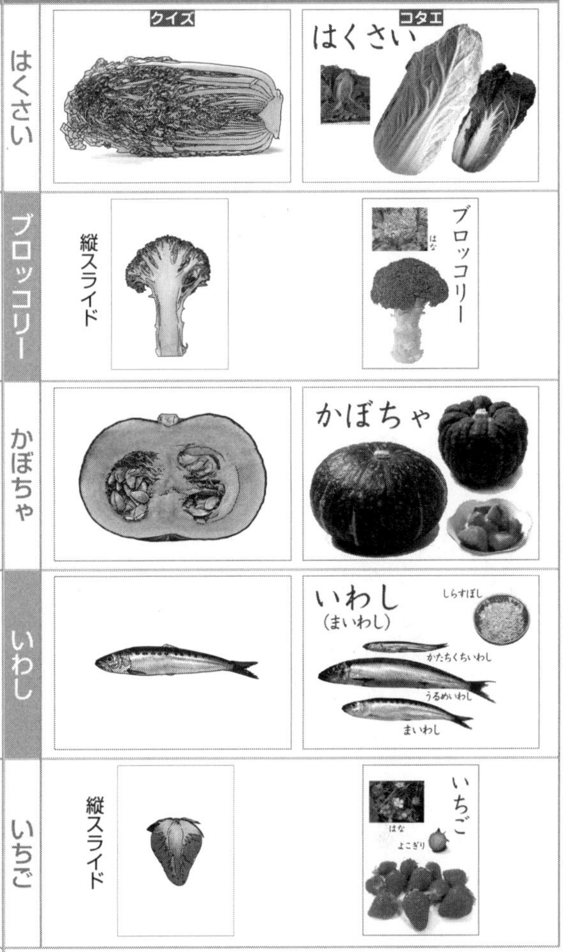

秋編５品・自分で作成セット　1,280円 （輪郭線ガイド、予備シュリンク３枚、厚紙２枚付）　部	冬編５品・自分で作成セット　1,280円 （輪郭線ガイド、予備シュリンク３枚、厚紙２枚付）　部
秋編５品・すぐに始めるセット　3,500円 （輪郭線印刷済フィルム、厚紙２枚付）　部	冬編５品・すぐに始めるセット　3,500円 （輪郭線印刷済フィルム、厚紙２枚付）　部

※価格はすべて送料・税込です。　合計 ______部 __________円

（ご注文を受けてからの生産になりますので10日間ほどお時間をいただきます）

FAX番号：**03-3262-2615** 健学社　　年　　月　　日

お名前：	勤務先：
送付先ご住所（〒　　－　　）＜自宅・勤務先＞ TEL.　（　　）　FAX.　（　　）	
お支払い：自費・公費	

FAX注文票

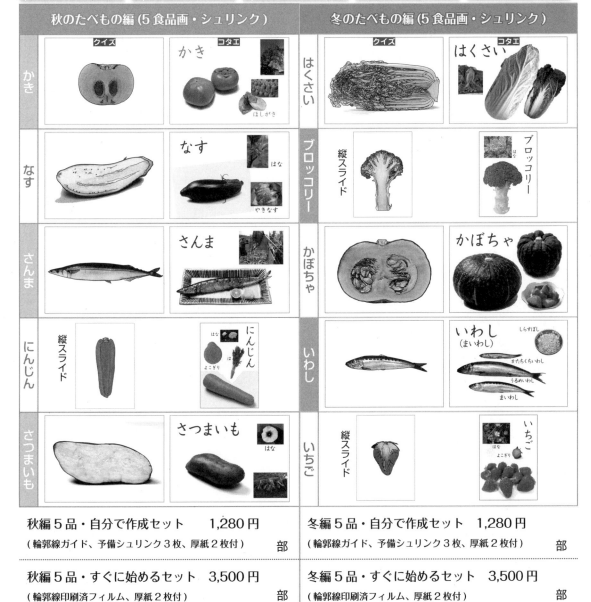

【監修者紹介】

三嶋 裕子 (みしま ゆうこ)

大分県臼杵市生まれ。1992年から大分県の学校栄養職員として公立の小学校・中学校・夜間定時制高校・学校給食共同調理場で勤務。2007年から大分県教育委員会体育保健課に勤務し、学校給食を担当。2008年退職し、フリーの食育ライターとして月刊誌『食育フォーラム』（健学社）に食育指導用資料を現在に至るまで執筆活動中。2012年から2年間、大分県豊後大野市教育委員会において食のコーディネーターとして活動するなど、食に関する啓発活動も展開しており、2015年から(株)オフィス田中の食育アドバイザーも務める。著作に『食に関する指導の実際』(小学館 全4巻うち1･2巻で執筆協力)

【イラストレーター紹介】

石井 よしき (いしい よしき) ※食育西遊記＆水戸黄門

大阪府八尾市生まれ。東京デザイナー学院絵本学科を卒業後、イラストレーターグループ「ほっぷ」に所属。児童向け雑誌や教材へのイラスト寄稿をはじめ、創作絵本の制作や展覧会への参加などで活動中。2008年、文部科学省より食生活学習教材（小学校中学年用）『食生活を考えよう－体も心も元気な毎日のために－』の製作を健学社と受託。食生活学習教材は2016年に同省から小学校用食育教材『たのしい食事 つながる食育』が刊行されるまで、全国の小学校で食育副読本として活用された。

大橋 慶子 (おおはし けいこ) ※給食・食育だより

岐阜県生まれ、武蔵野美術大学卒業。イラストレーター、絵本作家として雑誌や書籍で活動中。主な著書に『そらのうえ うみのそこ』（TOブックス）『もりのなかのあなのなか』（福音館書店／かがくのとも）などがある

写真提供 (本文掲載順)

日研生物医学研究所

常石美知代先生 (高知県栄養教諭)

小野塚 實先生 (日本体育大学教授 日体柔整専門学校校長)

三嶋裕子先生

(独) 日本スポーツ振興センター

※本書は『旬刊 食育ニュース』(健学社)に掲載された(2009年4月号～2011年3月号)の内容をもとに、資料データなどを見直し、加筆・修正して再構成したものです。

スーパー資料ブック

食育西遊記＆水戸黄門

2016年 7月30日　初版第1刷発行
2018年 7月23日　第2刷発行

監　修　三嶋裕子
絵　石井よしき 大橋慶子
発行者　細井裕美
発行所　株式会社　健学社
〒102-0071 東京都千代田区富士見1-5-8 大新京ビル
TEL (03) 3222-0557　FAX (03) 3262-2615
URL：http://www.kengaku.com

表紙デザイン　ニホンバレ（岡 優貴）
壁新聞ポスターデザイン　デザインコンビビア
編集　吉田賢一　CD-ROM製作補助　高根澤ルリ

印刷・製本／シナノ印刷株式会社

ISBN978-4-7797-0412-3 C3027　NDC 376　136p　257×182mm